编委会

主　任： 安静赜

副主任： 李树林　陶克陶夫

编　委：（按姓氏笔画排序）

马桂英　马俊林　王晓娟　乌力吉　田瑞华

孙　杰　李玉贵　李　红　张学刚　陈　岩

贾　清　黄　伟

知识与社会的交互建构
——知识社会学的解释传统探析

李路彬 著

社会科学文献出版社
SOCIAL SCIENCES ACADEMIC PRESS (CHINA)

序

嵌入社会理论中的知识社会学

大约15年前，我的理论兴趣从科学知识社会学转移到更为普遍的知识社会学，我试图系统地了解和认识知识社会学的学术源流、核心议题及社会理论内涵。当时在南开大学社会学系攻读博士学位的李路彬，是最早参与这项研究计划的学生之一。即将由社会科学文献出版社付梓的专著《知识与社会的交互建构——知识社会学的解释传统探析》，正是基于其博士研究并经过较长时间的思想沉淀和学术打磨完成的研究成果。

正如该书副标题所示，作者所做的是一项关于解释学社会学中的知识社会学思想的学术史研究。这项工作源于我们最初在把握知识社会学学术传统时提出的一个工具性框架，即将知识社会学的思想和实践分为"显传统"和"隐传统"：前者指向作为社会学分支学科的知识社会学，后者则指向社会理论中的知识社会学思想。通过"显传统"，我们可以将始于曼海姆等经典社会学家的知识社会学研究与当代科学知识社会学研究联系起来；而通过"隐传统"，我们看到了知识社会学命题在现代社会理论中的中心性。这就涉及知识社会学关注的知识与社会理论所要说明的"现实"之间的内在关联。伯格（Peter L. Berger）和卢克曼（Thomas Luckmann）就此指出，知识社会学不仅涉及人类社会的"知识"在经验上呈现的多样性，而且涉及一切知识在成为"现实"时所经历的社会过程，在这个意义上，现实的社会建构就是知识社会学的分析对象。

不过，知识社会学的思想源流显然并不局限于社会学和社会理论，它与认识论、观念史存在更加复杂的思想交叠。当我们讨论诸如什么是知识，知识有没有社会性或者什么样的知识有社会性，知识增长和进步的逻辑是什么，知识的生产、分配、传播的方式如何，知识是如何在影响人类社会发展的同时改变自身的等议题时，认识论、观念史和社会学的思想传统总是相互交织。认识论的核心关切是"思维的普遍有效性",观念史对人类观念的独立性及其从抽象多样性到经验统一性的演化历程有持久的兴趣,而社会学或"社会学主义"则试图将知识的思想和意义(重新)纳入社会生活甚至还原为社会现实。库什(Martin Kusch)曾在谈到20世纪分析哲学与知识社会学的复杂关系时称,正如知识社会学不能回避哲学问题,哲学家理所当然地要在与社会学家具有同样认知的基础上,就认识论与知识社会学之间的关系进行广泛对话。"任何从事知识社会学的令人感兴趣的理论工作的人,事实上就是在从事重要的哲学工作。"

早在1945年,默顿就曾批判性地检讨了"知识社会学的范式"的模糊性和复杂性,认为不同知识观之间的过度哲学论辩以及经验研究范式的缺失,导致了知识社会学难以成为成熟的科学。但他也注意到,不论在知识观上存在什么差异,知识社会学都关心"知识与社会或文化中其他存在因素的关系"。实际上,自知识社会学产生以来,"知识社会学何以可能"就是一个争论性话题。这个问题至少涉及四个层面的判断:其一,知识与社会的关系是社会学的兴趣焦点和持久议题吗?其二,知识社会学研究了哪些"知识",是某些知识还是所有知识?其三,知识社会学对知识的"社会学说明"有无合理性?其四,知识社会学的思想洞见和方法论在经验研究领域有了哪些拓展?

一个多世纪以来,社会学家围绕知识与社会之间的关系,已经提出了一组基础性的知识社会学命题:涂尔干考察了"观念的社会起源",曼海姆阐释了马克思的"意识的存在决定",韦伯分析了"新教伦理与资本主义精神"的文化一致性,米德注意到"自我"如何通过"符号互动"得以形成,舒茨发现了日常生活世界和"常识的社会建构"。在当代更具综合性的社会理论中,理论家在讨论个人与社会、行动与结构、自由与必然、理论与实践的关系时,仍然要涉及这些知识社会学命题并将其作为元理论对话的基础。在某种意义上,吉登斯的结构化理论、布迪厄的实践理论、哈贝马斯的知识-利益理论、福柯的知识-权力理论,乃至科学知识社会学、女性主义的社会性别理论、生态激进主义的环境建构论,以及其他后现代社会理论,都在不同的经验或理论层面回应了知识与社会的关系问题。

在上述知识社会学实践中,社会学家一方面不断辨析出"知识"的各种经验类型，从系统知识到日常知识，从非科学知识到科学知识，直到声称"所有的知识都应当成为社会学研究的对象"；另一方面则对社会学的知识说明模式进行完善和发展，逐步形成了"宏观一致性模式"（macroscopically-oriented congruence models）和"微观发生学进路"（microscopically-inclined genetic approaches），并将因果性、公正性、对称性和反身性作为知识社会学说明合理性的原则。

近年来，知识社会学的核心议题正在重新进入社会学元理论研究的视野，而将知识社会学作为思想史考察的理论背景和方法论也已经成为学术通则。关于"新知识社会学"的各种探索，则将知识社会学的思想应用于更广泛、多样的研究议题。特别是，随着信息化时代的来临和知识社会的形成，"知识"作为人类学意义上的常数，不再被认为只是影响社会的外在变量，而成为社会行动结构的基础和有机组成部分。知识与社会的相互建构和共同演化，被置于一个更大的文化和历史脉络中加以理解。反过来，对诸如教育问题、医疗卫生问题、性别问题、环境问题、越轨和犯罪问题、阶级/阶层分化问题、社会风险问题等的分析，也越来越和知识问题联系在一起。

尽管如此，知识社会学对知识的社会性质、社会根源、社会形塑和社会后果的研究仍是一个过于宏大的抱负，甚至其学科史——无论是思想史还是社会史，仍多有暧昧不明之处。李路彬的这部研究著作，从其核心内容来看，可被视为一项关于知识社会学学科史的基础研究成果。作者围绕社会行动、社会互动、日常生活世界中的知识问题，在宏观和微观、行动和结构、知识和实践之间建立了辩证的交互关系，分析了解释社会学核心人物和主要流派的知识社会学思想，并将这些思想及其传承关系加以比较和联系，明确了解释社会学作为知识社会学"隐传统"之一的地位和贡献。显然，这是一部关于知识社会学、解释社会学及其视域交汇的"当代史"，个中里表并非没有可商榷之处。但作为一种探索，这样一种当代视角对于推动知识社会学的继承和创新是值得称许的。因为它不仅具有明晰的历史意识，更具有深邃的问题意识，能够直面当代社会学在元理论辨析上的困境，并为解决这些困境提供思想资源和理论启迪。

对于深陷经验主义偏好的中国社会学来说，基础理论研究的匮乏和滞后久矣。希望该著作的出版能够成为作者进一步开展社会学理论研究的新起点，也希望有越来越多的学者关注和参与社会学理论建设。最后不妨援引沃特斯《现代社会学理论》开篇中的一段话，为这篇短序做结："社会学可以理直气壮地宣称自己毫无疑问属于一门学科，原因有两个：其一是它具有一个被广泛公认的理论传统，其二是它在方法论上有一种严肃的态度，即以精密的方法论来指导研究。然而，真正确立这门学科的却是理论。因为正是理论，对社会学可以告诉其受众有关社会世界的种种内容做出了总结性概括。"

赵万里
2021 年 10 月

前　言

关于人类生存环境和自身的所有认识都可被称为"知识"。知识是一般人类活动和人类社会的关键构成要素。在主客二分的认知体系中，知识是主观世界的内容，也以客观形态存在；知识是主观与客观交互作用的产物，其内容来自外部世界，又对行动产生影响。因此，要认识我们自己、认识世界，就要认清知识与社会环境的关系、知识与行动的关系、知识与人体生物特征的关系等，揭示知识的来源、产生机制、特征、作用机制等，进而发现社会运行的机制特征。在此基础上，我们才能有目的地建构社会秩序。

一　知识与知识社会

20世纪60年代，西方工业社会的科技革命引起了社会的深刻变化。科学技术知识对经济社会发展发挥了关键作用：科学技术新成果广泛应用于生产和服务领域，催生了新的产业，推动了一些产业转型升级。社会结构随之发生转变，知识成为重要资源，创造了最大价值，更多的人从事知识生产或社会服务工作。人们对新的社会形态进行反思，产生了关于社会运行方式和特征的新的认识，价值观念、思维方式、制度政策等新的集体知识也逐渐形成。由此，"知识"在社会运行中占据了更为显著的地位，产生了更为广泛的影响，具有不同寻常的意义。

科技革命后，西方社会的变化引起了学者们的关注，他们对知识社会的研究始于20世纪60年代。美国社会学家罗伯特·莱恩（Robert E. Lane）在1966年发表的《知识社会中政治和意识形态的衰落》一文中，描述了科学知识的日益发展对社会产生的重大意义，表达了使用"知识社会"（the Knowledgeable Society）概念的正确性。1968年彼得·德鲁克（Peter F. Drucker）在《断裂的时代》一书中使用了"知识社会"这一概念。同年，丹尼尔·贝尔（Daniel Bell）在《知识和技术的测度》一文中提出，后工业社会就是一个知识社会（the Knowledge Society）。1986 年，斯特尔（Nico Stehr）和彪姆（Geralt Bohme）一起主编了第一部《知识社会》（*The Knowledge Society*）文集，在 1994 年出版了著作《知识社会》（*The Knowledge Societies*）。1996 年经济合作与发展组织（OECD）发表《以知识为基础的经济》（*The Knowledge-based Economy*）报告以后，越来越多的学者意识到研究知识社会问题的重要性，并且认为知识社会比知识经济的含义更广泛。自此，有关知识社会的论著大量涌现（吴永忠，2008）。

知识社会具有怎样的特征呢？1973 年贝尔在其《后工业社会的来临》一书中预测了未来的知识社会："如果工业社会以机器技术为基础，后工业社会是由知识技术形成的。如果资本与劳动是工业社会的主要结构特征，那么信息和知识则是后工业社会的主要结构特征。"（贝尔，1997：9）斯特尔将正在出现的那种社会称为"知识社会"，因为现代社会的主要特性正日益受到"知识"的驱动。具体来说，第一，"后工业社会是围绕着知识组织起来的"（贝尔，1997：21），社会的"主要资源将是知识"（德鲁克，1998：4），知识是关键的生产要素；第二，理论知识处于中心地位，它是社会变革与政策制定的源泉（贝尔，1997：14）；第三，产品生产经济转变为服务性经济（贝尔，1997：14），创造财富的中心活动是知识的生产与运用，管理方式也随之发生根本性改变；第四，专业技术人员处于主导地位（贝尔，1997：14），几乎所有重要的社会职位都要求长期的教育准备；第五，以知识为基础的社会也是高风险社会（赵万里，2003），知识社会面临着知识本身的偶然性和作为知识向社会的日益渗透之结果的社会关系的更大偶然性（斯特尔，1998：392）。

学者们上述对知识社会的描述，侧重于理论知识和技术知识及其在社会中的地位和对社会的影响。我们要探究，在知识社会中，理论知识、科技知识、日常知识、规则知识等各类知识的产生条件、产生机制、传播方式、接受机制、作用机制等是怎样的，这些知识之间有什么样的转化机制，各类知识与日常互动、生产方式、生活方式、社会制度等社会要素之间具有怎样的关系。在此基础上，以知识为关键资源的知识社会的特征显现了出来。

二　知识与我国经济社会发展

近年来，我国的科学技术知识、人文知识等各类知识快速发展，知识生产部门成为社会运行中最活跃的部门之一。这带来了人们思想观念和行为方式的转变、生产方式和管理方式的变革以及社会关系和社会结构的变化。我们需要把握知识快速增长条件下经济社会发展的特点，建立与之相适应的社会治理制度体系。

从社会运行特征来看，我国逐步呈现知识社会的特征。伴随知识内容的增加和传输方式的便捷，人们拥有的知识更为丰富，对个人行为和社会发展产生了更多独立的主张，维护权益、参与治理的意识增强。公众的价值观念多元，诉求各异。知识成为重要的资源，既为生产和治理提供了条件，又带来了多种风险。由于劳动者知识水平的普遍提升以及人们将知识运用到生产服务过程中，劳动力的价值提高，社会职业结构整体向上流动。

从制度特征来看，我国的中国特色社会主义制度体系包含党的集中统一领导、人民民主、依法治国、集中力量办大事、市场在资源配置中起决定性作用、权力监督等。国家治理在经济社会发展五年规划和远景目标的总体安排下开展。五年规划对经济社会运行的目标、内容、主体、机制等做出全面安排，要求党组织、政府、市场机构、社会机构、个人等各类主体以此总体规划为导向开展活动。在社会实践中，各类社会主体在对国家发展规划、制度安排和各自行为目标方式的认知基础上采取行动。党组织领导，政府服务监督，市场机构和社会机构以及个体行动者等在规划、制度、规则等结构条件制约下获取资源并开展生产、交流等活动；执法机构依法对侵犯社会利益或他人利益的行为进行控制。在这一运行体系中，规划、决策、法规、行动者的认知、监督依据的信息等知识都是社会有序运行的重要条件，影响着社会运行的有效性。

我们的社会在结构、制度、行动、认知等多种社会要素的交互作用下运行。实践中往往存在违背制度原则的行为：在资源配置过程中，权力位置的占有者出于利益关系违规配置资源，或具有优势地位的主体垄断资源；资源需求方不能获得资源，或为了获得经济、组织、文化等各类资源，顺从资源配置者的意愿开展活动，放弃维护或争取权益的主张和行动。由于法律的不健全或监督的不力,上述行为得以持续。资源没有被配置到更有效率或更符合社会发展需要的部门,造成了资源浪费,阻碍了经济社会的高效全面发展。另外,在初次分配和再分配等分配环节中,存在财富分配的不公正。由于资源配置不合理和分配不公正等问题也受劳动者知识技术水平不高、资源有限等客观条件的限制,所以我们的社会表现出了就业结构和职业阶层结构的发展滞后于产业结构、社会贫富差距较大、阶层流动不够充分等社会结构的发展的问题。在知识社会中,认知、主张日益多元的各类社会主体参与决策、表达意见的渠道有限,主动性没有充分发挥,社会活力被压抑,阻碍了经济社会的发展;主体间的矛盾未能及时得到解决,影响了社会和谐安定。

在社会运行系统中,价值目标、规划、制度、法律规则、科学技术知识、生产知识、个体认知等各类集体知识和个人知识贯穿其中。在社会实践中,效率和公平的原则不能完全被遵循,公开竞争的规则尚未被严格遵守,各种数据信息没有得到充分运用;行动者的认知没有很好地表达并转化为行动,多种价值并存并相互冲突;一些领域的知识生产还不充分,普通劳动者的科技水平还不够高,制度尚不完善。这些问题给制度与行动、认知与行动、个人知识与集体知识、知识生产与需求等社会要素带来了矛盾。我们要在揭示价值、规则、制度、认知、行动等各社会要素关系机制的基础上,揭示问题产生的原因,调整制度机制,化解矛盾,达到资源的最优配置和社会的有序运行。

面对知识在经济社会发展中的作用日益增大的态势,我国建立了相应的治理制度,不断完善知识生产和传播机制,推动科学、技术、法律、规则、价值观、艺术、政策、决议、标准等各类知识的生产、传播、接收、运用等。但在知识的生产、传播等领域仍存在诸多问题。

从知识的生产来看,存在的问题涉及科技知识的生产、决策知识的生产、规则知识的生产、常识的生产等。

第一,理论知识与科技知识的生产和创新不够充分。在目前的机制下,科技领域不能充分吸引人才;科技的评价机制不能使科技工作者以知识生产为核心目标、一心投入科技创新;科技成果不能及时在生产领域实现转化,从而拉动科技知识创新;科技知识的生产与社会的需求存在不完全匹配的情况……针对这些问题,如何生产满足需求的理论知识和科技知识，如何提升理论知识和科技知识对生产的贡献率，如何吸引人才进入科技知识生产领域，如何使科技工作者全身心从事知识生产，如何使民众对科技知识有兴趣，开展科学发现和发明活动，共同致力于科技知识的生产等，都是我们需要探索解决的问题。

第二，公共事务的决策不能充分体现公众意愿。公共事务的决策包括政策性决策和规则性决策等。目前决策形成机制缺乏对公众意见的充分调研，缺乏公众对决策过程的参与。由此，决策不能充分体现公众的主张，一些决策有违公众的意愿和利益。我们需要探索建立以民主协商达成共识的具体机制，使决策能够充分考虑、体现各相关主体的要求、利益、主张等。

第三，日常知识建构不充分。人们在互动过程中获得了关于互动环境和互动各方的知识，但由于认知能力或互动方式的限制，互动者不能获得关于互动情境和互动对方的有效知识，进而出现误解、产生矛盾。我们需要探索形成有利于形成有效互动知识的互动情境和互动机制，以促进互动者对互动各方表达的认识、理解，推动共识的达成。

从知识的传播来看，其存在的问题涉及教育机制、政策宣传机制、大众媒体传播机制、日常交流机制等。

第一，一些教育机制限制了知识的有效传递，受教育者不能充分习得、灵活掌握既有知识。教育是传承既有知识和文化、提高民众素养、改善民众生活质量、优化各类社会结构的根本途径。目前教育过程中存在诸多问题：中小学学生学习压力大，影响了学生知识的学习；学生知识掌握方式僵化，创新能力不足；学生缺乏有效的学习目标，影响了学生知识学习的积极性和学习效果；价值观教育没有获得显著效果；常识教育不足；等等。为了发挥教育对个人成长和社会进步的作用，我们需要思考：如何进行价值观教育，使其产生切实的影响？如何改变中小学学生目前的学习状态？学生如何才能具有积极学习的态度？如何将知识学习能力转化为知识创新能力？如何使民众养成终身学习的习惯？

第二，对主流价值和政策制度的宣传方式不当，公众对其不能充分理解和接受。主流价值与政策制度的宣传是国家治理的重要组成部分，有利于促进公众形成国家认同，使公众共同致力于国家经济社会发展。但我国目前相关宣传的途径较为单一，方式不够多样，宣传内容不够具体，不利于公众理解和把握。我们要探索有效的主流价值和政策制度的传播途径和方式,使人们对国家政策有全面、深入的认识和理解,对主流价值产生认同。

第三,信息的传播不充分。近年来,政府在信息公开上做出了一些努力和改变。但信息的公开透明程度依然不足,存在一系列问题:各市场、社会参与主体信息不对称;信息在相关部门和组织之间的传播不够及时准确,影响了决策效率;虚假信息频出,混淆视听;存在对社会舆论限制过多、人们的思想表达和交流受到较大制约的争议。我们需要进一步研究:信息要在什么范围内实现透明?不同类型的信息应通过怎样的途径和方式传播?虚假信息的产生动机和传播途径是怎样的?如何应对虚假信息?如何恰当地引导社会舆论?

第四,日常知识表达渠道不畅引发社会矛盾。日常知识主要是指在日常互动过程中,行动者个体所获得和表达的知识。一些社会矛盾产生于日常知识表达内容的不充分、表达方式的不恰当,或者知识接受者不能完全理解和接受互动对方所表达的知识。我们需要探索如何促进公众交流和沟通,提高互动者表达和理解的能力,使互动各方在互动过程中充分交流知识,减少相互之间的隔膜和矛盾,彼此理解。

探寻知识产生、存在、传播、接收、变化、运用等的条件和机制,既是描述知识与社会关系的理论的要求,也是应对知识社会的普遍问题和探索解决我国当下面临的问题的基本前提。我们要在揭示这些条件和机制的基础上,认识知识社会的特征,优化和调整这些条件和机制,解决知识生产和传播过程中出现的问题,促进知识生产和传播,实现社会的活力与秩序。

三 知识社会学与解释社会学

社会学旨在探寻人类社会中各种要素的关系和群体运行的机制。19世纪三四十年代至今,不同的流派以各自的立场、预设、研究方法和论证描述社会的存在和运行,形成的典型分支有实证主义社会学、解释社会学、批判社会学等。实证主义社会学将社会视为整体,认为社会整体具有的性质超出个体加总而具有的性质,所以社会学要将社会整体作为研究对象,以客观观察的方法,认识整体具有的性质和运行的机制。解释社会学

(interpretive sociology)认为社会是由有意义的行动构成的,所以要对社会行动进行解释性理解。实证主义社会学和解释社会学从其各自的视角对社会的不同面向进行了观察和阐释。对社会行动的阐释涉及行动的动机、依据、意义等,这些要素都是知识的重要组成部分。对于阐释知识与社会的关系,解释社会学做出了重要的贡献。

自20世纪二三十年代以来,知识社会学的发展没有间断过,但其也未成为社会学中的显学。一方面,知识既是社会生活的基本元素,又是社会科学研究的表达形式,因而对知识的社会学研究关乎我们对社会生活和社会科学的理解。另一方面,知识的丰富内涵和外延,以及知识与社会之间错综复杂的关联,使得知识社会学视角多元、思想纷繁、学派林立,人们难以达成共识。从学科史的角度来看,知识社会学起源于马克思的意识形态批判理论,此后的实践则以两种方式存在和发展:一种是"显传统",以曼海姆的知识社会学为起点,经过科学哲学和科学社会学的知识论和社会学批判,发展到当代的科学知识社会学;另一种是"隐传统",分散于实证主义社会学、解释社会学和批判社会学的理论思想之中。[①] 我们认为,研究知识社会学的思想史,不仅要注意其"显传统"呈现的知识论脉络,更为重要的是,要将它放在社会学的发展和问题背景之中,格外关注其"隐传统"的实践。

作为社会学的三大传统之一,解释社会学十分关注行动的意义以及情境知识和日常知识的社会建构,对知识社会学有重要的贡献。从研究文献来看,已有学者注意到解释社会学与知识社会学的内在关联,特别是米德、舒茨等人,但尚缺乏系统的阐释和深入的解析,鲜有对解释社会学知识理论的总体概述以及对其中不同学派观点的比较分析。因此,本书旨在

[①] 我们认为实证主义社会学包含三个要素,即非批判的、社会唯实论的和科学观察的。依此条件,反思知识内容的社会性本身是挑战实证主义社会学关于社会科学知识的科学性的理论追求。那么只有默顿的考察社会体制和科学知识生产的知识社会学才是实证主义的。但是,我们这里取实证主义社会学"非批判性"和"社会唯实论"的特点,将关注宏观的社会学结构、制度和文化同集体性知识之间的关系的知识社会学称为"知识社会学的实证主义传统"。另外,汉密尔顿提出了20世纪逐步形成了实证、解释、批判三大知识社会学思想传统,参见 Hamilton, 1974。哈鲁曾类似地将知识社会学分为三类,即经验主义的(empirical)、现象学的(phenomenological)和辩证的(dialectical),参见 Haru, 1987。

在解释社会学经典文献的基础上，吸收国内外有关研究成果，分析解释社会学核心人物和流派思想中的知识思想，并试图将这些思想加以比较和关联，揭示解释社会学的思想传统对知识社会学的贡献。

通过文献分析，本书提出了知识社会学中存在分歧的四个核心问题，即知识和社会的界定、知识与社会关系的判断、知识社会学的研究方法以及知识的相对性和知识社会学的自反性问题。依此线索，本书分别讨论了韦伯、符号互动论、现象学社会学和吉登斯在这四个问题上的基本主张，从而呈现了这些人和理论的主要知识社会学思想：韦伯提出，意义知识和社会行动具有一致性，现象学社会学探究了这种一致性的形成机制，符号互动论在知识与社会之间建立了相互建构的关系，而吉登斯将这种关系发展到相互渗透的程度。在此基础上，本书依据社会实践的过程，将各学派用从不同视角描述的知识特征关联起来，呈现社会行动和知识交互作用的过程，将知识进行分类，描述社会结构、社会行动、微观个体拥有的知识和社会共享知识之间的关系。

解释社会学通过阐释知识的社会形成机制，将微观个体所拥有的知识同社会共享的具有客观性的知识在主观领域中关联起来，说明了知识的历史承继和不断更新的双重性质。与实证主义的知识社会学以宏观的社会结构来说明社会共享知识的生产不同，解释社会学在宏观和微观、行动和知识之间建立了辩证的交互关系，这既对传统知识社会学的知识范畴进行了拓展，又提出了关于知识与社会关系的全新理解。解释社会学形成的经验，有助于呈现知识和社会关系的过程面向，对于丰富和完善知识社会学方法论具有重要的价值。此外，解释社会学所主张的知识以社会背景为产生条件的理论逻辑和共识真理观，为解决知识相对性和知识社会学自反性问题提供了启示。本书发现，解释社会学脉络下的知识社会学还有进一步发展的空间，各类知识之间的转化过程、认识转变与行动变化之间的关系等问题都有待研究，关于知识的社会影响范围的研究需要社会学同心理学和生理学等学科进行交流与合作。

目　录

第一章　导言 …………………………………………………………… 001
　　第一节　知识、哲学认识论与知识社会学 ………………………… 001
　　第二节　知识社会学的发展历程 …………………………………… 003
　　第三节　解释社会学的独特视角 …………………………………… 012
　　第四节　知识社会学有关研究综述 ………………………………… 015
　　第五节　研究框架 …………………………………………………… 042

第二章　意义与社会行动：韦伯的知识社会学思想 ………………… 047
　　第一节　行动意义的知识：来自研究者的"理解" ………………… 047
　　第二节　共生：意义与社会行动的一致性 ………………………… 049
　　第三节　动机与价值理性行动：宗教思想的社会功能与社会基础 … 055
　　第四节　价值中立：社会科学知识的客观性 ……………………… 058
　　第五节　看见"意义"：韦伯对知识社会学的贡献 ………………… 059

第三章　情境知识与社会互动：符号互动论中的知识社会学思想 … 061
　　第一节　情境知识：意义和自我的主观呈现 ……………………… 062
　　第二节　交互建构：情境知识与社会互动的关系 ………………… 066
　　第三节　扎根理论：知识的经验研究方法 ………………………… 070
　　第四节　共识真理：对知识社会学自反性的应对 ………………… 077
　　第五节　行动视角：符号互动论对知识社会学的贡献 …………… 079

第四章　日常知识与生活世界：现象学社会学中的知识社会学思想 …… 081
　　第一节　生活世界与日常知识：主客一体的"社会"
　　　　　　与"知识" ……………………………………………………… 082
　　第二节　"现实的社会建构"：知识-社会的双重关系 ……………… 088

第三节　二阶建构：社会科学知识的社会关联与科学属性 …… 103
第四节　描述取向：现象学社会学的经验研究 ………………… 107
第五节　走进意识：现象学社会学对知识社会学的贡献 ……… 110

第五章　规则知识与社会实践：结构化理论中的知识社会学思想 …… 113
第一节　规则与实践知识：源于理性的知识 …………………… 115
第二节　社会：实践构成的系统 ………………………………… 117
第三节　结构化：知识、行动与社会结构的交互渗透 ………… 119
第四节　抽象性与普遍性：现代性特征中的知识 ……………… 128
第五节　自反：社会科学知识的社会生产与社会批判 ………… 130
第六节　兼收并蓄：定性和定量研究方法的相互补充 ………… 135
第七节　置身实践：结构化理论对知识社会学的贡献 ………… 137
第八节　"乌兰牧骑精神"：结构化理论的案例解读 ………… 141

第六章　知识与社会的交互建构：解释社会学促成的争议弥合 …… 149
第一节　从个体所有到社会共享：解释社会学中的知识界定 … 149
第二节　从单向决定到交互渗透：知识-社会关系 …………… 153
第三节　从统计到描述：知识社会学的经验研究方法 ………… 158
第四节　追求"客观"：社会科学知识的相对性和知识
　　　　社会学的自反性 ……………………………………… 159
第五节　相依相长：知识社会学与哲学认识论的界限 ………… 162
第六节　也是贡献：解释社会学引发的更多思考 ……………… 164

参考文献 ……………………………………………………………… 169
　　著作类 ………………………………………………………………… 169
　　论文类 ………………………………………………………………… 174

后　记 ………………………………………………………………… 185

第一章 导言

第一节 知识、哲学认识论与知识社会学

知识既是日常用语,也是学术概念。日常生活中人们所说的"科学知识"或"文化知识",是指可应用于实践的关于自然与人类社会的性质和特征的判断。而在学术领域中,知识的外延更广。

学术领域中的知识概念主要存在于哲学和心理学之中,通过对知识的来源、产生过程和性质等方面的描述来对其进行界定。在传统哲学中,构成知识的三个条件是信念、真和证实,知识即被证实了的真的信念(胡军,2006:52)。这是从知识属性的角度予以定义。又有,知识是"人类认识的成果或结晶。包括经验知识和理论知识……知识通常以概念、判断、推理、假说、预见等思维形式和范畴体系表现自身的存在"(冯契,1992:1966)。这是从知识的分类和表现形式的角度加以描述。再有,知识是指"客观事物的特征与联系在人脑中的能动反映,客观事物的主观表征属于认知经验"(林崇德等,2003:1682)。这是从知识的对象和知识本身的性质的角度的描述。布卢姆(Benjamin Bloom)将知识定义为"对具体事物和普遍原理的回忆,对方法和过程的回忆,或者对一种模式、结构和框架的回忆"。这一定义强调了知识产生的机制。加涅(Robert Mills Gagné)将其定义为"言语信息","用符号或言语标志某种事物或表达某种事实"(转引自林崇德等,2003:1682)。这里突出了知识的表达形式的性质。综合这些定义,知识的对象、产生机制、类型、表现方式等方面的特征得以呈现。

参照、结合以上这些对知识内涵和外延的说明,我们认为,知识是被信以为真的"认知经验",以主观形式并借助符号载体而存在,包括感觉、

知觉到的以及由思维产生的对象客体的属性及其与相关要素的联系。主观性和以之为真是知识的重要性质。知识拥有者认为知识为真，但其自身不一定实施检验，也可能意识不到对其进行验证的过程。当信以为真的信念产生时，它会作为不被怀疑的预设成为人们进一步思考和行动的基础。

对知识和认识的反思历史久远。这种反思起初是哲学的兴趣，认识论问题是哲学的古老话题和争论重心。哲学认识论研究认识的内容、方法和认识的客观性等问题。哲学认识论围绕三类问题展开争论：知识的性质或认识论术语的意义、认识的证实或知识的标准、认识经验与认识对象之间的关系（希尔，1989：1~3）。可以说，前一类问题产生于对后一类问题的反思。围绕第三个问题，主客二元论的两种表现形式——反映论和唯我论各持己见[1]：反映论将知识视为与客观实在相适应的经验，但无法证明这种经验是对客观实在的反映，即如何证实为真的问题；唯我论认为知识是个人感知的结果，只有自我及其意识才是唯一真实的存在，但面临相对主义和不可知论的困扰。

知识社会学通过将知识与社会关联起来为解决哲学认识论的争论提供了一条出路。知识与社会的关联并非始于知识社会学。法国启蒙哲学家和苏格兰道德哲学家已认识到人类思想的产生、结构和内容由社会、经济和政治因素塑造。这正是知识社会学的基本预设所在（Meja and Stehr, 1999：1~2）。知识社会学在20世纪初的兴起与哲学认识论血脉相连，一开始就以"对人类理性的社会学批判"为首要任务。[2] 知识社会学主张知识既不是客观世界的再现，也不是主观头脑的创造，而是集体和社会的产物；知识的有效性没有普遍的标准，知识的形式和内容也因社会背景的不同而异。

知识社会学不同于哲学认识论的地方在于，它不赞成抽象思考认知者和认知对象的关系，反对将主体和客体先验地分离对立起来并在此基础上推断世界的可知性。知识社会学考察具体的经验世界中的知识，思考经验因素对知识的影响，研究社会条件与知识产生的关系。知识社会学用客观

---

[1] 美国实用主义者和分析哲学家分别从知识标准和认识论术语的意义角度批判了两方的争论不得要领（希尔，1989：1~3）。
[2] 这种批判意象曾在德语世界引发了围绕"社会学主义"的激烈论战，参见库什，2001：34~39。

的社会结构性因素解释客观的知识:认知主体是衔接认知对象、认知条件与知识这三种客观因素的中间要素,知识是社会条件对认知主体产生影响的结果。

知识社会学的哲学抱负,是要在对思想意识如何受社会存在影响进行经验研究的基础上,对知识与社会存在的关系及知识的有效性等认识论问题有所贡献。换言之,知识社会学要通过把某个认识论设想成仅适用于某种既定知识形式的理论基础,来解决不同认识论之间可能的冲突。

图 1-1 表达了经验世界、认知者、经验知识和特定认识论之间的关系,说明了认知者是在一定的经验世界中获得关于认知对象的经验知识和采取特定的认识论的。

图 1-1 经验世界、认知者、经验知识和特定认识论之间的关系

第二节 知识社会学的发展历程

知识是社会运行的参与要素,探究知识产生是否具有社会性以及具有怎样的社会关联,从而把握知识的性质,是呈现社会运行特征、在社会实践中有效运用知识的必要前提。知识社会学(Sociology of Knowledge)以知识的社会决定为预设,探索各类知识与怎样的社会条件相关联以及如何相关联。知识社会学关于知识的社会功能的阐释被人们普遍认可,这一领域的研究具有重大的现实意义;而知识社会学提出的知识的社会建构的命题,意味着对意识形态[①]、日常知识直至科学知识的客观性的质疑,甚至包括对其自身有效性的逻辑背反,这引发了不断的争议。

---

① 意识形态是指系统地、自觉地反映社会经济形态和政治制度的思想体系,表现在哲学、宗教、政治法律思想、道德、文学艺术等形式中,参见冯契,1992:1817。本书中的意识形态指的是一种价值体系。

知识社会学的实践以两种方式存在和发展：一种是"显传统"，以曼海姆的知识社会学为起点，经过科学哲学和科学社会学的知识论和社会学批判，发展到当代的科学知识社会学；另一种是"隐传统"，分散于实证主义社会学、解释社会学和批判社会学的理论思想之中，并形成了知识社会学的三个理论分支。"隐传统"包含了丰富的知识思想，却没有聚集起知识社会学家的团体，没有形成系统的知识社会学理论。只有在知识社会学的理论综述中，这些知识思想才能得以团聚。

一　关于知识与社会关系的经典论述

培根（Francis Bacon）、孔德（Auguste Comte）、马克思（Karl Marx）、尼采（Friedrich Wilhelm Nietzsche）、帕累托（Vilfredo Pareto）和弗洛伊德（Sigmund Freud）被认为是知识社会学的学术先驱。他们的经典理论突出表现了知识社会学关注的下述问题。

1. 知识的社会生产

知识的社会生产追溯知识生产过程中社会因素是否与如何参与到知识的生产过程中，这是知识研究的基础性问题。知识的生产是否具有社会性，与知识的客观性问题相关联。多位经典作家就知识生产的社会性做出了论述。

19世纪初兴起的德国历史主义传统认为，所有的思想都是在一定的时空中产生的，受到时空条件的限制，在一定时空中形成的思想都是相对的、具有历史性的。由此，只有将各种思想置于特定的文化背景下，才能形成对思想的正确认识。

马克思认为，所有知识都是由社会决定的，自然科学知识也决定于社会目标；恩格斯认为，在特定条件下，自然科学知识也要借助社会及历史因素来解释。社会存在决定社会意识的基本命题被视为最早的知识社会学命题。在《〈政治经济学批判〉导言》中，马克思提出，物质资料的生产方式决定了社会过程、政治过程和精神过程的总特征；不是人们自身所有的意识决定人们的存在，相反，是人们的社会存在决定了这种意识。马克思特别关注意识形态这种知识形式，意识形态和阶级结构被直接联系起来。

2. 知识的有效性评价

知识的有效性评价是对知识的真实性、客观性的追问。认知是否具有客观性？在怎样的条件下具有客观性？错误的认知如何产生？这些问题是知识研究关注的核心。在知识的有效性评价问题上，学者们分析了错误知识的产生原因。

培根在《新工具》中思考了谬误和错误概念何以产生。他分析了人类认知的四种错误，分别是部落偶像、洞穴偶像、市场偶像和剧场偶像。由此，阻碍真实知识发展的障碍被归于认知者既有的经验观念、经历、思维、价值预设、语言语义等，即一系列的社会因素。

马克思认为，剥削阶级和被剥削阶级的利益自觉或不自觉地歪曲、支配和决定了知识。在未来的无阶级社会，由于利益对立的消失，将不会出现被歪曲的知识。

3. 知识的社会功能

知识的社会功能是知识与社会相关联的一条重要线路。知识具有社会功能，对社会的存在和运行产生影响。知识类型及其影响的范围、强度和机制等是学者们研究关注的重点。

马克思研究了知识对生产力和社会生活的影响。他提出："固定资产的发展表明，一般社会知识已经在多么大的程度上变成了直接的生产力，从而社会生活过程的条件本身在多么大的程度上受到了一般知识的控制并按照这种知识加以改造。"（《马克思恩格斯全集》第四十六卷下册，1980：219~220）

孔德将社会发展阶段与知识发展阶段对应起来。他提出，人类思维依次经历了三个发展阶段，即神学阶段、形而上学阶段和科学的实证主义阶段；人类社会则与此相对应，实现了整体的进化。

二 知识社会学的诞生

20世纪初到20世纪30年代，知识社会学成为独立的社会学专业，知识社会学由此诞生。

知识社会学这一概念最早由奥地利哲学家杰鲁萨冷（Wilhelm Jerusalem）于20世纪初提出（卡泽那弗，2003：37）。20世纪二三十年代，舍勒（Max Scheler）和曼海姆（Karl Mannheim）正式创立了知识社会学这一学科。舍勒于1924年发表了论文《知识社会学问题》，这被视为知识社会学诞生的标志；1926年，他出版了《知识的形态和社会》。

知识社会学的产生与当时的社会背景相关，这一学科肩负着政治和智识的双重使命。一方面，20世纪二三十年代被称为"西方文明危机"时期，启蒙思想与机器工业的发展带来了物质生产的繁荣，但是同时带来了"副作用"：细密的社会分工使得工厂工人只重复进行某种局部的工作，其失去了对工作意义的认识，由此导致意义、价值的缺失；工业文明的价值取向使得人们对自然资源、物质财富的需求不断增长，导致不同的政治群体提出各自的政治主张，在这些主张的引领下，进行势力争夺和扩张，带来战争并造成对生产生活的破坏；不同社会力量基于各自的利益立场和经济社会诉求，对当时社会现实形成不同认知、导致意识形态的冲突和斗争，由此形成激烈的社会文化冲突，社会动荡而分裂。

知识社会学产生于此历史时期，被用来对这些"缺失"、"破坏"和"冲突"做出解释，并寻求破解的方法。如默顿所言，"知识社会学之所以有用武之地和说服力，是因为在一个充满了文化冲突、价值纷争和观点分歧的社会里，它似乎为人们提供了一个能够用以整理这一混乱局面的分析构架"（刘文旋，2002：42）。

另一方面，知识社会学在理论和研究方法上的价值也受到关注。因为知识社会学对知识包括社会科学知识的反思特征，使得它的创立者试图用这一学科的理论建构宏观的社会理论，或者把知识问题的研究作为建构社会学理论的基点。而知识社会学的研究方法为历史社会学和社会学理论史提供了新的研究路径，它们不仅对知识做编年史的研究，而且分析知识产生的特定社会-文化背景。

这一阶段知识社会学主要关注以下几个方面的问题。

1. *知识的界定*

不同学者和学派从各自的角度对知识社会学的研究对象——知识做出了不同的界定，并以此为基础探究知识和社会的关系。

韦伯将知识社会学研究的知识界定在有限的范围内。韦伯认为，社会学是解释性理解社会行动并通过理解对社会行动的过程和影响做出因果说明的科学。这里的社会行动是理性的行动，包含了可以理解的指向他人的行动的意义。研究者通过解释获得的行动的意义，就是韦伯所界定的知识社会学的研究对象，即经验理性的知识，此外的如神学、信仰等都被排除在知识之外。

舍勒认为，知识包含多种类型，如神学的、神话的、哲学的、社会心理学的、实证的、感知的、技术的、科学的等，这些知识可被分为三大类：技艺和功效的知识、文化的知识、解放的知识。他反对孔德关于知识的进化论，主张知识种类的多元论，即社会范围不同，某种类型知识的重要程度也不同；某类知识的特殊地位由某一社会范围赋予。如在西方资本主义社会中，实证科学知识优越于宗教或哲学知识；在一些亚洲国家的社会中，情况却相反。

古尔维奇对知识的分类覆盖了更大的知识范围。他将知识分为两大类，一类涉及知识的种类和对象，另一类涉及知识的形式或方法论取向。知识被分为七种类型：对外部世界的感知知识、社会的和他人的知识、技术知识、常识知识、政治知识、科学知识、哲学知识。他还采用两分法确定了知识的六种形式：神秘的或理性的、经验的或概念的、实证的或思辨的、直觉的或反思的、符号的或实在的、集体的或个人的。他认为，知识社会学研究知识的不同类型和不同的社会范围之间的相互功能的关系。如在西方封建社会，知识被分为这样的等级：最为重要的是哲学知识，其次是社会的和集团的知识，以后依次为常识知识、政治知识、技术知识、科学知识。而在资本主义社会，科学知识是最为重要的，等级最低的为常识知识。

2. 知识的社会生产

在知识社会学的诞生时期，学者们讨论知识的社会生产问题时，对知识进行了类型区分和性质界定，阐释了与知识类型相对应的社会特征，以及影响知识生产的社会的具体内容指向。

布吕尔区分了原始思维和西方理性主义的实证思维。任何人和任何社会中都存在建立在参与基础上的神秘的和前逻辑的原始思维，也存在理性的思维过程。但原始思维主要存在于古代民族中，而西方社会成为实证思维的代表，主要是因为其原始思维以完全被"集体表现"规定了的面貌出现，集体生活成为原始思维的特性（卡泽那弗，2003：40~41）。由此，他阐释了两种思维方式在不同的社会中分别居于主导地位，与不同的社会生活方式密切相关。

迪尔凯姆[①]（Emile Durkheim）认为社会的基本结构决定着人的思想结构，人对时间、空间、因果范畴等的感知和对经验次序的基本范畴的感知都来自社会结构。他主张应该特别重视相异抽象时空观念与社会结构的密切关系，知识的性质和内涵要从实际的集体社会生活与社会活动的各种表象出发去认识。他也关注哲学知识和科学知识的根源，提出科学知识从根本上说也是集体的。

韦伯与迪尔凯姆不同，他认为，不能仅仅把知识及其各种范畴归结到一个以集体性为基础的潜在结构之中，否则容易抹杀人作为主体参与形成思想产品的能动作用。在意识形态或世界观的形成过程中，行动因素同一定类型的社会群体有密切的关系，为他们提供必要的心理动机。

舍勒反对马克思将社会因素归结为经济基础的说法。他认为，随着时间、地点的变化，决定集体思维的因素也发生着变化。在古代社会，首要的因素是血缘关系，其次是政治权力，再次才是经济基础。经济基础仅适用于对现代社会的分析。

3. 知识的有效性评价

在知识社会学产生阶段，围绕知识的有效性评价问题，学者们不再仅仅关注错误知识如何产生，而讨论知识的有效性的范围，以及知识的有效性存在和增加的条件。

迪尔凯姆认为，社会共契使得知识的有效性不断增加。他在《宗教生活的基本形式》一书中试图在知识的集体性中发现知识的有效性的基础，但其并不认为有社会根源的知识就是真实的，原始的宗教概念、信仰、态度来源于集体生活，逻辑范畴也有社会根源，但逻辑构造中有"主观的"成分。当文明发展到一定程度的时候，真正客观的知识才会出现（卡泽那弗，2003：41~42）。由此，迪尔凯姆在社会共识与知识的有效性之间建立了联系，他认为社会共识的程度越高，知识的有效性越强。

舍勒主张知识受到社会的影响是有限的，社会因素影响知识的生产而不是内容。曼海姆则认为，社会或者生存决定实际思维过程，生存因素既与观念的产生有关，也渗透到观念的形式和内容中，决定经验和观察的范围和强度。（卡泽那弗，2003：46~47）

[①] 本书采用"迪尔凯姆"的译法，文献中保留"涂尔干"的译法。

4. 知识社会学的任务

在知识社会学创立时期，这一学科被寄予了还原真理的期待，通过剥离社会条件对知识的影响，或揭示知识与其产生的社会条件的关联，呈现知识的真理面相。

舍勒认为，大量相互对立的理论和世界观造成了价值危机，知识社会学要从这些世界观中挑选出具有真理意义的普遍因素并将它们归到一个整体概念中，从而找到超越具体历史和社会现实的永恒本质和普遍价值。舍勒用现象学的观点和方法关注世界价值秩序、社会精神特质和主体的经验结构，试图由此透视人类社会的本质特征，揭示西方社会危机的根源，并追问促进每种知识增长和发展的最佳社会环境是怎样的，以寻找走出困境的方案。

曼海姆提出，知识社会学要揭示制约知识的各种关系，从而还原出最坚实的真理，克服与科学知识有关的相对主义，进一步对有关问题的方法论进行把握；另外，通过研究思想者整体思想的基础，确定思想分歧的根源，解决"各持己见"的问题，消除误解。初创阶段的知识社会学研究一直停留在理论论述层面，缺乏经验研究。

曼海姆依据知识社会学思想为民主社会的危机提供了一种解释，并寻求化解危机、实现秩序的道路。他提出，只有自由知识分子才能提出关于社会的客观知识的理论，这一群体是维护社会秩序的力量。但现代民主社会的平等理想削弱了精英群体的声望，要增强维护社会秩序的力量，从而形成社会秩序，就要赋予精英群体以权力。

知识社会学的经典作家们采取宏观的关联模式，即集体性意识与社会背景的关联，以呈现和创造实现其社会理想的社会条件，促进其理想的实现。但这种宏观的关联模式是以不言自明的预设来呈现的，这些预设引发了后人持续的争论和解决争论的探索。

三　知识社会学的局部发展

知识社会学发展的第三个阶段始于20世纪40年代，可以被称为知识社会学的规范化阶段。知识社会学试图将自己限制在社会学的分支学科内，这也是解决知识社会学的自反性问题的一种努力。20世纪30年代后期分化出来的两个知识社会学分支都是以现象学和解释学为方法论原则的。

这一时期，科学社会学获得了较快发展，学者们进行了大量的经验研究。科学社会学主要研究自然科学和工程技术，对社会科学和思维科学关注较少；另外，在研究实践中，其更多地关注科学职业、科学活动和科学制度，在很大程度上忽略了科学知识本身。

默顿一方面致力于科学社会学研究，另一方面致力于推动知识社会学的发展。他在1945年发表的《知识社会学范式》中列举了知识社会学的一些研究命题，如精神生产的基础、精神生产与其存在基础的关系、人们如何对精神生产进行社会学分析等。这一时期，美国的经验主义者通过经验调查的方法研究公众舆论和信仰问题。

四　知识社会学的全面发展

第四个阶段，始于20世纪60~70年代。一方面，科学知识社会学发展起来；另一方面，知识社会学初创阶段一般性的宏大抱负重新引起了人们的关注。

科学知识社会学主要以建构主义理论为基础，关注科学知识的产生过程，提出科学知识是与利益关系和社会建制相联系的。英国爱丁堡学派从20世纪70年代初开始专注于对科学知识的研究，开展了大量关于科学知识怎样在实验室中生产的调查。

知识社会学的研究内容得到了进一步的发展。将知识社会学的学科基础及其与认识论的关系等根本性问题从知识社会学中分离出去固然使其与社会学分支的地位相符，但会引起人们对该学科基础的发展产生漠然的态度。从这一阶段起，学者们再次讨论知识社会学的自反性以及对发现知识和确证知识的社会背景（知识产生的社会性和知识内容的社会性）予以区分等问题。另外，工业社会和后工业社会中特定形式的知识以及拥有这些知识的人所具有的相应的权力成为知识社会学新的论题。(Stehr and Meja, 1984：6-12) 这一时期的研究内容还涉及知识与社会的交互关系、历史变迁中知识的功能、知识在当下知识社会的功能与知识社会的特征、知识经济中的知识与经济关系等（郭强，1999）。

建构主义取向在这一时期产生了较大影响。在《实在的社会建构》（1966年）一书中，伯格（Peter Berger）和卢克曼（Thomas Luckmann）把知识范围从以前的理论知识扩大到了日常知识，阐释了面对面环境中日常知识的生成、存在和作用机制，以及社会现实的建构过程。

追溯知识社会学的发展历程，思想史上对知识问题的探讨主要涉及知识的界定与分类、知识的产生机制、知识的有效性评价（真实性）等问题。综上，知识社会学以知识的社会关联为预设，关注知识的范围和分类、知识的社会产生、知识的有效性、知识的社会功能以及知识社会学的任务等。

1. 从对知识的界定来看，知识的范围不断扩展

知识社会学产生之前，论述知识和社会关系的经典理论将知识指向一般的"思想"、"知识"、思维方式，重点关注意识形态；知识社会学诞生后，知识被较为细致地分类，重点关注思维方式、意识形态、理性经验等；知识社会学关注的知识随着学科发展不断细化、范围不断扩展，延伸到了科学知识、公众舆论、精神信仰、日常知识等。特定的知识类型在一定的研究时期占据主导地位。

2. 从知识的社会生产来看，知识与社会的关系逐步深入和精细

知识社会学产生前的经典理论时期，知识与社会关联的相关理论普遍认为所有知识受社会影响，但关于影响的程度人们的观点不一。知识社会学诞生时期，人们探讨了影响知识的社会因素的具体内容。随着知识社会学的发展，人们对知识、社会的具体内容及其关联机制进行了更精细的探究和阐释。

3. 关于知识的有效性评价问题呈现不断深化的趋势

知识社会学诞生前的经典理论家们分析了错误知识的来源，将知识错误归因于社会遵从的价值、阶级利益等。知识社会学诞生初期，学者们争论了社会因素是否影响知识的有效性的问题，以及实现知识的有效性的途径。随着知识社会学的发展，社会学家们除了对上述问题进行持续思考，又开始探讨知识社会学自身的有效性问题。

知识社会学的历史发展脉络体现了这一学科研究对象的变迁和理论追求的往复。知识社会学自创立以来，发展没有间断，这体现出知识的社会学研究同时关乎我们对社会生活和社会科学的理解。知识社会学解决了社会和群体对人们生活的影响范围和认知的社会文化基础这些最具一般性的社会学问题（McCarthy，1996：11），是社会学不可或缺的重要组成部分。

社会学如果失去对知识的关注，将置自身于易受攻击的地位。首先，

社会学追求关于社会的"真"知识,知识社会学则要探究某种文化中什么被视为"真",以及真理的标准和知识产生的经验基础。社会学只有对知识进行研究,才能对其自身做出说明,捍卫其自身的学科地位。其次,社会学被批评通过质疑规范和价值破坏了社会的道德基础,价值成为一种自由选择。而知识社会学为规范和价值提供了经验性的事实基础,从而表明规范和价值并非自由选择,而是代表了人们互动的历史社会过程。最后,知识社会学为社会学提供了解释社会现象的又一个重要面向。它致力于呈现知识的社会来源,让人们看到,知识并不只代表一种事实,而是反映了产生知识的社会过程,从而可以更好地解释个人获得的知识和围绕知识的争论,不会把知识问题完全解释为个人能力。(Garrison,1999:67-78)

知识社会学的重要作用不容忽视,但是,它尚未成为一门显学。这与知识社会学自身发展的特点有关。知识所包含的丰富内涵和外延,以及知识与社会之间错综复杂的关系,使得知识社会学视角多元、思想纷繁、学派林立,人们难以达成共识。这些思想的分歧主要在于知识和社会如何界定、知识和社会如何关联、知识社会学的研究方法以及知识的相对性和知识社会学的自反性问题。解释社会学以微观取向的理论进路应对这些问题,成为知识社会学的实证、解释和批判三个理论传统之一。

第三节 解释社会学的独特视角

解释社会学[1]作为社会学的一大理论传统,其研究范围、研究方法等不断有所变化,但在本体论、认识论和方法论层面保留着一些核心特征。第一,观照社会运行的解释面相,即以意义解释为基础的关涉他人的社会行动;第二,研究者通过"理解"的方法获得关于社会的认识;第三,研究方法包括观察的理解、解释性的理解等。

解释社会学与知识社会学因研究目标、研究视角和研究进路的高度一致性而具有密不可分的关联。一方面,解释社会学关注能动的行动者和解

---

[1] 中文文献中"解释学社会学""理解社会学""诠释社会学"和英文文献中"hermeneutic sociology""interpretative sociology""interpretive sociology"所指涉的内容在本书中都归于"解释社会学"中。霍华德·贝克尔(Howard Becker)引入"解释的社会学"这个术语,作为韦伯"关于理解的社会学"的另一个说法(转引自瓦格纳,1963)。

释所获得的"意义",所以行动者所拥有的知识在解释社会学中占据关键地位。另一方面,解释社会学以其微观的视角界定社会,描述了社会中个体行动和互动所运用的知识,并探究这种知识的产生过程,为知识与社会如何关联提供了一种说明(Hekman,1986:7—12)。可以说,知识社会学是解释社会学的核心,解释社会学是知识社会学的基础。

解释社会学继承了产生于古希腊时期的解释学哲学。在这些哲学思想中,"理解""解释"被赋予了方法论、认识论或者本体论的地位。施莱尔马赫(Friedrich Schleiermacher)将由经典注释学和文献学组成的释义学发展成普遍的方法论,这具有一定的认识论意义。他的研究重心在于理解本身,而不是被理解的文本。狄尔泰(Wilhelm Dilthey)试图通过解释学为精神科学确立认识论基础,使关于人类历史的知识像自然科学知识一样确凿可靠。精神科学要用理解的方法代替自然科学的因果说明方法。海德格尔和伽达默尔则赋予理解以本体论地位。理解是人的一切其他活动包括意识活动的基础。理解者所处的不同于理解对象的特定的历史环境、历史条件和历史地位等因素对他的理解产生了影响和制约。不论是方法论、认识论还是本体论,它们始终围绕着文字、话语、动作等符号,以探究其背后的意义,揭示意义的产生过程和性质,以及这一过程中各种要素与意义的关系。

解释社会学中的知识思想是对解释学的继承和发展,从关于"如何理解"的学问变成关于"理解"的学问的解释学,其始终强调社会历史传统是解释意义的基本条件,而不是需要克服的偶然因素。解释社会学吸收了解释学对行动意义的关注,并以意义和社会历史因素相关联的观点作为基本的理论视角。它以社会唯名论的立场,关注能动的行动者和解释所获得的"意义",所以行动者所拥有的知识在其思想中占据关键地位。解释社会学以其微观的视角界定社会,描述了社会中个体行动和互动所运用的知识,并探究这种知识的产生过程,为知识与社会如何关联提供了一种说明。

解释社会学经历了逐步深入且贴近意义本身的演进历程:从研究者视角中的意义发展到日常生活中人们如何生产、使用意义;从关注行动和意义的关系,延伸到发掘意识领域中意义的产生过程。在解释社会学家中,除伯格和卢克曼之外,很少有人宣称自己在从事知识社会学研究。知识思想或许不是他们理论系统中的核心和主旨,他们也没有直接参与知识社会学的学术讨论和活动,并未对该学科发展产生直接的影响。但是,韦伯的解释社会学、符号互动论、现象学社会学、吉登斯的结构化理论这几脉社会学思想都有对知识问题的论述,并对知识性质的揭示和对知识社会学的研究范式做出了重要贡献。在既往的知识社会学综述中,这些思想占据了一席之地;在知识社会学的经验研究中,这些思想被作为其理论基础和解释手段。他们关于知识与社会关系的讨论不能不被视为知识社会学的组成部分。

韦伯延续了社会唯名论、历史主义和解释学的哲学取向,用解释社会学的视角来审视社会,使得解释成为社会学的基本研究方法之一。根据韦伯的观点,社会学是解释性地理解社会行动并对社会行动做出因果说明的科学。他所定义的社会学,就是一种解释社会学形态。他将解释学理解的方法运用到社会学研究中,关注社会行动的意义,并将意义与社会行动关联起来(韦伯,2005:3~7)。理解被置于社会学研究的方法论地位。他将知识社会学引向了微观意义的视域,而且他的研究中论及的诸多问题为后续研究开辟了广大的空间,他的研究中留存的预设提供了有价值的、有待深入挖掘的课题(Hamilton,1974)。

其后,解释社会学研究围绕宏观的社会制度和秩序如何在微观行动的基础上形成而展开和推进。随着符号互动论和现象学社会学的兴起,具有本体论地位的解释学思想进入社会学视野,解释不仅是研究方法,而且作为社会行动的内容成为研究对象。这时的解释社会学面向社会实践中的解释过程,这一过程中的知识的产生、运行和功能等受到人们的关注。符号互动论主要阐述了社会互动和知识的关系,现象学社会学则直指意识世界,探究知识在意识领域的特征,强调知识在主观和客观世界之间的相互影响和转化。

进入当代,吉登斯(Anthony Giddens)的结构化理论吸收了哲学、社会学和心理学等多学科的思想,以解释社会学为基本出发点,对社会学理论进行综合(吉登斯,1998:1)。他的理论呈现了对社会更为丰富而全面的说明。其中,各类知识与更多社会要素的关系网络显现出来。我们认为,"理论综合"是一种学术研究取向,产生于我们对于认识更完整的世界的精神追求。我们希望揭示出关于这个世界的更多元素和关系。但是,任何一种综合只是对既有发现的融合。之后，还会有新的元素和关系被发现，会有新的综合出现。所以，吉登斯的思想可以被视为对韦伯开启的解释社会学思想的阶段性总结，它的重要价值在于这种总结不是各种相关思想的简单汇聚，而是以"实践"视角消除各派思想之间的矛盾，将其整合为一体。

韦伯、吉登斯、符号互动论、现象学社会学在现代解释社会学的发展史上产生了重要影响，成为具有代表性的人物或流派。它们在知识社会学的研究对象、基本预设、研究方法及知识的社会相对性和知识社会学的自反性等问题上既各有主张，又相互关联，成为知识社会学隐传统的一支，共同为知识社会学做出了重要贡献。

从知识产生的微观环节以过程视角探究知识的产生和运行是早期的知识社会学所不能触及的。早期的知识社会学，将社会结构与知识之间的相关关系直接作为预设，但二者之间的关系如何建立起来并未被阐明；日常知识作为知识的重要组成部分，在现象学社会学看来占据基础地位，却没有获得关注；作为社会学学科基础的经验研究方法没有在早期知识社会学中付诸实践；对知识社会学的自反性问题没有给出令人满意的解答。这些问题正是解释社会学的矛头所向。

我们分析解释社会学中蕴含的知识思想，将知识社会学的研究对象从传统的集体意识和意识形态拓展到日常知识，揭示日常知识的类型、性质、产生与功能，以及日常知识和系统知识的关系，从而阐明解释社会学中的"知识"概念和知识与社会关系；通过研究知识形成的微观环节和形成过程，反思传统知识社会学在知识与社会关系上的一些预设，夯实知识社会学的基础，并说明知识社会学的经验研究方法。

第四节 知识社会学有关研究综述

知识社会学和解释社会学涵盖怎样的研究范围？我们的研究对象即解释社会学中的知识思想处于怎样的学术背景中？由研究者本人将其研究明确置于知识社会学思想体系中的文献构成了知识社会学发展的外显轨迹。这些文献或探讨知识社会学的理论基础、研究方法、历史演进等，或应用知识社会学理论进行经验研究。我们将从中归纳出知识社会学的既有研究范式（包括基本预设、对象和方法等）和争论的问题，一方面呈现知识社会学的基本理论属性，使对解释社会学中的知识社会学的探索具备较为清晰的概念工具；另一方面呈现前人的研究成果，为本书提供研究起点。①

一　知识社会学研究

近20年的知识社会学研究涉及知识社会学的理论研究和经验研究。理论研究有围绕这一领域的思想主张进行的梳理、分析，也有经验调查基础上的理论发展；经验研究涉及学术研究和社会生活的多个领域，以描述性研究居多，也有部分统计研究。

知识社会学的经典著作是我们开展理论和经验研究的基础。经典著作主要有舍勒的《知识社会学问题》、曼海姆的《意识形态和乌托邦》、兹纳涅茨基（Florian Znaniecki）的《论知识科学最主要的课题和任务》和《知识人的社会角色》、伯格和卢克曼（Peter Berger & Thomas Luckmann）的《现实的社会建构》②、哈贝马斯（Jürgen Habermas）的《认识与旨趣》。古典社会学家的一些著作也是知识社会学研究的重要文献，如马克思的《资本论》、迪尔凯姆的《宗教生活的基本形式》和《原始分类》、韦伯的《新教伦理和资本主义精神》、凡勃伦（Thorstein Veblen）的《科学在现代文明中的地位》和《有闲阶级论》、索罗金（Pitirim A. Sorokin）的《社会与文化动力学》和《社会文化的因果关系、时间、空间》、米德的《心灵、自我与社会》及米尔斯（Wright Mills）的《社会学的想象力》等。知识社会学在对这些经典思想的分析、评价和运用中不断演进。

（一）国内研究

近20年来，国内的知识社会学相关研究包括以下三类。第一，对知识社会学理论的综述性、评价性研究，如知识社会学代表人物思想研究、研

---

① 科学社会学及其之后的科学知识社会学（SSK）也参与构成了广义的知识社会学，但这部分内容相对独立，且前人已有较多评述（特别是刘珺珺，1990；赵万里，2002），故未在本书中予以过多关注。

② Peter Berger 和 Thomas Luckmann 所著的 *The Social Construction of Reality*，本书以邹理民的译本（台北巨流图书公司，1991）为参考文献。该译本书名为《社会实体的建构》，作者被译为彼得·柏格和汤姆斯·乐格曼。本书亦采用大陆该领域研究中通常使用的书名《现实的社会建构》，作者译名采用伯格和卢克曼。

究范式及其转换，社会学思想流派中的知识社会学思想等。第二，对知识社会学所探讨的理论问题的分析研究，如知识社会学的反身性、相对主义、意识形态、日常知识、知识分子等问题。第三，运用知识社会学的视角和方法开展的经验研究，这类研究的对象主要包括以下几类：①社会科学思想理论，如哲学、法学、政治学、社会学、人类学、管理学、心理学、教育学、文学、图书馆学等及各学科中的理论主张和研究方法等；②教育教学相关问题，如教材、教师角色、教育改革、课程设置、教学方法、各年龄段教育、各类内容教育、师生冲突等；③法律相关问题，如法律制度、法院调解、法律文化、司法改革、毒品犯罪等；④舆论传播相关问题，如宣传工作、新闻生产、新媒体传播等；⑤文学艺术相关问题，如文学作品、电影戏剧、舞蹈、绘画、审美等；⑥社会观念与思想，如信仰、精神、价值观、意识形态、社会思潮等；⑦其他认知相关问题，如政治制度、污名化、民族识别、沟通风险等。

这里对国内的知识社会学理论研究做一下梳理。

1. 知识社会学的综述性研究

国内社会学界在2000年前后出现了一些对知识社会学的综述性研究。刘珺珺梳理了知识社会学经典作家的主要思想，其文章分析了这些知识社会学思想的特点和局限：把知识作为精神现象、认知活动、想象方式来研究，从总体上探讨一般的知识或思想观念，区分知识的内部内容和外部关系，研究方法以思辨为主等（刘珺珺，1990）。崔绪治和浦根祥梳理了知识社会学从形成到成熟再到科学知识社会学创立的发展历程，提出"德意志社会学-哲学学派""法兰西迪尔凯姆学派""美国芝加哥学派"是知识社会学形成时期的三大学派，解释学和现象学方法的应用是知识社会学成熟的标志（崔绪治、浦根祥，1997）。刘文旋追溯了知识社会学经典时期的科学社会学和科学知识社会学的主要思想，并且认为这些思想并不能反映知识社会学的历史全貌，其文章将相对主义问题视为知识社会学面临的共同问题（刘文旋，2002）。郭强将知识社会学划分为传统知识社会学范式、科学社会学范式、科学知识社会学范式、现代知识社会学范式（郭强，1999）。黄晓慧、黄甫全认为，知识社会学呈现以一体论为基础、从决定论到互动论再到建构论的发展趋势，并认为建构论对知识与社会的关系做出了更为深刻、全面的解释（黄晓慧、黄甫全，2008）。张秀琴建立了作为"集体表征"的知识、作为语言符号而社会性地存在的知识和作为一种分析框架的知识的分析框架，分析了涂尔干、米德、舍勒和曼海姆等人的知识社会学思想（张秀琴，2004）。黄瑞祺的《社会理论与社会世界》中有"知识社会学"一编，提出了传统的知识社会学和批判理论是知识社会学的两大面向（黄瑞祺，2005）。赵超、赵万里提出，"从社会实在论到社会建构论，不同范式下的知识社会学在社会观、知识论、知识与社会的关系模式、反身性适用度以及学科本身同社会的作用机理等方面，有着不同的理论表述"（赵超、赵万里，2015）。这些综述性研究从作为研究对象的知识类型、方法论与研究方法、知识与社会关系等角度对知识社会学一个多世纪的思想发展进行了梳理和评析，将知识社会学的发展划分成几个阶段，展现了知识社会学"显传统"的发展轨迹、主要思想、变迁的动力、存在的问题等。

2. 知识社会学经典作家思想的研究

迪尔凯姆和曼海姆的知识思想受到国内知识社会学界较多关注。对迪尔凯姆知识思想的研究主要关注他的宗教研究及其中蕴含的知识思想，他通过"集体表象"来解决先验论和经验论二元对立的理论进路。《〈宗教生活的基本形式〉中的知识社会学命题》（周星，2003）讨论了迪尔凯姆关于宗教和逻辑思维的起源的论述，提出迪尔凯姆讨论宗教的目的是讨论人类智识的本质特征，在概念的本质与宗教现象的本质的问题上，迪尔凯姆都强调了"集体表象"的属性。《社会、集体表征和人类认知——涂尔干的知识社会学》（刘文旋，2003）提出，迪尔凯姆把他的知识理论安置在了他的宗教研究当中，把知识的社会学条件定位到了集体现象之中；同时，刘文旋认为迪尔凯姆思想的问题在于，他的知识思想本质上是关于原始知识或者尚未分化的知识的社会学，没有对允许科学独立于其存在的社会而发展的科学知识的批判成分做出解释，没有关注社会怎样产生了知识和知识的结构、社会变化如何影响了高出原始水平的知识生产。

《解读卡尔·曼海姆的知识社会学》（赖晓飞，2002）、《曼海姆与知识社会学》（林建成，2000）、《试析曼海姆知识社会学理论》（杨生平，2011）论述了曼海姆知识社会学的主旨，即建立纯客观的知识体系。一些对曼海姆的思想的研究同意识形态研究和批判理论结合在一起。林孟清批判了曼海姆的相对主义取向，反对曼海姆把意识形态理论扩展为一般知识社会学，认为曼海姆的知识社会学混淆了意识形态概念与具体的历史的真理概念之间的关系，也钝化了意识形态理论的批判锋芒（林孟清，2005）。这类研究还有《意识形态：从特殊到总体再到知识社会学——兼论霍克海默对曼海姆意识形态概念的批判》（贺建军、谢嘉梁，2003）、《意识形态理论的中心问题——批判理论与曼海姆知识社会学的比较分析》（张离海，2003）、《知识社会学视野下的意识形态——曼海姆意识形态理论评析》（杨生平，2010）。

3. 近当代社会学的知识思想研究

赵万里等多位学者分析了近代及当代社会学家或学术流派的知识社会学思想，这些知识社会学思想蕴含在社会学理论体系中。赵万里、李路彬提出了知识社会学的"隐传统"，梳理了韦伯解释社会学、符号互动论、现象学社会学、吉登斯结构化理论等解释社会学流派中的知识社会学思想，并在《情境知识与社会互动——符号互动论的知识社会学思想评析》和《日常知识与生活世界——知识社会学的现象学传统评析》两篇文章中细致解读了符号互动论和现象学社会学关于知识与社会关系的思想。不同于知识社会学思想的解释传统，赵万里、赵超分析总结了布迪厄的知识社会学思想的特点：以结构主义为基本分析框架，以现象学来解决结构的发生学问题；通过对"实践知识"与"科学知识"所遵循的不同逻辑的说明，探讨了客观真知的生成所倚赖的具体社会条件，给予科学知识以独特地位；将理论的知识社会学论题转换为经验的文化社会学研究（赵万里、赵超，2012）。毕芙蓉认为布迪厄的知识社会学的核心是符号的政治功能问题，即符号是一种权力和资本，能够转换为其他资本来获取利益，重建或再生产社会结构（毕芙蓉，2015）。赵万里、高涵提出，法兰克福学派的社会批判理论通过对资本主义社会的各种意识形态的批判，发展了知识社会学分析的双重面向，开创了知识社会学的批判传统（赵万里、高涵，2010）。赵万里、穆滢潭提出，福柯的思想以知识-权力为主线，强调话语外在性，并将这种外在性与权力联系起来的分析模式，扩展了知识社会学的分析范围，丰富了研究方法（赵万里、穆滢潭，2012）。上述研究呈现的社会学理论中的知识思想，丰富了知识社会学思想，使知识社会学的研究对象更为全面和准确，理论体系更为完整，并且为解决知识社会学的理论合法性问题提供了更多思路和方案。

4. 知识社会学合法性相关问题研究

知识的相对性和知识社会学的自反性是知识社会学学科合法性的关键问题。如何认识社会因素对知识的影响范围、如何看待知识的社会性与真实性的关系是知识社会学的基础性问题。学者们对这些问题做出了思考和评判。知识社会学的理论合法性问题更多地受到哲学界关注。胡辉华在《知识社会学的困境》中讨论了知识社会学中相对主义、自我驳斥和研究方法的问题，阐述了曼海姆、斯达克（Werner Stark）和布鲁尔（David Bloor）的解决方案①，归纳出整体功能论、分层决定论和整体决定论这三种知识社会学分析类型，并阐述了这三种分析类型各自的局限性（胡辉华，2005）。他又在《知识社会学的出路初探》中分别讨论了知识的产生和接受问题，依据伯格和卢克曼的知识社会学思想，主张限定知识社会学的分析范围，即对不符合常识合理性的信念（体系）优先进行社会学分析，并提出这一常识合理性的划定标准可以作为知识社会学摆脱相对主义和自我反驳困境的办法（胡辉华，2006）。邹吉忠通过对知识社会学哲学基础的分析批判，追溯价值中立原则的历史基础，在辩证唯物主义历史观的基础上阐述知识社会学的发展方向（邹吉忠，2004）。胡建新提出实证方法在知识社会学中具有非主流特征（胡建新，2004）。

5. 中国知识社会学史研究

中国知识社会学史方面的研究集中于对张东荪和燕京学派贡献的介绍。张耀南的《论中国现代哲学史上的知识社会学》讲述了张东荪在中国引介和发展知识社会学的历程（张耀南，2004）。马秋丽的《张东荪知识社会学视野中的真理观》阐述了张东荪在反对真理问题上的绝对主义和相对主义，把真理理解为一个动态的发展过程的思想（马秋丽，2005）。杨清梅的《"燕京学派"的知识社会学思想及其应用：围绕吴文藻、费孝通、李安宅展开的比较研究》比较了吴文藻、费孝通和李安宅对知识社会学的引介，以及他们开展知识社会学经验研究的三条路径（杨清梅，2015）。综观对中国知识社会学史的研究，韦伯的解释社会学思想关于知识的主张和研究方法广为中国社会学家所推崇。

---

① 曼海姆限制知识社会学研究范围，斯达克认为知识社会学可以说明知识产生而不能说明知识内容和有效性，布鲁尔认为相对主义是知识社会学的首要前提和最终归宿。

6. 译著

近年来，国内翻译出版了一些国外的知识社会学作品。经典著作有舍勒的《知识社会学问题》、曼海姆的《意识形态与乌托邦》、兹纳涅茨基的《知识人的社会角色》，以及伯格和卢克曼的《现实的社会建构：知识社会学论纲》、霍尔茨纳的《知识社会学》。另外，还有一些研究作品和经验研究成果，如尼塞尔（Ans Neisser）的《知识社会学》和柯林斯（Randall Collins）的《哲学的社会学》等。

总的来看，在知识社会学领域，国内理论研究试图梳理、呈现国内外知识社会学的理论全貌以及理论的演进轨迹，思考知识社会学理论和经验研究存在的问题，并探索解决问题的出路。经验研究逐渐增多，这些研究表现了国内对知识社会学领域更多的关注，并将知识社会学思想运用到对现实问题的认识分析中。但目前理论探讨的交流较少，经验研究不够准确、深入，经验研究成果尚未能推动理论的发展。

（二）国外研究[①]

相较于国内，国外对知识社会学的研究成果更为丰富、理论研究更为全面、经验研究更为精致。

1. 知识社会学综述性研究

国外关于知识社会学的综述性研究所关注的对象与国内研究相比有两个特点：其一，科学社会学及科学知识社会学较少被纳入追溯知识社会学发展进程的著作中；其二，关注了各种社会学理论中涉及的知识思想，而非局限于自我标签的知识社会学思想。本书依据年代考察各历史时期较具代表性的知识社会学综述性著作。

奥地利知识社会学家斯达克（Werner Stark）于1958年出版的《知识社会学：有助于对思想史的深入理解的论文》（*The Sociology of Knowledge: An Essay in Aid of a Deeper Understanding of the History of Ideas*），是对知识社会学起源阶段思想较全面的梳理。第一，从知识社会学的前提、要旨和后果，分类呈现当时知识社会学的状况和发展趋势，区分了意识形态研究和现实知识的社会基础的研究，重点关注后者。第二，从知识的社会决定的

---

① 受作者阅读范围限制，本书未涉及非英语的国外文献。

基础、性质、程度提供考察知识社会学史的概念基础。该著作涉及马克思、曼海姆、兹纳涅茨基、帕累托、韦伯、维科（Giovanni Battista Vico）、孟德斯鸠（Baron de Montesquieu）、孔德、斯宾塞（Herbert Spencer）、迪尔凯姆、凡勃伦、滕尼斯（Ferdinand Tonnies）、库利（Charles Horton Cooley）、萨姆纳（William Sumner）、伯格森（Henri Bergson）、阿尔夫雷德·韦伯（Alfred Weber）和索罗金等人物的知识思想，特别考察了孟德斯鸠关于社会因素对思想产生的影响的主张。韦伯被置于知识社会学的核心。斯达克提出知识社会学并不是对人的创造性的否定，而是承认社会文化因素对人的影响。

哈鲁（Terry Haru）在《知识社会学基础：思想与社会背景关系本质论》（Basic Sociologies of Knowledge: On the Nature of Possible Relationships Between Ideas and Social Contexts, 1987）一文中阐述了知识和社会的各种关系及进行分类的理论基础，在斯达克关于主客体关系的认识论思想的基础上，明确区分出经验的、现象学的和辩证的知识社会学。不同类型的知识社会学对知识与社会背景之间的相互关系做出的阐释不同。

《知识社会学：一种社会学思想方式的起源与发展》（Towards the Sociology of Knowledge: Origin and Development of a Sociological Thought Style, 1973）贯穿了知识社会学从古典时期到当代的演进脉络，知识社会学的解释传统是其关注的重点。该书涵盖知识社会学的先驱培根和圣西门（Comte de Saint-Simon）等人的思想、马克思的意识的社会决定论、迪尔凯姆关于知识的社会学理论、舍勒的现象学知识社会学、曼海姆的历史学的知识社会学、符号互动论、现象学和数量主义（quantitatism）的知识社会学，以及知识社会学的方法论和概念预设，包括理论可能性、历史主义问题和意识形态的社会心理和政治功能，提出了知识社会学在美国地位的提升源于其对社会生活的分析能力，其产生和兴盛于社会冲突和动荡的时期。

不同于 Remmling 侧重于解释范式一脉的知识社会学，汉密尔顿（Peter Hamilton）在《知识与社会结构：知识社会学的古典争论引介》（Knowledge and Social Structure: An Introduction to the Classical Argument in the Sociology of Knowledge, 1974）中，推崇知识社会学的实证主义范式。他简要阐述了舍勒、迪尔凯姆和曼海姆的知识社会学思想，并对现象学的知识社会学予以否定，重点讨论了马克思主义的知识社会学，包括黑格尔（Georg Wilhelm Friedrich Hegel）、马克思、卢卡奇和法兰克福学派。但他对他们的批判思想持反对态度，主张科学实证的知识社会学。

格洛弗和斯特劳布里奇（David Glover and Sheelagh Strawbridge）的《知识社会学》（The sociology of knowledge, 1985）则论及了更广泛的知识领域，阐述了马克思、迪尔凯姆、曼海姆的古典知识社会学，索罗金关于知识的功能主义视角，伯格的知识社会学及其关于现代化和意识的思想，默顿（Robert King Merton）的科学社会学，波普尔（Karl Popper）和库恩（Thomas Kuhn）的科学哲学，以及试图解决相对主义问题的新的科学知识社会学。

科塞（Lewis A. Coser）的《社会思想名家》分别介绍了马克思、迪尔凯姆、凡勃伦、曼海姆、索罗金、兹纳涅茨基的知识社会学，而这部著作本身可以凭借其将15位早期社会学理论家的学说置于社会背景和个人经历中予以阐发，被视为关于社会学家的知识社会学经验研究。[①]

梅耶尔和斯特尔（Volker Meja and Nico Stehr）继1984年出版收录了16位知识社会学家著作的《社会与知识：知识社会学的当代视角》（Society and Knowledge: Contemporary Perspectives on the Sociology of Knowledge）一书之后，又于1990年编辑出版了较为系统地呈现知识社会学思想进展的两卷本的《知识社会学》（The Sociology of Knowledge）。这两卷本可以说是迄今最为全面的知识社会学综述著作。上卷首先讨论了知识社会学的先驱培根、马克思和弗洛伊德的知识思想；其次挖掘了古典社会学家迪尔凯姆、韦伯、杜威和米德的知识思想，以及布吕尔和哈尔波瓦赫（Maurice Halbwachs）关于记忆的社会塑造的思想；最后考察了以舍勒和曼海姆为代表的古典知识社会学的建立，以及关于知识社会学的争论，涉及法兰克福学派、格吕恩瓦尔特（E. Grünwald）、普莱斯纳（H. Plessner）和其他领域学者的观点。下卷呈现了20世纪下半叶知识社会学的研究成果，

[①] 科塞在该书导言中称自己的研究进路为"社会学家的社会学"或"社会学理论的社会学史"。在最近一次为该书中译本作序时，他已更为明确地将其研究进路称为"知识社会学"了，参见科塞，2007：中文版序。其实，科塞对知识社会学的关注和兴趣，在他更早出版的考察西方知识分子的著作《理念人》（Men of Ideas, 1965）中已经展现出来了，参见科塞，2004。

首先汇集了20世纪40~50年代对古典知识社会学思想的反思性研究，主要指向帕森斯（Talcott Parsons）和默顿的功能主义；其次用更多篇幅讲述了当代知识社会学的理论进路——关于社会历史背景下的社会历史问题，哈贝马斯、贝克（Ulrich Beck）和斯特尔（Nico Stehr）的社会哲学取向，舒茨（Alfred Schutz）①、伯格与卢克曼和格尔茨（Clifford Geertz）的现象学视角，女性主义视角，强纲领，常人方法论研究，以及库恩和埃利亚斯（Norbert Elias）的历史取向；最后展现了知识社会学家面对20世纪90年代以来的社会变迁试图重构曼海姆的理论的努力。（参见 Müller，2001）

麦卡锡（Doyle McCarthy）的《作为文化的知识：新知识社会学》（*Knowledge as Culture*：*The New Sociology of Knowledge*，1996）梳理了当代知识社会学的新发展，借鉴当代社会科学的新思想对传统的知识社会学思想进行了批评和修改。他依据福柯（Michel Foucault）和阿尔都塞（Louis Althusser）的思想修改了马克思的意识形态理论。迪尔凯姆和列维-斯特劳斯（Levi Strauss）关于知识中的结构的观念被重新梳理；符号互动论中关于自我的知识的古典形象受到后结构主义立场的调整；关于科学知识的启蒙运动观点被诉诸女性主义批判。麦卡锡认为知识具有文化建构的功能，知识相互竞争、建构文化，从而生活实践成为可能并被合法化。知识社会学要揭示知识得以产生的群体实践的集体行动基础。

还有一些著作概括了知识社会学在一定地区的某一时期的发展状况。如沃尔夫评介了当时美国知识社会学发展的状况和存在的问题，其书中列出了相关领域的著作（Wolff，1967）。弗里斯比阐述了舍勒、曼海姆和卢卡奇的知识社会学思想，它们之间的关系及其影响，德国社会学界对知识社会学的争论，包括对曼海姆思想的批判等（Frisby，1983）。

上述这些作品展现了知识社会学的主流走向和整体面貌。可以看到，社会学的各种范式都渗透到知识社会学研究中，解释范式是其中的重要走向之一。解释社会学并非身处知识社会学之外，而是作为其组成部分，阐释其关于知识与社会关系的基本视角和研究进路。

2. 知识社会学的理论基础与合法性研究

与知识社会学的学科合法性相关的是该学科经典作家关注的问题，对

---

① 本书中使用"舒茨"的译法，文献中保留"舒兹""许茨"的译法。

这些问题的争论一直持续至今。涉及的问题包括研究对象的范围、知识的相对性与客观性、知识社会学的自反性、知识社会学与哲学认识论的关系等。

(1) 研究对象

对知识社会学研究对象的争论主要指向知识的起源与内容、意识形态与逻辑、错误与真理知识这几对内容中哪一方可以付诸社会学分析。克拉克提出了知识社会学的逻辑界限，即知识社会学的解释范围是有限的：用社会解释知识的起源是可能的，但解释知识内容是不可能的；对正当的信仰进行社会学解释也是不可能的，只能解释可怀疑的信仰；逻辑和数学是普遍的，非特定文化所具有的主题的性质都是普遍的，不能由社会条件来解释（Clark, 1981）。霍洛维茨为他的《哲学、科学与知识社会学》（*Philosophy, Science and the Sociology of Knowledge*）一书中的观点辩护：该书的批评者贾维（I. C. Jarvie）提出意识形态可以由社会和经济条件决定，知识则不能；他认为知识不能被界定为事实或逻辑关系等单纯的理论，而应具有一定的意识形态意涵（Horowitz, 1965）。加里逊通过伯格和卢克曼的知识社会学思想，指出了知识社会学对于社会学来说具有不可或缺的地位：知识社会学揭示错误产生的原因，也说明真理产生的条件；只有揭示知识的社会建构条件，社会学对规范和价值的说明才具有经验基础（Garrison, 1999）。

(2) 相对性与真理性

多位学者从不同理论视角为知识社会学的合法性进行辩护。沃尔夫提出相对主义包含两层意义：一是方法论的相对主义；二是认识论或价值论的相对主义，有效性的相对性拒绝了普遍性的人类特征。舍勒和曼海姆都不能解决认识论的相对主义问题。由此，不论是在方法论上还是在认识论上，知识都具有相对性（Wolff, 1983）。米尔斯认为真理问题与社会学所研究的知识问题是相关的，真理的标准本身是因社会范围、时代和文明而异的。他提出美国实用主义有助于解决知识社会学的认识论困境（Mills, 1940）。蔡尔德回顾了以机械论、活力论和历史意义分析为基础对知识社会学进行的批判，以及普莱斯纳（Helmuth Plessner）对知识社会学科学地位的怀疑，他认为舍勒通过演绎、曼海姆通过归纳为知识的社会决定进行辩护，米德关于心灵的行为主义理论也捍卫了知识社会学的合法性

(Child, 1941)。他后来批判地总结了卢卡奇、舍勒、曼海姆和格吕恩瓦尔特对真理问题的解释，提出在最宽泛的历史限度中，而不是较狭窄的社会限度中有效的论断可以被视为理性的人们共同拥有的客观真理（Child, 1947）。

一些学者认为知识社会学的关注点并非真理性这种认识论聚焦的问题，而是知识的生成问题。格罗提出知识社会学关注认知者和知识之间的关系，而不是知识与现实之间的关系，即知识的真理性这种认识论问题（Gre, 1941）。欣肖认为知识社会学问题要和认识论问题区分开来，但双方应该进行合作（Hinshaw, 1948）。格根提出对人类行动的认识不能从经验观察中获得和修正，对理论的评价标准应从客观性（objectivity）转向生成性（generativity）（Gergen, 1982）。布伦特将知识分为六至七种形式——科学、数学、宗教、道德、艺术、历史学/社会学，每种形式包括不同的概念和程序，有不同的真理宣称。他分别讨论了各种形式的知识的形成是具有偶然性的，是由人们对世界的不同意识预先决定的（Brent, 1975）。

（3）知识社会学与认识论的关系

由于研究对象相互关联，知识社会学和哲学认识论的关系是关联还是排斥、是补充还是替代，是知识社会学这一学科不可回避的问题。古典知识社会学家在研究方法、研究主题和理论抱负上都使知识社会学呈现哲学的面貌，知识社会学的主题就是社会学学术范围的主要部分（Stehr, 1984: 1）。知识社会学被批判具有学科帝国主义，超越了特定学科的特殊要求，并且有过度社会学主义[①]（sociolgism）的特点，忽视了精神（mind）的物理特征等（Longhurst, 1998）。

在20世纪二三十年代之交关于社会学主义的那场论战中，哲学家们针对曼海姆所说的"依据知识社会学对认识论进行改造"的主张提出批评。格林瓦尔德（Erllst Grunwald）批评说，知识社会学不能取代认识论，知识社会学研究以认识论研究为先决条件，认识论的研究对象是判断的有效性

[①] 社会学主义与还原主义相对立。它的信奉者们认为，社会学是一门根本性的社会科学。所有与社会现实有关的学科都应该从属于社会学。在这种思想的指导下，社会学被假设为能够从理论和实践两方面为人们理解所有社会事实提供钥匙。这种倾向又被称为社会学的帝国主义（周晓虹，2003: 11）。

问题，而这些有效性主张不依赖社会利益等这样的外在因素。辛格（Peter Singer）认为知识社会学应该成为哲学性的和评价性的，知识社会学和认识论是彼此需要的。库尔提乌斯（R. Curtius）提出知识社会学收集的经验材料，需要得到哲学理论的解释。阿伦特（Hannah Arendt）则相信，哲学研究人的存在，而社会学研究经验的历史的存在，这是对存在进行解释的出发点（转引自库什，2001：38~39）。

后来的学者们依然在思考知识社会学和认识论的关系问题，并为二者划界。菲利普斯提出认识论与知识社会学的研究领域不同。知识社会学作为行为科学，应关注被信以为真的知识，研究其产生的社会条件，并不考虑这些知识的真假相对性等认识论的问题。但知识社会学要研究包括真理性质在内的各种思想，即真理性质的社会决定问题，而认识论研究者也要认真对待知识社会学家所获得的不同民族关于真理的不同信仰问题（Phillips，1974）。伊斯雷尔认为认识论是知识社会学的逻辑基础，而认识论要建立在内在于日常语言的逻辑的分析之上。错误意识在认识论背景下会导致无法解决的困难，如果其作为知识社会学问题则是可以被解决的。他还提及哈贝马斯的交往行动理论所主张的语言和交往理论要离开认识论进行分析，以避免抽象的错误（Israel，1990）。

我们认为，如果知识社会学具有认识论意义，那么知识社会学的研究就要涉及认识论的论题，它的结论就要对认识论产生影响，这是理论和经验可否沟通的问题。

3. 知识社会学的研究范式

知识社会学的各派理论基于对知识社会学的研究对象、知识的相对性和知识社会学的自反性等问题持有的不同主张，形成了不同的理论预设，进而形成了各自的研究范式。从现有研究来看，实证主义社会学、解释社会学和晚近以理论综合视野或吸收相关学科研究成果的社会学视角开展理论或经验研究是知识社会学研究的三条主要路径。

（1）实证主义范式

大量的经验研究采用实证主义和社会实在论，并被证明其具有有效性。内特勒基于曼海姆的预设，研究了十类职业人群对社会和政治事件的知识，探讨了社会地位与思想观念的关联性（Nettler，1945）。莫尔和杨格认为技术工具主义和相对主义立场都无法解决教育课程的问题，而关于知识的社会实在论进路对课程设置具有重要意义（Moore and Young，2001）。弗莱德森考察了美国的学术体制对用于教学和出版的知识的影响（Freidson，1986）。艾伯特以布迪厄的概念框架比较了经济学和社会学与非学术组织建立关系的压力对两个学科知识生产的不同影响（Albert，2003）。

（2）解释范式

解释学的研究范式自舍勒和曼海姆就在知识社会学中占有一席之地。赫克曼分析了基于启蒙运动区分主客观知识的知识社会学、知识范围扩大了的知识社会学以及知识社会学的强纲领这一演进过程，重点讨论了伽达默尔的解释学对知识社会学的理论和方法意义（Hekman，1986）。沃尔夫认为传统知识社会学中世界观的概念和整体的意识形态、列维-斯特劳斯和古德曼的结构主义、迪尔凯姆的集体意识、帕森斯的核心价值体系都存在问题，解释学哲学加之现象学社会学的结构和历史的视角避免了这些问题，可以成为知识社会学和艺术社会学的基础（Wolff，1975）。库克利克讲述了美国社会学从战前倾向于曼海姆的思想到战后倾向于实证理论再到再度转向曼海姆思想的演变过程，提出对文化的分析要综合说明和理解，关注曼海姆所说的客观文化如何被诉诸不同的解释（Kuklick，1983）。默顿作为实证主义知识社会学的代表人物，也曾提出：一方面，在社会分化的条件下，群体更加具有自我意识，更加团结，宣称对某种知识的独自占有；另一方面，基于地位对知识进行说明的这种方法是不稳定的，双方的互动导致了社会知识形成中的交换和综合（Merton，1972）。

在解释范式下，学者们进行了大量经验研究。贝克阐述了文书职员的认知和活动经历了两个过程：通过乏味和繁忙的工作进入从属地位的过程；通过参与不同的工作进入增强能力的过程（Baker，1992）。杜比尔研究了批判理论特别是从唯物论发展到批判理论的过程中政治经验对理论建构的影响（Dubiel，1985）。巴伯和于比考察了艾滋病研究中对艾滋病的表述、所获得的知识和采用的理论框架，试图发现这种研究对知识的社会建构的贡献（Barbour and Huby，1998）。

（3）理论综合与理论发展

当代的知识社会学研究试图综合多种社会学视角，并吸收人类学、文化研究、认知科学等相关学科的理论成果，深化知识相关领域的研究。

部分研究吸收了心理学、神经科学等学科的研究视角和方法，深化了对知识生产过程以及知识与社会关系的认识。霍尔茨纳（Holzner，1968）整合了现象学、传统社会学和社会心理学视角，分析社会中的主体（subject matter）同知识的关系，揭示了经验现实的建构中知识形成过程及其与社会结构系统形成过程的联系，研究重点在于分化的社会系统中知识的结构性分配与变化的条件。杰鲁巴维揭示了精神活动如感知、注意、分类、技艺、意义赋予和计算时间等的社会基础，即影响思考方式的、大于个人小于人类规范性的社会环境（Zerubavel，1997）。伊格内托提出认知科学、心理学和神经科学的研究成果为文化和认知理论提供了身体方面的知识基础，为社会对知识建构的影响研究提供了更令人信服的观点（Ignatow，2007）。

部分研究以实证的、解释的和批判的研究范式中的某种范式为主，吸收其他范式的视角和方法，以解决某种范式存在的问题，或者对知识相关问题做出更有力的解释。阿伯克龙比质疑曼海姆和马克思的社会阶级是知识的最重要的决定因素的观点，引入现象学对日常知识的关注和社会与人类主体间辩证的分析方案，并吸收新马克思主义用生产方式取代社会阶级对知识生产进行解释（Abercrombie，1980）。斯坦梅茨和蔡认为古尔德纳（Alvin Gouldner）倡导的反思的知识社会学对实证主义的批判的力度是有限的，提出了基于批判的实在论的知识社会学（Steinmetz and Chae，2002）。莫尔和穆勒对表达话语研究提出了批评。他们认为，起初由现象学后来由各种后现代主义进路所主张的表达话语研究，将知识降为经验，使以理性的认识论为基础的知识形式和表达主导的社会群体的立场和利益的真理不再有效。这种还原论的、相对论的、视角性的（perspectival）表达话语研究进路没有充分理解科学的后实证主义（Moore and Muller，1999）。在后来的一篇回应性文章中，杨格（Young，2000）指出，知识具有社会和认识论的基础广为哲学家和社会学家所接受。威斯曼将伯格和卢克曼的合法化模型同哈贝马斯的哲学人类学相结合，研究经济思想的演进，探讨经济思想的社会本质和社会功能（Wisman，1980）。

权力始终是实证的知识社会学的重要解释变量，但当代的研究更多地看到了权力与知识的交互作用。沃顿设定了研究者的学科背景、研究方法和权力结构类型三个变量，提出学科所选择的研究方法与权力结构相关（Walton，1966）。《权力、行动和信仰：新知识社会学吗？》（*Power, Action and Belief: A New Sociology of Knowledge?*）收集了关于意识形态、文化产品和科学知识的理论和经验研究成果，所辑文献都继承了马克思主义和迪尔凯姆的思想传统，但表现出了信仰与社会结构传统对立关系的瓦解，知识反映并且帮助重塑了权力上的阶级差异和不平衡。斯威德勒和阿尔迪蒂关注社会组织如何形成知识序列，包括对知识进行保存、组织和传输的媒介，组织中的权威模式和权力对知识内容和结构的塑造，以及知识如何强化社会等级（Swidler and Arditi，1994）。佩尔斯将关于思想的历史社会学、关于知识分子的社会理论和关于社会阶级的社会学结合起来，将知识视为财产-权力关系，追踪了权力在"财产权"（property）和"政治权"（power）这两个概念的学术争论中的影响（Pels，1998）。

部分研究致力于对知识社会学思想的发展。《全球知识社会学：后殖民时期的现实与知识实践》讨论了不断变化的关于知识的社会视角，从老的知识社会学到现在的后殖民争论，将知识不视为抽象的社会建构，而视为特定形式的社会劳动的成果。因此，其调查了知识工作者和他们的工作过程、知识生产机构，包括工作场所和交流系统、知识工作的经济策略和资源供给等。《客观文化与非知识的发展：齐美尔与认知反面》探讨了认知的有限性，将齐美尔的"非知识"（nonknowledge）与对客观-主观文化的概念化联系起来，非知识可以被理解为将客观文化成果吸收进主观文化中不断增加的困难的结果。

4. 主题研究

（1）意识形态

意识形态是知识社会学经典作家们讨论的核心问题，今天依然为学者们所关注，但焦点已发生变化。萨拉米尼提出，葛兰西（Antonio Gramsci）的知识社会学思想将所有社会文化现象最终纳入下层阶级的批判意识，意识形态不再被视为迷惑社会现实的精神过程，而是具有历史的、心理学的和认知的价值（Salamini，1974）。韦斯和米勒认为组织研究将意识形态定义为一套信仰，而不讨论其与潜在利益的关系（Weiss and Miller，1987）。谢菲尔德和武利亚米进行了关于音乐教育的经验比较研究。他们认为，安大略学校同英国学校对于主导音乐文化的意识形态有相似的传递方式,不同的音乐语言同它们所产生的社会文化背景的关系具有结构的同一性。音乐教学的过程既使主导的音乐意识形态合法化,又强化了资本主义社会的意识形态(Shepherd and Vulliamy,1983)。

(2)知识的社会影响

知识的社会建构是知识社会学的核心主题,但一些著作更侧重于知识的社会影响。希尔斯基于对西方、亚洲和非洲社会的观察阐述了知识和信仰的要素在社会建构中的作用,以及精神上关于社会形象的建构对权威的有效性和社会秩序的维系的功能(Shils,1982)。希尔和鲁斯分析了经济思想影响经济史的过程。他们将曼海姆对思想做出现实主义的、意识形态的和乌托邦的划分,对应于经济学上古典的、新古典的和马克思主义的三个传统(Hill and Rouse,1977)。帕克讲述了新闻具有对人和社会的导向功能,新闻的传播决定了社会成员参加政治活动的范围(Park,1940)。

(3)经验研究方法

一些学者著述强调知识社会学的经验研究方法。沃尔夫提出知识社会学包括推理和经验两种态度:推理要解决知识社会学的基本问题,即知识和社会背景的关系问题;经验要对具体的问题做出解释。基本的概念要被视为假设,通过研究进行证明,由此研究主题会变得清晰(Wolff,1943)。阿德勒提出可以通过经验方法研究认识论思想与社会条件之间的关系,将知识变量分为唯实论、唯名论、有机体论和辩证法四类,将社会条件变量分为文化社会变迁(速度)、个体行动自由和一般安全三类,采用量表,由社会学家、历史学家和哲学家对研究对象的变量特征做出评价(Adler,1954)。拉德维希指出,采用非科学的修辞和不愿采用经验研究方法,是激进的学校知识社会学的几种趋势共同的理论和方法论局限(Ladwig,1996)。《摄像:分析作为民族志和解释学实践焦点的影像数据》特别关注了影响分析方法,提出影像分析包括序列分析、民族志分析,要考虑演员和分析者的主观性。《社会科学的回应》研究了社会学中的"重复"(replication),关注了"重复"的规则与惯例从认知文化中产生的方式,这些文化如何在特定的研究挑战中形成;阐述了"可重复性"(replicability)在定量研究中的四个方面:可检验性(verifiability)、稳定性(robustness)、可重复性(repeatability)和普遍性(generalizability)。

对知识社会学的研究还有多种角度和进路。如人物思想研究,包括孟德斯鸠、迪尔凯姆、韦伯、马克思、舍勒、曼海姆、斯达克、布迪厄（Pierre Bourdieu）、福柯等；讨论哲学流派同知识社会学的关系，这些哲学流派包括逻辑实证主义、实用主义、唯名论和建构主义等；还有知识社会学同哲学、历史学、人类学、语言学、政治学、经济学、教育学等学科的关系；大量的经验研究涉及教育、医学、文学、法律和失范等领域；知识分子研究也是知识社会学的重要组成部分。

二 解释社会学研究

考察社会学研究范式的类型、解释社会学中各种理论特征与方法或其历史进程及依据解释社会学理论进行的经验研究，能够凸显社会学解释范式的经典作家们和主要派别及其各自的研究风格，以及解释社会学的基本预设、研究视角、对象和方法等。我们将通过对这些研究的考察，厘清"解释社会学中的知识社会学"这一研究主题的对象范围。

（一）国内研究

国内一些研究较为系统地梳理了社会学的研究范式，呈现了解释社会学在社会学理论体系中的位置。周晓虹在《社会学理论的基本范式及整合的可能性》中，介绍了吉登斯将社会学理论划分为实证主义社会学和解释性社会学，瑞泽尔将社会学理论划分为三种基本的不同范式，即社会事实范式、社会释义范式和社会行为范式，哈贝马斯将人类知识分为经验－分析知识、历史－解释性知识和批判的知识。周晓虹依据这些分类，根据宏观－微观、自然主义－人文主义两个维度，将社会学理论划分成社会事实范式、社会行为范式、社会释义范式和社会批判范式。他提出社会释义范式包含德国历史主义传统和美国实用主义传统两个亚型。该范式的主要目的是"理解作为社会行动者的个人行动的主观意义，以及这种意义对行动者和社会现实的影响"，以"社会现实是由人的有意义的社会行为建构的"为基本假设。社会释义范式的主要理论包括韦伯的社会行动理论、符号互动论、现象学社会学和常人方法论。

如果说前文从横截面清晰呈现了社会学不同研究范式的关系，赵万里的《论两种不同取向的社会科学》则从纵贯的视角追溯了这些范式的产生和历史演进。他阐述了实证主义和解释学、实在论和建构论、当代的科学主义和人文主义取向的社会科学各自的理论流向和相承关系。源于历史和文化研究的解释学沿着两条线发展，一是从德国历史学派到韦伯的理解社会学和弗洛伊德的精神分析，二是从海德格尔（Martin Heidegger）和维特根斯坦（Ludwig Wittgenstein）到伽达默尔和温奇（Peter Winch）的语言哲学。两条线在舒茨的现象学社会学、库恩的历史主义科学哲学和利科（Paul Ricoeur）的批判解释学中部分合流。20世纪60年代前后，米德的符号互动论、舒茨的现象学社会学和后经验主义科学哲学使建构论复兴和发展。伯格、拉克曼、加芬克尔是建构论的继承者。许多当代社会理论家如布迪厄、吉登斯、卢曼（Niklas Luhmann）、杜连（Alain Touraine）和女性主义者及后现代主义者等的思想都被打上了建构论的烙印（赵万里，2001）。

一些研究侧重于解释社会学某个方面和某种思想的特征。冯艺远提出哲学解释学、人类学和社会学分别关注理解本身、理解的对象和理解的方式（冯艺远，2005）。徐道稳分析了韦伯的个体主义方法论在社会学理论中的重要意义（徐道稳，2007）。范明林比较了批判理论和诠释理论的方法论，讨论了韦伯对社会研究客观性方面的主张（范明林，2001）。刘少杰认为米德在实用主义经验一元论的基础上首先在社会学领域中将语言作为研究对象，而"利科从文字文本的解释转向对行动文本的解释，把解释学的语言学研究同社会学的社会行动研究直接统一起来"（刘少杰，1999）。乔丽英提出吉登斯从三个方面实现了对解释社会学的批判性超越（乔丽英，2007）。

（二）国外研究

在国外研究中，社会学研究范式的类型和解释社会学的核心特征，在学者中有较大的共识。瓦格纳（Helmut R. Wagner）根据一般的方法论标准区分了三类社会学理论：实证理论、解释社会学（interpretative sociologies）和评价的社会理论。其中，解释社会学包括关于文化理解的理论、延续韦伯研究传统的关于相互作用的解释社会学、延续米德研究传统的解释的社会心理学即符号的相互作用的理论、社会现象学。这些理论坚持社会学要遵循一般的科学方法论规则（瓦格纳，1963）。吉登斯在《社会学方法的新规则》中提出，西方社会学理论一开始就有三种取向，即实证主义社会学、理解的社会学和批判主义社会学。舒茨的现象学社会学、常人方法论和温奇的语言哲学有以下共同之处：第一，理解应被视为所有社会互动本身具有的普遍性内容；第二，"实践的理论化"是社会行动者建构行动的重要因素；第三，通常被社会成员运用以构成有意义的社会世界的知识储备具有实用主义取向；第四，社会科学家运用的概念依赖普通行动者在建构有意义的社会世界时对所运用的概念的先在理解。这些正是解释社会学的意义所在。普鲁斯提出解释的范式是指解释学、互动论、建构论、常人方法论和投入理解，解释范式的核心是关注人类经验的反思和互主体的性质，关注解释和互动在知识生产中的首要地位（Prus，1990）。哈耶斯试图将因果和解释分析整合在一个共同的框架下，提出社会学研究的主流将更多以解释学为基础。他借鉴哲学家赖特（George Henric Von Wright）的思想，提出了包括意义综合和事件序列的整合概念框架。过去20年这种整合体现在人工智能、常人方法论和认知社会学、语言学、社会语言学、语言-行为理论等上（Hayes，1985）。

解释的相对性和真理标准问题也是解释学和解释社会学争论的焦点，这一问题具有知识社会学意涵。布莱谢尔认为伽达默尔和贝蒂（Emilio Betti）的争论在于解释学是方法论的还是本体论的，贝蒂提出的方法论的解释学解决了历史主义哲学家以及后来伽氏思想中的相对主义问题，即以一定方法进行的投入理解的过程将产生理解的客观基础。伽达默尔和哈贝马斯的争论主要围绕解释的相对性和批判性的问题。布莱谢尔认为解释学兼具两种特征，利科融合了现象学和解释学的思想，缓解了不同观点的冲突（Bleicher，1980）。后来，布莱谢尔在评论符号互动论、常人方法论和舒茨的现象学社会学的基础上，吸收了伽达默尔和哈贝马斯的思想，提出"解释-辩证的社会学"的解释社会学范式（Bleicher，1982）。鲍曼认为社会科学必须提供达成共识的基础，建立解释中真理的标准。马克思、韦伯和曼海姆都将解释视为历史性的工作。胡塞尔（Edmund Husserl）和帕森斯将解释作为非历史的理性（reason），这受到了海德格尔和舒茨的批评。常人方法论将生活世界作为意义和理解的最终背景，但在常人方法论的体系中，真理问题没有意义。鲍曼对哈贝马斯的共识真理观持赞同态度（Bauman，1978）。

解释社会学的经验研究深入多个领域，既有微观的个人行动，也有宏观的群体、结构；既有可观察的行动，也有需要理解的意识。关于个人行为的研究，如青春期人格和行为、身份认知、交流、激励、内发动机等；关于社会行为的研究，如社会运动、革命、种族歧视、国会改组、工作竞争、宗教教育、诉讼、人力资源管理、经济变迁等；关于社会结构的研究，如家庭结构、公共部门、学校中的不平等等；关于社会群体的研究，如少数民族、妇女、劳工、飞碟组织、移民、工会等；关于社会制度的研究，如言论自由、精神健康、护士职责等；关于社会意识的研究，如道德规范、儿童的同辈群体文化、贫民窟的理性、视觉文化、文学艺术、宗派主义、民族主义、殖民主义、宗教意义、预言、公共事件的建构等；关于生存条件的研究，如城市空间、时间、灾难、污染等。

综观对解释社会学多种流派和核心思想的研究，我们将韦伯提出的作为社会学方法论的解释社会学、以米德思想为基础的符号互动论、以舒茨社会现象学为核心的现象学社会学作为解释社会学发展史上的代表性理论流派，后来综合性的解释社会学理论，如吉登斯的双重解释学、哈贝马斯的交往行动理论、利科的批判解释学等都吸收了其中的理论要素。

三 解释社会学中的知识思想研究

解释社会学中的知识思想是本书的关注点。我们整理了这一领域的现有研究，为本书提供可以参照、吸收和讨论的观点。

1. 韦伯的知识思想研究

韦伯的知识思想研究主要集中在他的社会科学方法论、宗教社会学、音乐社会学和知识分子研究上。前三个方面在汉密尔顿的《知识与社会结构：知识社会学的古典争论引介》中做了细致分析。《马克斯·韦伯和价值中立的社会科学问题》重点讨论了韦伯关于社会科学研究的客观性问题和关于社会的批判理论的可能性的思想（Ciaffa, 1998）。伯格关注了韦伯价值关联的概念（Burger, 1977）。特利阐释了韦伯的音乐社会学思想，包含城市理论、阶级理论、理性化理论和气候变迁（Turley, 2001）。萨德里讨论了韦伯关于知识分子和宗教思想、意识形态的关系（Sadri, 1992）。

韦伯的宗教社会学思想是关于宗教思想的社会起源和社会影响的思想。这一思想受到人们的广泛关注，很多关于韦伯的综述类著作都对他的宗教社会学思想进行了专门讨论，部分论文阐述、评价了韦伯宗教思想的产生以及其对日常生活、阶级意识等的影响。冯仕政、李建华讨论了韦伯关于宗教伦理如何影响实践伦理即日常生活的思想（冯仕政、李建华，2003）。波吉论及了韦伯将新教作为赋予生活意义的力量，以及韦伯论述的阶级意识的道德基础（Poggi，1983）。莱斯诺夫阐释了韦伯关于新教工作伦理和利益伦理的本质区别和逻辑联系，比较了韦伯和斯密的资本主义精神（Lessnoff，1994）。斯达克认为韦伯依据阶级分析哪些群体能产生真正的宗教态度的方法存在严重缺陷，滕尼斯关于社团和社会的二分法更好地解释了宗教和非宗教的世界观的起源（Stark，1964）。

虽然大量知识社会学研究都谈及韦伯思想中的知识社会学意涵及其对曼海姆产生的直接影响，但对他的知识社会学思想的研究专述较少。现有的论述没有清晰地将韦伯的知识思想置于他的思想体系和知识社会学思想体系中，因而没能阐明他的知识社会学思想在这两个体系中的地位和他对它们的贡献。

2. 符号互动论中的知识思想研究

符号互动论是社会学的一支主要学术流派，它将社会行动视为符号互动的过程，要通过解释和体验的方法获得对这一过程的认识。这一学术流派萌芽于 20 世纪 30 年代，经历了四五十年代的壮大和六七十年代的衰退，在 80 年代复兴（Stryker，1987）。经历了分裂、扩展、合并和吸收四个过程（Fine，1993），其理论不断充实，经验研究不断向新领域延伸。

符号互动论的开创者米德的思想受到人们关注。麦金尼从拓展知识社会学的研究框架、开辟新的知识社会学经验研究方向和对认知性质再定义三个方面系统归纳了米德对知识社会学的贡献（McKinney，1955）。戈夫认为米德和马克思的知识社会学的共同基础是将思想与实践相关联，米德思想对知识的性质问题做出了阐释，这种性质的确定对异化和相对主义问题的解决具有重要意义（Goff，1980）。

符号互动论的理论在吸收认知科学、文化研究等其他学科成果的基础上不断发展。库尔特认为新的认知社会学的核心是对现象的可理解性的社会建构，对于日常实践和科学研究亦如此。心智（包括信仰、理解和思考等）被认为出现在行动和互动中，可以付诸社会-逻辑的分析。他从符号互动论和认知-计算论的视角思考了关于心智和经验的一组概念，讨论了人格、催眠状态、心智与大脑的关系、动机和行动的关系等当代人们争论的问题（Coulter，1989）。《符号互动和文化研究》（1990）这一文集讨论了在艺术、科学、宗教、生活史和身体等领域，作为经验研究学科的符号互动论和体现人文主义话语的文化研究在知识的性质、社会结构的功能、自我、主体性和语言等方面的研究特点和交互影响。

符号互动论强调灵活多样的经验研究方法。卡隆介绍了典型的符号互动论的经验研究，包括暴力犯罪者如何定义由情境引发的暴力行为、互动中如何建构性别意义、流产诊所中的人如何为客户界定情境、儿童如何向他人表现自己的社会技术、单身男性生活史中关于婚姻的情境定义（Charon，1985）。布莱克通过考察社会科学家对图书馆藏书的使用，揭示了社会科学学科关联和学科界限的性质，以及如何达成学科论题的共识（Bulick，1982）。埃斯波西托和墨菲讨论了布鲁默（Herbert Blumer）对种族关系的研究，他们认为社会现实中的结构性的命令和种族身份都是由社会建构的，所以可以付诸讨论；社会建构的过程、互动、经验意义是互主体性的，知识处于不断流动中（Esposito and Murphy，2000）。

从现有研究来看，虽然"意义"是符号互动论的核心概念，但目前尚缺乏明确、系统地从知识社会学的角度来审视这个重要概念的社会学流派。

3. 现象学社会学中的知识思想研究

舒茨被视为现象学社会学的创始人。贝斯特认为现象学社会学继承了舒茨关于社会科学的核心假设，即"对社会现实的真理研究必须考虑个体行动者的主观意义"。他总结了现象学社会学的几个要素。第一，以舒茨对胡塞尔的现象学的改造为基础，考虑了自然态度的互主体性，从而使现象学社会学适合于研究社会现象。第二，研究主题是日常的、常识的、理所当然的生活世界的自然态度，通过社会建构的方法进行知识表达。现象学社会学研究库存知识的内容，这些知识建构、传播、接受的过程，以及形成这些过程的制度和组织结构。第三，个人既是有计划的积极的行动者，也是社会分配的知识的接收者，与社会现实存在辩证的关系。自我宣称是现象学社会学的理论，常人方法论对舒茨的思想有所批评，但基本继承了以上的特点（Best，1975）。

"舒茨学说产生的最重要影响就是导致了解释社会学的转向，即将解释社会学关注的重点从对重大历史事件和历史进程的意义理解转向对日常生活的结构分析。"这种转向具体体现在对经典解释社会学的"去历史化"上,从目的-手段理性转向实践理性,以及从意义问题转向知识问题,即从知识角度理解意义问题。舒茨对日常生活中的知识的强调,与后来伯格和卢克曼、常人方法论一起促成了"社会学的认知转向"(杨善华,1999:31~32)。

很多研究通过对舒茨与其他社会学家和学派的思想进行比较来深化对舒茨思想理论的认识,比较对象包括韦伯(李南海,2007;Prendergast,1986)、米德(Perinbanayagam,1975;范会芳,2007)、戈夫曼(Erving Goffman)(吴中宇、胡仕勇,2001)、帕森斯(范会芳,2007)、加芬克尔(Heap and Roth,1973)、奥地利经济学派(Prendergast,1986)和社会地理学(Ley,1977)等。

舒茨思想中的特定观念也受到人们的关注,如动机(Weigert,1975)、个体经验的社会性、他人(Perinbanayagam,1975)、生活世界结构分析中的社会协调和秩序问题、元理论中的普遍理性问题。没有涉及互主体关系中的权力问题(Lengermann and Niebrugge,1995)是对舒茨思想较有力的批评。

舒茨的现象学社会学也被运用到一些经验研究中,如对禅宗的解释(Moore,1995)和对个体宗教经验的描述(Neitz and Spickard,1990;Spickard,1991)。

巴伯对舒茨的知识社会学思想进行了系统阐释,评价了其思想的本质、核心概念、预设逻辑、方法论以及其对传统知识社会学思想的批评。他分析了舒茨理论中知识社会学研究方法的三个相互补充的层次、对知识的认识与传统知识社会学的差异以及关于行动者获得知识的影响因素,其分析周全严密(Barber,1988)。

伯格和卢克曼是现象学社会学思想的重要继承者。知识是他们的社会学理论的核心和线索。他们从知识社会学的角度解决社会秩序何以可能的问题,知识社会学被提升到一般社会学的地位。他们将社会学的微观思想与宏观思想通过知识社会学进行融合的努力对知识社会学本身影响重大。

郭强的《现代知识社会学》阐述了伯格和卢克曼进行知识社会学研究的缘由、其知识社会学的主要内容和特点(郭强,2000)。汉密尔顿讨论了伯格和卢克曼关于知识社会学研究的实质、社会现实的性质、现实的基础和单位、知识形成的机制和关于现实的知识的结构和内容的确定因素等（Hamilton，1974）。

对伯格的研究侧重于他的宗教社会学思想，他关于现代化的思想也受到了一定关注。皮拉兹克依据伯格的思想，提出宗教转型、宗派皈依和文化变迁的过程可以解释宗教运动中成员身份、意义和生活方式的变迁（Pilarzyk，1978）。麦克米兰依据伯格的现象学社会学，看到了当代宗教体制中的成员将主要的社会思想和实践结合，重新建构性别歧视的态度（McMillan，1988）。亨特和安雷评述了伯格关于宗教、现代化的思想，强调在研究方法方面摆脱预设、重在倾听（Hunter and Ainlay，1986）。伍斯诺分析了伯格关于文化和社会的关系的理论，认为文化和社会是辩证的、纠缠在一起的，文化具有确凿性且可以进行调查，文化研究要参照个体意识中的内容（Wuthnow，1984）。魏格特分析了卢克曼在《无形宗教》中揭示的"宗教"一语的五种意义（Weigert，1974）。华莱士依据他们的理论研究了过去20年女性在天主教教堂中角色的变化（Wallace，1988）。

有观点认为常人方法论是现象学社会学理论的发展和实证化，也有人认为二者没有持久的关联：其一，常人方法论的概念和术语逐渐失去了现象学色彩；其二，二者关注点不同，后者关注人类意识和人类动机等问题，而前者更关注经验实证的、可观察的社会活动（侯钧生，2006：314~315）。我们依据其创始人的自我宣称，将其归于现象学社会学名下。

国内对常人方法论的研究较为有限。李猛的《常人方法学四十年》、俞宁的《从科学理性到日常事务理性——常人方法学对社会研究方法的突破》、刘岳和张玉忠的《常人方法学理论探悉》分析了常人方法论的基本理论和研究方法。郑晓娴的《常人方法学实践行为特征分析——以食堂打饭为例》通过经验研究分析了常人方法论的理论特征。

在国外，常人方法论的理论思想广受关注。林思特德对常人方法论进行了介绍性研究，阐述了关于社会秩序、作为社会过程的对话、身份赋予和再生产等问题，提出常人方法论对将互动作为社会因素的社会学理论产生了重要影响（Linstead，2006）。蔡明发揭示了常人方法论中潜在的要件，包括反思性、科学、常态的实践、激进的经验立场，这些要件可以作为去客观化的工具（Chua，1974）。哈蒙和怀特讨论了常人方法论反对价值和事实的区分的观点，日常生活中二者融为一体，这种思想为组织理论提供了过程视角（Harmon and White，1989）。金敬文讨论了加芬克尔主张的常人方法论不应卷入自反的问题，常人方法论和现象学社会学、米德和戈夫曼等人的符号互动思想的关联受到了他的关注（Kim，1999）。佩里班纳亚格姆在讨论常人方法论和拟剧论关于情境定义的概念差异时，认为与拟剧论相比，常人方法论对交互行动中的回应话语（responsive discourse）的关注不够，不能充分显示知识是被主动寻求和建构的（Perinbanayagam，1974）。《谈话和社会结构：常人方法论研究与谈话分析》（1991）这一文集重点讨论了对话和社会结构的关系，即对话的制度背景。

运用常人方法论对一些日常活动的经验研究论证并丰富了这一理论。利文斯顿对日常专门技术（跳棋游戏）中的技术与推理进行了常人方法论研究，提出推理不是超越经验情境、具有普遍性的活动，而是与情境相关（Livingston，2006）。福克斯考察了常人方法论关于实践行动的理解对以实践为基础的社会学习理论的意义（Fox，2006）。斯多基用常人方法论研究性别作为分类现象如何被接受、重构和反对，以及这种分类和行动的关系（Stokoe，2006）。劳里埃和布朗的研究发现，确定方向是通过手势和对话进行推理，而不是精神上的地图查询的过程（Laurier and Brown，2008）。

常人方法论思想被广泛应用于医疗和管理等领域的经验研究。梅森对精神病治疗实践中采用隔离方法的决策过程进行了常人方法论分析，提出隔离方法的采用取决于文化和组织因素，而非病人的症状（Mason，1997）。皮尔森考察了精神病人日常护理中护理者的自组织行为和隐含知识（Pierson，1999）。哈珀等研究了军队护士对病人术后疼痛的态度，认为护士具有关于术后评价理所当然的预设，用常识文化知识解释她们的预设和病人报告之间的差距（Harper et al.，2007）。丁沃尔对法律进行了常人方法论和对话分析，分析了法律的语言技术和法律工作的特征、法律和社会秩序的关系、法律渗透日常生活的程度等（Dingwall，2000）。休斯等研究了银行中组织知识的表述是如何被建构的（Hughes et al.，2002）。常人方法论的工作研究还有对以计算机为基础的工作（Marcon and Gopal，2008）和电话销售工作（Whalen et al.，2002）的分析。亨德森运用了常人方法论（考察互动中作为交流媒介的理所当然的预设和潜在的共享知识）、拟剧论（情景是如何设计的）和人种学（社会和文化符号被用来解释互动）三种方法考察了健康护理中的互动特征（Henderson，2005）。

鉴于常人方法论观照日常知识的理论取向，现有关于常人方法论的研究，理论的或经验的，都与日常知识密切相关，尚没有研究明确指出其理论性的知识社会学意涵。

综观关于解释社会学中的知识社会学思想的既有研究，既涉及对理论思想的评价，也有运用理论进行的经验研究。我们认为既有研究存在以下问题。

第一，既有研究多是关于知识的思想要点的分析说明，缺乏对解释社会学各派别的知识社会学思想进行较为系统的阐发和评价。对这些要点的分析或许对早期知识社会学有所补充和冲击，但是不能形成包含各学派的较为完整的知识社会学面向。除了对舒茨、伯格和卢克曼的知识社会学思想有较为全面的分析外，对解释社会学其他几个代表性人物和流派的知识社会学思想尚未做出系统的分离剖析。尤其是常人方法论在日常知识的特征及其与社会秩序的关系等问题上的建树，未从知识社会学角度予以明确阐述。

第二，缺乏对解释社会学各派别的知识社会学思想进行关联比较，所以无法看到整个解释社会学的知识形成、运行和功能的连续画面。

第三，对各派知识社会学思想的阐发缺乏同其他知识社会学传统的关联和比较，所以对知识社会学的这一传统的整体影响和贡献的表述较为模糊。因为既往的研究不是以知识社会学的解释社会学传统为基本视角进行系统研究的，没有把各派的知识社会学思想置于这一视角下，所以不能对每种知识社会学思想在这一传统和整个知识社会学中的地位予以界定。

第四，对知识社会学的自反性问题的争议，缺乏在对各种相关观点进行比较基础上的明确回应。

由于解释社会学关注行动的意义，意义是知识的重要组成部分，甚至是知识的来源，由此，各理论学派和学者从解释社会学的不同具体视角开展了与"知识"与"认知"相关的理论研究和经验研究。我们认为，作为研究视角具有共性的关于"知识"的理论和经验研究，可以被置于知识社会学的解释传统的理论框架下，以呈现这一理论视角下一幅更为全面的"知识"图景。

第五节 研究框架

一 研究视角

探寻解释社会学中的知识社会学思想从而构建知识社会学的解释传统，是对解释社会学的重新解读。解释社会学是有着一百多年发展历史的社会学分支，思想内容丰富，理论学派众多。要从其中选取恰当的思想进行研究，需要对解释社会学有较为整体的认识，并从中找出具有典型解释社会学特征并蕴含重要知识思想的理论。而对这些具有代表性的理论进行知识社会学解析，一方面，要对知识社会学的研究主旨有较为明确的认识；另一方面，要对各学派思想有清晰的理解。

抽离解释社会学中的知识社会学思想，就是用一种理论视角来解读另一种理论，需要两种理论进路中的概念的沟通。关于"知识"与"社会"这对概念在不同解释社会学理论中的所指，既是知识社会学不同学派的分歧之处，也是本书研究的基础。所以在对每派理论的分析之初，应重点明确这两个概念在该解释社会学理论派别中的指向。关于社会科学知识特征的思想往往包含在他们的研究方法论中，需要从应然性的论述中提取出其中关于社会科学知识的性质及其同社会的关系的预设。另外，在写作上，需要将两种理论取向融合在一起。本书以知识社会学思想为暗线、以解释社会学思想为明线，依据知识社会学的理论线索来组织解释社会学的思想。

揭示知识社会学的解释社会学传统的总体特征，需要将不同的解释社会学流派的思想关联起来。确定这些理论的衔接点是建立关联的前提条件。本书假设解释社会学的不同学派是对共同的社会实践中的微观过程的阐释，这种共同的社会实践过程就成为不同理论得以比较和关联的基础。

呈现解释社会学对知识社会学的独特贡献，需要将解释社会学同知识社会学的其他思想进行比较，具有实证主义倾向的知识社会学思想是重要的比较对象。在这两种知识社会学思想比较的问题上，我们尊重两者基本预设的差异，即它们所持的社会唯实论和社会唯名论的不同理论立场。即使面对同样的研究对象，即我们生存的这个世界，两种立场的差异使得我们难以对两种思想做出评判，只能说明在解决特定问题时，哪种思想具有更强的适当性，以及两种思想如何补足对方的欠缺。

二 研究内容与方法

针对目前知识社会学思想研究中存在的问题和本书设定的视角，我们在吸收前人的研究成果的基础上，对解释社会学主要著作的内容进行分析，抽离其中的知识社会学思想，从而整理出较为系统的解释社会学传统的知识社会学。本书从以下几个方面展开。

第一，选取解释社会学中的典型派别，包括韦伯的解释社会学、米德的符号互动论、舒茨的现象学社会学、伯格和卢克曼的知识社会学、加芬克尔的常人方法论和吉登斯的结构化理论。针对它们的代表作品，从知识社会学的视角，以各理论体系中的知识思想为核心，分别从研究对象、基本预设、研究方法等方面，考察如下观点：①关于知识的范围、类型、产生、性质等；②关于社会的范围、性质等；③知识与各相关社会要素的关联等，从而呈现这些派别各自的知识社会学思想。具体如下。

韦伯的知识社会学思想可以从三个方面挖掘。首先，在韦伯看来，社会科学的研究对象是社会行动，行动关涉了行动背后的意义，意义、行动和社会结构的关系中蕴含着知识的思想。汉密尔顿所阐述的韦伯理论中的知识社会学也着重于此。其次，他关于宗教伦理等知识类型的思想（见《新教伦理和资本主义精神》和《宗教社会学》）则是对知识问题的直接论述。我们要考察韦伯对这些思想的来由、性质和功能所做的阐释。最后，他在《经济与社会》和《社会科学方法论》中阐述了社会科学的性质和研究方法，反映了他关于社会科学知识的性质和认识方法的观点。本书考察了韦伯对社会科学的研究对象、认识的客观性、理解的研究方法等关于社会学知识的反思。

米德吸收了实用主义、行为主义和进化论思想，以社会行动为基点讨论个体的行动机制及行动与社会的关系。我们试图呈现米德运用符号互动思想所描述的个体与个体、个体与群体进行互动时生产，使用知识的过程，尤其是具有普遍性的知识的形成机制和功能。与既有研究相比，本书更注重米德的知识社会学同传统知识社会学的联系而非区别。从布鲁默对米德思想的延续的角度呈现他提出的符号互动论的知识社会学面向，包含了个体赋予意义对个人行动和社会形成所具有的功能，关注"意义"和"知识"这两个概念的关系。另外，我们将从符号互动论的经验研究中找到对知识进行经验研究的途径。

对舒茨的研究的主题可以分为日常知识和社会科学知识。舒茨在《社会世界的现象学》分类阐述了行动者何以分享主观意义、如何通过解释行为获得认识，表现了知识在日常生活中的产生、可信度和功用等。本书在对照巴伯研究的基础上，整理了舒茨关于解释的知识的分类，各类情境中通过解释获得知识的过程，这些过程中的行为特征、解释内容、解释方法、影响因素以及获得的认识特征和信度等方面的特点，并将这部分思想置于知识社会学的大体系中，考察其是否可以弥补其他思想在逻辑上、实践上的欠缺。

伯格和卢克曼的社会学就是知识社会学，他们的思想集中于他们的《现实的社会建构》一书中。本书在阐述其知识社会学思想的基础上，重点呈现其思想对早期知识社会学的冲击，以及对社会学思想体系的影响。

常人方法论的核心著作是加芬克尔的《常人方法论研究》（*Studies in Ethnomethodology*）。本书重点考察两方面内容：其一，常人方法论在回答日常秩序如何可能的问题中，如何阐释现实感的形成、常人赋予世界意义的方法和技巧，即常识在日常互动和秩序形成中产生的机制、表现形式、性质和功能；其二，如何将社会学知识解释为自然态度的一部分。

吉登斯的《社会的构成》和《社会学方法的新规则：一种对解释社会学的建设性批判》阐述了基本社会要素的存在形态的理论预设和社会科学研究方法论。本书考察了其理论预设中对社会实践中的知识的界定和这些知识的产生与功能，同时，说明了他关于社会科学知识的性质和社会功能的主张为知识社会学提供的新思想。

第二，在阐释各派别的知识社会学思想的基础上，依据其视角、预设和逻辑，将这些思想关联起来。解释社会学的不同学派都是从微观角度对社会实践中的意义、行动、规范、秩序等因素之间的关系进行探究和说明的，所以，共同的研究对象为将它们的思想整合起来提供了可能。它们从不同的角度切入，对社会运行进行观察和说明，提供了实践中知识和社会关系的不同洞见。将这些思想进行联系比较，可以使之相互印证、补充，既体现解释社会学关于知识社会学思想的共识，也将各派理论的优势结合起来，呈现由解释社会学不同理论共同绘制的知识社会学图景。

第三，将解释社会学中的知识社会学思想同实证主义的知识社会学思想进行比较，特别是从既有知识社会学存在分歧的理论问题，包括理论的研究对象、基本预设、研究方法、知识相对性等方面进行阐述。解释社会学作为知识社会学三条脉络之一，依其研究的过程视角和发生学进路对知识与社会的关系提出了独特的见解。与实证主义的知识社会学进行比较，能够凸显解释社会学的理论特色，也能够呈现两种理论取向各自的优势和不足。

第四，对解释社会学进行一种"知识社会学"性的反思，分析各派解释社会学对既有知识社会学思想的吸收、批判和其产生的原因与动机，探究其理论建构的特点，并说明其自身存在的问题和发展的空间。这种反思能够揭示各学派知识-社会理论产生的思想背景，对该理论做出更准确的阐释。

三 研究重点

基于以上研究视角和研究内容，我们着力在以下三个方面开展研究。

第一，抽离和分析解释社会学诸流派的知识社会学思想。韦伯作为解释社会学的创始人，首先关注微观个体的行动意义，并在这种关于意义的知识与社会行动之间建立了相互说明的一致关系。符号互动论和现象学社会学探究了这种一致性的生成机制。符号互动论在情境知识与社会互动之间建立了交互建构的关系，个体赋予行动的意义来自对社会互动的反思，而行动是在对情境赋予意义的基础上展开的。现象学社会学提出了"社会"的主客双重面向，一方面，阐释了促成日常知识产生的视角互易性等社会机制；另一方面，考察了主观层面既有的关于社会的知识即关于生活世界的认识对界定社会情境获得新知识的影响，建立了关于库存知识与新知识的辩证关联，赋予了日常知识以反身性特征，并且阐释了知识的真实性即"现实感"是如何产生的。吉登斯从社会实践视角吸收和综合了各派解释社会学思想，将社会结构、社会行动和实践意识等要素融为一体，建立了知识与社会在实践中相互渗透的关系。

第二，在比较解释社会学各学派的知识社会学思想的基础上，建构了这些思想的关联。本书明确了解释社会学中知识的范围——出现于日常活动各个阶段的关于自身、他人、情境和社会规则的各种知识，依据研究视角、知识产生的机制和知识的对象等多重标准对知识进行复合分类，将不同学派关注的知识整合在一个互动过程，呈现知识产生和存在于该过程的各环节。综合这些学派的思想，揭示知识的社会关联途径：知识产生于社会互动过程，行动的目的动机、对他人的理解和对行动的反思都与来自社会共享的知识和互动经验的库存知识相关；个体获得的知识需要在互动过程中被他人承认，只有这样其才能成为被社会共享的有效知识；既有知识是新的认知的基础，促进了对具体情境的认知行动的展开。

第三，通过与传统知识社会学的比较，揭示了解释社会学对知识社会学的独特贡献，主要包括四个方面。其一，将传统知识社会学的研究对象加以拓展，将微观层面的社会互动中的行动者所生产、使用的知识，同社会共享的知识关联起来。其二，有别于传统知识社会学侧重于以宏观的社会结构来说明系统化的社会共享知识的生产，解释社会学呈现了社会共享知识、个体拥有的知识、社会行动、社会结构等要素之间的关联，在宏观和微观、行动和知识之间建立了辩证的交互关系，显示出知识与社会之间关系的复杂性。其三，解释社会学形成的经验发生学研究进路，有助于呈现知识与社会关系的过程面向，对于丰富和完善知识社会学方法论具有重要的价值。其四，在知识相对性问题和知识社会学自反性问题上，解释社会学采取了知识以社会背景为产生条件的理论逻辑和共识真理观，为解决这一问题提供了启示。

第二章　意义与社会行动：韦伯的知识社会学思想

韦伯的学术活动是围绕近代欧洲资本主义社会的理性化进程及其产生与运行机制展开的。他通过对东西方世界的比较，阐明了近代西方世界所独有的特征，揭示了近代资本主义制度形成的动力。他的研究立足于社会唯名论，以个体行动为基本分析单位，通过解释行动的意义并说明行动间的因果关系，分析理性化社会中目的合理的行动与诸种要素的关联，从而揭示这种理性化进程的特征、机制和存在的问题。

在韦伯看来，一门关于社会的科学必须寻求在意义的层次上理解社会现实。社会学研究要渗入人们的意识之中，去发掘人们怎样观察、定义和理解这个世界。他所主张的社会学研究方法与解释学代表人物之一的狄尔泰的取向相一致，即研究者通过解释，呈现人们定义、理解这个世界的内容，这不同于现象学社会学所考察的人们定义、理解这个世界的过程和方法。由此，自韦伯起，解释行动的意义成为社会学研究的路径之一。这为知识社会学开辟了深入微观个体研究知识的进路。

韦伯对行动、意义等对象的界定体现了他的知识社会学关于知识、社会及二者之间的关系的基本思想，他在宗教社会学中运用意义-行动的视角考察了宗教伦理与社会行动的关系，阐明了宗教伦理这一知识类型的社会功能。另外，韦伯关于社会学的方法论是对社会学知识本身的反思，彰显了他关于社会学知识的客观性和社会关联性、价值知识与科学知识的主张。

第一节　行动意义的知识：来自研究者的"理解"

韦伯提出，社会学的意图在于"对社会行动进行诠释性的理解，从而对社会行动的过程及结果予以因果性解释"（韦伯，2005：3）。我们从中可以发现他的社会学思想中包括两类知识：其一是行动者拥有的与社会行动相关联的知识，即行动的意义；其二是通过诠释性理解和因果性解释这些社会学研究过程而产生的社会学知识。

对于第一类知识的属性，韦伯没有直接论述，但我们认为可以从他的方法论中加以推断。在韦伯的思想体系中，研究者可以认识行动和行动的意义。他在社会学方法论中所阐述的行动与其意义的关联，是对作为研究对象的现实中的行动和意义的关联的反映。他的社会学方法论蕴含着他关于社会现实关系的预设。因而，我们从他的社会学方法论中提取了他关于知识与社会关系的思想。

韦伯关于社会行动需具备两个条件的观点表现了他所界定的"意义"的特征。第一，行动个体对其行为赋予主观意义。意义对于行动者来说就是其行动的动机，可以是物质利益、精神利益、情绪和习惯等。第二，行动者的主观意义关涉他人（个人或不确定的多数人）的行为（过去的、现在的或未来预期的），他所采取的行动包含着以他人的行为为目标，即意识到与他人的意义的关联。这意味着涉及他人的主观意义的行动才能被称为社会行动。比如，行动者想，"我每个周末该去打球，改善身体状况"。这里的"改善身体状况"是行动者为打球赋予的意义，但这不是韦伯所关注的社会行动的意义。如果行动者的想法是，"我每个周末去打球，和他切磋球技"，那么"和他切磋球技"作为周末打球的意义，则是韦伯所论及的社会行动的意义。我们认为这里所说的意义即行动者关于他自身行动意义的知识。

在韦伯的思想体系中，意义可以被分为两类。因为意义并不是以行动者所拥有的知识的身份出现的，而是经过研究者的描述得以呈现。由此，意义被分为这样两类：第一，事实存在的意义，即某个行动者在历史既定条件下获得的主观意义，或诸多事例中行动者获得的平均或相类似的意义；第二，纯粹类型的意义，是指以概念建构的方式被当作一种或多种行动者的类型来想象其可能的主观意义（韦伯，2005：4）。前一种意义存在于现实生活中，研究者要将其描述出来；后一种意义则是研究者建构出来的。

韦伯从研究者的角度通过上述的理论工具来捕捉意义，这是获得意义的巧妙途径。他认识到实际行动往往是在主观意义处于模糊的半意识或根本无意识的状态下进行的,存在有意义的行动和不具主观意义的反射性行动。一个行动过程通常是由有意义和无意义两部分混合而成的(韦伯,2005:4~5)。所以,研究所揭示的意义并不都是真实存在的。之所以可以采取一定的方法获取行动意义,是因为将行动者赋予行动的意义如实呈现只是韦伯研究的手段,而不是其目的,行动者主观意识中是否明确具有意义并不重要;他的目的是通过呈现意义并辅以相应的分析手段,揭示主观意义的内容及其与行动的关系。由此,他所说的知识并不直接指向行动者意识中的知识,而是研究者揭示出的行动者个体和群体所拥有的关于行动意义的知识以及研究者所描述的类型知识。从研究者的角度审视意义,我们找到了使不具主观意义的反射性行为不会妨碍社会学研究的方法:社会学对主观意义的可能形式加以分类,建构概念,在处理现实的具体问题时,考虑现实和这些概念之间的距离。

研究者所描述的意义知识和意义类型是通过韦伯的理论工具表达出的理性知识,它们之间具有因果关联性。韦伯承认行动中的非理性因素,只是在以类型建构为目的的科学分析中,所有非理性因素被视为与目的理性行动的概念式纯粹类型相偏离,所以理性主义只是方法上的工具,并不意味着社会学具有理性主义偏见,也不意味着理性在生活中支配一切(韦伯,2005:7)。

从上述韦伯对意义的界定和说明可以看出,不同于实证主义的知识社会学关注集体性知识,韦伯寻求的是对行动的解释,将关注点投射在个体行动者关于行动的意义上。在韦伯的社会学思想中,人类相互作用过程中的行动者赋予其行动的意义是核心的研究对象。缺少意义,通过意义认识行动的社会学研究就无法进行。

第二节 共生:意义与社会行动的一致性

韦伯的社会学讨论了一定社会中的意义-行动模式和其内在的因果关系。他并不关注行动者如何为行动赋予意义,所以没有阐述人们为行动赋予意义的过程的社会关联问题。他在社会学方法论中阐释的对意义的主观理解和对行动的因果说明的关系,显示了意义知识同社会行动的关联。

自然科学主张通过感知获得真理性的认识,德国哲学家们反对将这种自然主义认识论推及人文学科。他们提出,只有通过个人直接的生活体验和移情式的理解,才能理解文化历史现象。韦伯兼收这两种研究方式,提出不仅要认识行动者的内心体验,还要认识其外在表现,用外在表现来说明主观意义之间的逻辑。以此为基础,社会学要探寻个别事实之间的因果关系,呈现关于社会行动的以概念形式表达的概率性规律。

具体而言,行动需要用意义来解释,意义需要用行动来验证。第一,行动是包含意义的,只有说明行动的意义才能表现完整的行动。行动者本身或是观察者对行为提出有妥当意义的理由,是根据我们表达感情和思考的习常模式,在行动的各要素之间构成的典型的意义关联。这种主观的意义的关联构成了动机,行动者认为自己是在动机的驱使下开展行动的。关于意义的确证,韦伯提出了两种路径,一是意义的关联能够通过知性清楚地被理解,即人们对各种行动因素的意义的关联有理性的把握;二是研究者经历了当事者所经历的情感,即拟情式的再体验。通过这两种路径获得的意义可以用来说明行动,韦伯更强调前一种,即理性的理解。采取相同的行动,对行动进行再体验,对于理解的精确性很重要,但不是理解的必要条件(韦伯,2005:5~6)。

第二,只有可观察的行动才能将关于行动意义的假设变成有效的命题。研究者从有意义的观点得出的关于行动的诠释只是有几分确证基础的因果性假设,而社会学家要考察真正的动机情境。对于观察者而言,同一行动可能产生于不同的动机或动机组合,行动者可能处于冲突思想的刺激之下。而实际冲突的结果能判断动机的相对强度。所以,以行动结果控制可理解的意义诠释,恰如通过实际过程来验证假设。在这种实际过程中建立的可观察行动的关联形成了因果关系。对于行动的因果解释意味着根据任何可被计算的、在理想情况下可被量化的概率规则,一个被观察的特定过程会依序跟随另一个特定过程而发生。当某种行动符合一定的概率的要求时,该行动就是可被理解的(韦伯,2005:14~16)。

关于人类行动的科学也要考察缺乏主观意义的过程和对象,它们被当作既存的事实,行动的条件,刺激、阻碍或促成的因素。这在方法上是不可避免的。行动倾向的终极价值通常无法确证式地被人理解,只能知性地予以诠释或近似地进行体验。而人造物的意义根据它的制造以及既有或企图有的功用来理解（韦伯，2005：7~9、16）。

由此，通过内心体验和外在观察两条路径，可以实现对行动的外在过程及动机的把握，达到对其意义关联的理解。从而，一方面可以获得关于行动的更完整的认识，另一方面通过两种路径的相互印证，可以提高知识的有效性。韦伯试图获得的是关于行动及其意义的客观的知识，即对主观意义和可视行动的如实反映。这种知识不因认知者的变化而异。

韦伯所确立的社会学研究方法，表明他在意义知识与社会行动之间建立了关联。这种关联意味着行动者的动机和行动是一致的，并且作为基本预设框定了社会学研究的进路。动机和行动的关联具有以下特征。第一，动机的内容指涉他人，是社会性的。第二，指涉他人的知识与指涉他人的社会行动相一致。韦伯并不探讨动机是否决定了行动，只是用动机来说明行动。行动将动机变成现实，知识被外化为社会性的行动。第三，具有普遍性的社会性行动和集体性知识的关系是通过个体行动及其意义的积聚而呈现的。韦伯试图通过社会学研究发现一个社会群体中行动者平均的意义。这种意义是为社会成员所共享的关系模式。个人是可理解性行动唯一的承载者，集体构造被视为特殊行动的组织模式和结果（韦伯，2005：17）。韦伯采用理想类型的方法认识、分析社会行动及意义，这为进行社会共享知识的研究提供了一条路径。

韦伯在意义和行动之间建立了直接的关联，这种关联成为其行动理论的基本预设，而这种关联本身没有被予以探究。行动的意义如何产生，意义和行动之间如何关联，即它们为什么具有一致性，这是现象学社会学所要探讨的问题。

韦伯的社会行动理论包含的知识社会学思想在于行动者赋予的行动意义和行动具有一致性，体现了知识和社会的一致性关联。在对实践的研究中，社会行动理论通过对行动的观察和对行动背后意义的理解，来更准确、完整地阐释行动，并由意义和行动的关系确定行动所归属的类型。

王琳芝在《从韦伯的社会行动理论看我国企业慈善捐赠行为——由汶川大地震引发的思考》中，根据捐赠行为背后的不同动机，将我国企业的捐赠行为划分为四种理想类型。

王琳芝将企业的捐赠行为分为作为互惠交换的理性捐赠行为、基于尊重和自我实现需求的价值性捐赠行为、作为感性人的情感捐赠行为和慈善互助的传统捐赠行为四种类型。这样的分类是基于韦伯划分的社会行动的四种理想类型而做出的。

第一，作为互惠交换的理性捐赠行为。这类捐赠行为的背后是捐赠企业所持有的一个基本理念：企业付出了金钱、物质、时间，而社会则报以"品牌的提升"、"良好的形象和口碑"和"支持率上升"等，进而企业销售额上升、利润上升；而企业家也可以从中获得良心的满足，实现人生的价值。出于这样的理性逻辑，企业进行捐赠。王琳芝通过调查比较公众对捐赠企业和非捐赠企业的不同态度和行为，证明了这一理念的有效性。

第二，基于尊重和自我实现需求的价值性捐赠行为。王琳芝认为，企业及企业家对自身实现其社会价值目标的理解和需求，成为企业慈善捐赠的潜动力。这其中蕴含的理念是：企业和企业家的捐赠，带来了社会对企业家的尊重。企业家的捐赠行为带来了社会的尊重，进而使人们获得了自我实现。

第三，作为感性人的情感捐赠行为。这种捐赠行为包含的想法是"企业家出身贫寒，成功后立志改变家乡的贫困面貌或因为感恩捐赠与自己当年一样困苦的学生，以帮助他人、回馈社会"。

第四，慈善互助的传统捐赠行为。这类捐赠行为是继承中国"乐善好施"的传统，基于"中国传统的仁爱、慈善、互助、互爱思想"而施行的。

这四类捐赠行为都是在特定观念的引导下采取的行动。这些观念将自身行为与他人的态度行为关联起来，行动者对观念遵从或者依据观念做出权衡判断，之后采取行动。但是，文中没有体现出王琳芝对捐赠企业捐赠行为的具体描述，以及对其捐赠动机的理解。

卫东海在其博士学位论文《明清晋商精神的宗教伦理底蕴——兼析韦伯论新教伦理的经济意义》中，重点研究了晋商精神的宗教伦理背景，也建立了晋商群体的企业精神与企业行为的关联。卫东海提出"宗教伦理以其特有的精神风格、文化意义与晋商组织行为和管理效用的伦理态度遥相呼应，共同构成近代晋商普遍的行为范式和生活方式"；"作为上层建筑中文化层面的宗教精神对明清晋商企业运营模式、制度经济、人力资源整合等企业要素同样具有重要的牵制力"。

卫东海将晋商群体的企业精神归纳为群体合作、诚实笃信、勤奋敬业、勤俭自律,这四类精神也产生了相应的企业行为。

1. 群体合作

卫东海认为,群体合作精神体现出三种合作形式。第一,朋合联营。在周礼的礼、教、政三位一体的宗教形式以及"人与天地万物为一体"人文和合的企业精神基础上,产生了朋合制及伙计制的企业联营制度。合伙经营是货币资本控股一方与劳力、智力两方进行合伙,劳动力、无形资产与货币资本获得同样的分红。

第二,商帮聚合。重人文形上、和合精神、群体合作的晋商精神体现了经营帮派化。关公庙以及晋商会馆的设立标志着晋商商帮市场垄断的开始。地域晋帮内部又按不同的风俗、文化特性形成了有差异的局域商帮,如汾州帮、祁太帮、潞泽帮、太原帮等。清代票号兴起,又形成汾、榆、祁、平、太几大票汇帮。

第三,联号股份。晋商关注利益与良心的合理公正,愿意为增加共同财富而牺牲自己的"小利",建立了劳资平等的股份制分配方式,"出资者为银股,出力者为身股",劳资双方风险共担、利益均沾。

2. 诚实笃信

"诚信与不欺在明清晋商伦理中的中心地位是牢固的。"第一,"诚者天之道"。此世的伦理道德具有了宗教性的根据,诚信观念就印刻在晋商的文化心理中,贯彻到日用伦常中。第二,晋商的诚信包含着更丰富的内涵,首先是做人,其次才是获取持久的和更大经济利益的工具。诚信不仅是讲信用,更是人与人之间的相互信任。生意常常以口头承诺方式达成。

卫东海在晋中及周边地区收集到10多种商业道德谚类的小册子,上面记载了晋商对诚信的要求,如:买卖不成仁义在;秤平斗满尺码足;仁中取利真君子,义中求财大丈夫;货有高低三等价,人无远近一样亲。这些箴言式的训诫是伙计入号时必读的,也是确定顶股身份的依据。

卫东海列举了数个案例来表明晋商的诚信。李宏龄在《同舟忠告》中记述:蒋阎冯中原大战后,晋钞大幅贬值,约25元晋钞兑换1元新币。票号大德通没有对存款户以晋钞付出,而是动用历年公积金,使存款保值,结果大德通票号信誉显著。1917年,太谷曹氏家族设在莫斯科、恰克图等地的锦泰亨、锦泉涌、锦泉兴三商号负外债80余万两白银,曹家没有就此倒闭撤庄,而是向山西银行借贷抵补后才歇业,曹家损失了100余万两白银。庚子事变时，山西许多商铺、票号被劫，银钱被抢、账簿损坏，损失惨重。但当存款者到山西票号提款时，山西票号只要其写下字据便予以支付。

3. 勤奋敬业

卫东海阐述了"敬"在儒家文化中的含义和地位，摘录了晋商对"勤奋敬业"的相关论述。柳林县《杨氏家谱》记载："天地生人，有一人莫不有一人之业；人生在世，生一日当尽一日之勤。业不可废，道唯一勤。功不妄练，贵专本业。本业者，所身所托之业也。假如侧身士林，则学为本业；寄迹田畴，则农为本业；置身曲艺，则工为本业；他如市尘贸易，鱼盐负贩，与挑担生理些小买卖。偕为商贾，则商贾即其本业。此其为业，虽云不一。然无不可以养生，资以送死，资以嫁女娶妻。……努力自强，无少偷安，则人力定可胜矣！安在今日贫族，且不为将来富贵。"

卫东海列举了晋商不畏艰险、敬业创业的事例。逐鹿商界、问鼎蒙古草原200年的旅蒙大盛魁商号，其创始人王相卿、张杰、史大学均来自晋中寒门，靠"自强不息"徒手成业。晋商艰辛冒险，北走俄蒙，东渡扶桑，南至东南亚，开辟了山西—河北—长城—蒙古戈壁大沙漠—库伦（乌兰巴托）—恰克图—西伯利亚—欧洲腹地的国际商路。晋商还把触角伸到新疆伊犁、塔尔巴哈台等地，并远贾安息（伊朗）。旅途烦恼早已司空见惯，凶险心惧随时可遇，晋商外出遭遇不测的记载在各县县志中屡有所见。

4. 勤俭自律

"勤俭自律"的精神体现在晋商商业行业规矩中。清代晋商炳记《贸易须知辑要》是各个号规制定适合自身的规则时作为参考的通式样本，内容详尽，包括人们的言谈举止方式，规定细致到细小的眼神。"在柜上做生意全要眼亮，第一要认识得人，如彼公道正直，出言有理，必公道待他，毋自欺也。你若妄言诳语，虚名寡实，彼看你举动轻净，则不信服你了。"每个选定入号的伙计要对所有号规的规定熟记，三年或六年学徒期满时经过多数股东的面试测验合格者方可留任，并作为人生顶股的核心考核依据。晋商中流传的一首铺诀就表达了对商号学徒的要求："黎明即起，侍奉掌柜。五壶四把（茶壶、酒壶、水烟壶、喷壶、夜壶，扫帚、掸子、毛巾、抹布），终日伴随。一丝不苟，谨小慎微。顾客上门，礼貌相待。

不分童叟，不看衣服。察言观色，唯恐得罪。精于业务，体会精髓。算盘口诀，出于相联。斤称流发，必须熟练。有客实践，无客默颂。学以致用，口无危言。每岁终了，经得考验。"

正史和方志都有对明清晋商勤俭经商的正式记载。顾炎武在《肇域志》中云："新都勤俭甲天下，故富亦甲天下。青士在家闲，走长途而赴京试，则短褐至，芒鞋足，以一伞自携，而舍舆马之费。闻之则皆千万金家也。"[顾炎武：《肇域志》，图书集成局，清光绪27年（1901）铅印本]明人沈思孝在《晋录》中肯定"晋俗勤俭，善殖利于外"。谢肇制说："富室之称雄者，江南则推新安，江北则推山右……山右或盐、或丝、或转贩、或窖粟，其富甚于新安，新安奢而山右俭也。"［谢肇制（1567—1624年）：《五杂俎》卷4，《地部》，中华书局，1959年］

第三节　动机与价值理性行动：宗教思想的社会功能与社会基础

韦伯在阐述社会学方法论时提出，要对社会行动进行解释性理解和因果性说明，并且要求从主观观点出发所做的理解的结果与从客观观点出发所做的观察的结果之间存在统计规律上的相符，即做到因果适当。这里只提出两者的相符，而没有点明行动者的主观目的对其行动是否存在决定或影响的关系。但韦伯在阐述社会行动类型时，将主观动机与行动的关系推进一步，根据动机方式界定行动类型，基于动机而采取的行动成为一种行动类型。

一　价值理性行动中的"意义"与"行动"

韦伯区分了四类行动：目的理性式、价值理性式、情感式和传统式。目的理性式的行动即利益倾向的行动类型，与受到风俗约束的或服从信仰的规范而采取的行动，即价值理性式的行动并立。在这两种行动类型中，关于行动意义的知识都对行动的发生产生作用，只是发挥作用的机制不同。在目的理性行动中，行动者将其行动指向目的、手段和附带结果，即理性的衡量手段之于目的、目的之于附带结果以及各种可能目的之间的各种关系。这是对关于手段、目的和附带结果这些知识的关系的思考，行动者基于思考的结果而采取行动。价值理性式的行动是以信仰式的认识为基础的，即通过有意识地坚信某些特定行为——伦理的、审美的、宗教的或其他任何形式——的自身价值而采取的行动，无关乎行动能否成功（韦伯，2005：32）。"伦理规范的信仰，即使欠缺外在的任何保证，亦能对行动产生巨大影响。"（韦伯，2005：48）

在韦伯的思想体系中，"习俗"和"风俗"是行动取向的类型，"常规"和"法律"是正当秩序的类型，它们都不是以主观形式存在的。在这些行动取向和正当秩序中，一个或多个行动者的行动在典型的主观意义的引导下重复发生。对于秩序的服从，除了由各种利益情况决定外，也受到传统与合法性信仰的混合物的制约（韦伯，2005：50）。传统、信仰和具有合法性的成文规定可以赋予某种秩序以正当性的效力，比如对巫术惩罚的畏惧会强化人们心中阻碍行为惯常模式改变的力量。有意识地创造新秩序也基于对先知正当性的信仰，这种信仰表现为对先知的宣誓，或者将新秩序当作过去即存在而未被认识到的真理。自然法的严整逻辑也对行为产生影响。现代社会正当性最普遍的形式是对合法性的信仰，即服从形式正确的成文规定。所以，在这些行动取向和正当秩序中，传统性知识对行动产生影响。

二 宗教思想的社会功能

韦伯的宗教社会学思想建立在他关于意义-行动一致性的理论基础上。韦伯依据宗教教义对宗教进行分类，划分了宗教的理想类型。通过比较的方法，他阐明不同的宗教精神对人们的生活态度产生影响，导致了不同的社会发展路径。

《新教伦理和资本主义精神》讨论了新教伦理和资本主义产生发展之间的关系，具体来说，即基督教新教怎样引发普遍性的社会伦理，以及这种伦理如何影响了人们的经济行为。这一关系中同时包含了价值理性和目的理性的作用。伦理对行为的影响是价值理性的，而这种伦理以目的理性为核心内容。他试图通过宗教社会学研究西方合理化进程如何产生，其本质是知识如何影响社会行为方式。韦伯研究宗教，但并不关心宗教的本质，而是把研究特定类型的社会行动的条件和后果当作任务（杨善华，1999：199）。

韦伯认为，路德提出的天职观，即把个人在尘世中完成所赋予他的义务当作至高无上的天职，在客观上为证明世俗活动具有道德意义发挥了作用；加尔文教为以职业劳动为主的世俗活动赋予宗教意义，将其合法化。加尔文教的禁欲主义要求人们勤勉地从事职业劳动，并且最大限度地节俭。资本主义精神是指"将工作奉为天职，系统且理性地追求合法利得的心态"（韦伯，2007：39~40）。这些宗教意识同资本主义精神有很强的亲和力，教义内容和宗教实践包含了资本主义精神发展的因素。"近代的资本主义精神，不止如此，还有近代的文化，本质上的一个构成要素——立基于职业理念上的理性的生活样式，乃是由基督教的禁欲精神所孕生出来的。"（韦伯，2007：186）而资本主义精神这种心态在客观上有力地推动了资本主义即合理地进行计算和形式上和平营利机会之上的追求利润的发展。这种心态在现代资本主义企业里能够找到最合适的形式，同时，资本主义企业也在此心态上找到了最合适的精神动力。

综上，先知的预言和戒律给人们提供了一种生活方式，人们将此作为神圣价值去追求，接受这种预言和戒律后，就按照宗教的伦理和教义安排自己的日常生活。但是，人们为什么会接受这种伦理，伦理、精神和行为之间有什么样的关联过程，这些是韦伯没有阐明的。

三　宗教思想的社会基础

宗教思想如何受到社会因素的影响？新教伦理产生的社会条件不是韦伯关心的主要问题。但他的宗教社会学阐述了知识分子、上流阶层、平民、贱民、农民等各阶层的宗教取向和他们所处的阶层的关系。这同早期的知识社会学的研究取向是一致的。

就知识分子阶层和宗教的关系而言，韦伯认为，宗教的命运受到知识主义及其与祭司阶级、政治权威的种种关系的影响，而这些关系受到特定的知识主义的最主要担纲者的阶层出身的影响（韦伯，2007：148）。对宗教具有决定性影响的知识阶层的特殊性格对宗教本身产生制约。如祭司阶级对宗教的影响要看他们对抗的是哪个阶级以及他们本身的权力地位。亚洲所有伟大的宗教性理论都是由知识分子创造的，知识分子阶层拥有相对较高的社会身份。他们忽视既存的宗教实践，或者对那些宗教予以哲学的再诠释。儒教作为拥有强大权势的官僚阶层的伦理拒斥任何类型的救赎教义。知识分子渴望救赎源自"内心的困顿"，这比非特权阶层由于外在穷困而期盼的救赎更为理论化和体系化。知识分子从意义的问题上理解世界。知识主义抑制巫术信仰，认为世界及人们的生活态度要服从一个有意义的秩序。这种意义的要求与经验现实的冲突，以及存在于要求与个人生活态度在此世界的可能性的冲突，导致了知识分子的遁世行为（韦伯，2007：150~157）。知识性宗教逃避现实的性格则源于这里。

在韦伯看来，历史的因果关系不是线性单向的，而是多重双向的，所以宗教作为一种思想，与社会条件的影响是相互的。韦伯在宗教思想和现实生活之间建立了关联。可以说，韦伯将社会因素与宗教思想直接关联起来，强调思想创建和持有者所处的社会阶层，他们拥有的权力地位影响了其思想的萌生。但是他没有阐述这种关联发生的过程和机制，即宗教思想是如何产生的，这种思想如何发挥引导作用，它影响行动者的实际行动和推理活动需要怎样的条件。我们认为现实生活不一定依据思想的导引进行。现实和思想的一致不一定是思想对行动的直接影响，其中可能涉及其他的因素，经历复杂的过程。

综上，韦伯将意义-行动的解释社会学逻辑运用在宗教思想及其社会影响的研究中。宗教思想为个人行动提供意义，并促成了个人的行动。他在论述宗教思想的产生背景和宗教思想本身的性质问题上，拓展到了宏观范畴：宗教思想是一种集体知识，宗教思想的产生和持有则被溯及宗教思想持有者的社会阶层特征。但具有解释社会学特征的是，不论是集体知识还是社会结构特征，都来源于微观的社会行动。

第四节　价值中立：社会科学知识的客观性

韦伯专门讨论了社会科学知识的客观性的问题，即"在什么意义上，一般文化生活科学的领域中存在着客观有效的真理"（韦伯，2002：2）。韦伯提出，关于社会的认识具有价值关联和价值中立两方面的性质，并由这两方面的性质对社会科学知识的客观性问题做出阐释。价值判断和科学知识是分离的，即要对"从纯逻辑演绎而得到的事实和经验事实"与"实践的、伦理的或世界观的价值判断"进行区分（韦伯，2002：136）。

社会科学研究者的选题与一定的主观兴趣相关联，研究结论的实际应用也包含主观目的性，这就是社会科学知识的"价值关联"。"我们的科学，诸如以人的文化制度和文化事件为对象的一切科学……在历史上都首先以实际的立场为出发点。"（韦伯，2002：3）这意味着认知者的价值取向对认知对象的确定产生影响，认知对象的确定具有社会性。

同时，在韦伯看来，知识内容的客观性是可以达到的，虽然往往会受到价值取向的干扰。所谓价值中立是指研究者在选定研究对象之后，要放弃任何主观的价值观念，以客观中立的态度进行观察分析，遵从发现的资料，不能将价值观强加于资料上。可以依据研究者价值判断的主观性如何引起他阐述中的曲解，而从自己这方面对这种主观性做出估计（韦伯，2002：137）。按照韦伯的说法，研究者是可以理解行动者的意义的，而且这些知识是可检验的，不因研究者的变化而不同，由此体现出知识内容的客观性。因此，韦伯的思想中不存在社会学知识的自反性问题。

与价值中立相对立的是"价值判断"，它是具有显著社会性的。价值判断是"对易受我们影响的那些令人满意或不满意的现象的性质所做的实际评价"。韦伯讨论了关于价值知识的有效性问题。在人们与生活困难的斗争中表现为有效的判断成为人们赞成的价值。所以价值的有效性来自社会经验。对于个人而言，存在维系其生活的价值，这种价值存在于个人独具的个性范围之内。个人的最内在的因素规定了我们的行动、赋予我们的生活以意义的最高和最终的价值判断。评价价值的有效性，是信仰而不是经验科学的事情，要根据生活和世界的意义对它们进行思辨的考察和解释。对价值判断的科学研究可以用于理解科学研究的基础的目的和理想，并进行批判的评价。这是依照内在无矛盾性而对理念的形式进行逻辑的检验（韦伯，2002：5~6）。

在韦伯的思想体系中，社会科学知识的社会性是有条件的，即这种知识的产生是社会的，而内容是客观的，不受社会因素影响。价值判断则不同于社会科学知识，具有显著的社会性。但这种社会性是可以说明的。

第五节 看见"意义"：韦伯对知识社会学的贡献

韦伯作为解释社会学的创始人，不仅开创了社会学"理解"的一脉，而且他的丰富而周全的思想体系为解释社会学后来的研究提供了多条进路。他的知识思想除了宗教思想，主要包含在他的社会学方法论中。他对知识社会学的贡献突出表现在其思想对后续研究产生的深刻影响上。

第一，韦伯提出"在意义的层次上理解社会现实"，这将社会学研究的关注点从可以观察的客观的社会事实转向了主观层面的意义。自此，知识社会学不再仅仅盯住具有宏观属性的集体性知识，开始关注微观层面的元素，即行动者个人作为行动动机的"意义"。而且，要透过社会学的视角，阐明意义与行动的关联、意义对于社会形成的作用。

但是，在韦伯的理论中，意义作为用来解释社会的元素被视为理所当然的存在，成为研究的资源，而没有成为社会学的研究对象。韦伯提出，要发掘人们怎样观察、理解和定义这个世界。但他关注的是理解和定义这个世界的内容。意义如何产生，理解为什么能够实现、如何实现，他都没有进一步探究。这些问题成为后来现象学社会学研究的核心内容。

第二，韦伯的知识社会学思想的重点在于知识的社会功能。他的社会学研究的方法论即解释性理解和因果性说明，包含着行动意义和行动之间的一致性，在行动者为行动赋予的意义和行动之间建立了共变关系。在目的理性的行动和价值理性的行动中，体现出了意义知识对行动的决定作用，即知识的社会功能。这种一致性和决定关系是作为理论预设被加以运用的。直到现象学社会学，开始研究这种关系的来源即它的形成过程。

第三，韦伯提出理想类型的社会学研究方法，这一方法为现象学社会学阐释日常认知的特征提供了启示。在他的思想体系中，理想类型是研究者说明行动及其意义的手段，用于说明社会普遍的行动和意义的模式。现象学社会学吸收了韦伯的这一思想，但发展为普通人日常认知的模式，也是研究社会共享知识的一条进路。韦伯关于研究者获得意义的方法——"理性的把握"和"拟情式的再体验"为人们提供了知识获得的途径。关于这两种方法对于知识产生过程的意义也被现象学社会学阐释为常人理解的手段。

第四，韦伯通过价值关联和价值中立将社会科学研究的对象与内容加以分离。这是对价值判断和科学知识的分离，以维护社会科学知识的客观性。这种社会科学知识上的实证主义倾向始终是解释社会学继承者们的遵循。

虽然韦伯的思想往往受到其继承者们的批评，但这种批评并不是颠覆性的，而是对其思想的深究和改造。对于后来者，在批评之前，他们应该首先感谢韦伯开辟了新的知识领域、提出了新的研究课题。

第三章 情境知识与社会互动：符号互动论中的知识社会学思想

符号互动论是以美国社会学家为主形成和发展起来的解释社会学流派，在现代社会学和社会心理学理论中占据重要的地位。它凭借对微观互动过程中产生的情境知识的关注、认知主体和客体的交互渗透的立场以及知识与社会关系的辩证观点，对知识社会学解释学进路的发展产生了重大影响。

早期知识社会学虽然主张知识的社会决定性，但其目标依然是通过剥离社会因素的影响发现理性的或科学的知识。舍勒试图分离社会因素对理性知识的影响，使具有客观性的理念显现出来。曼海姆试图揭示制约知识的各种关系，从而还原出最坚实的真理，克服与科学知识有关的相对主义。在其理论体系中，当剥离了社会因素后，我们又回到了主客体双方的对立，认识到主体与客体虽相互关联但仍相互分离，虽然看到了社会客体对主体的渗入，但看不到客体中的主体的力量。所以，传统的知识社会学不能彻底解决主客的二元对立问题。

作为符号互动论的创始人，米德综合了实用主义与行为主义、进化论与过程哲学，提出了一种经验认识论。按照这种认识论，自我返回到了主客体被给予的原初经验（社会世界）中，由先验的认识主体转化为在行动中不断被建构的对象性存在。在自我与社会的互动过程中，自我在社会世界中形成并产生自我意识，而社会也不断因自我的活动而被重新建构，自我与社会在符号交流过程中不断得以更新。这就将认知者和认知对象纳入实践的辩证过程中，揭示了主客体之间不可分割的持续的相互关联和影响，打破了哲学认识论关于主客体之间的分离和对立。

沿着米德的道路，符号互动论赋予"情境知识"以基础性地位，而不再仅仅关注抽象的人文社会知识；社会不再是超越主观的客观实在，而是主观不断参与建构的互动过程；知识和社会之间不再是单向决定关系，而是相互建构的辩证关系。

此外，早期知识社会学的命题始终停留在哲学假设上，没有通过严格的经验研究加以检验。这种研究方法上的缺失，与其宏观定向的理论进路不无关系。而知识的社会决定预设导致的对"知识社会学"这种知识本身的驳斥问题，也经常受人诟病。对于这些问题，符号互动论均以其独特的理论视角和方法论做出了回应。

符号互动论反对实证主义社会学轻视行动者主观能动性的社会结构决定论，提出行动者的认识、行动和互动构成社会的理论命题。其思想奠基人米德试图探索个体思想和行动之间的关系，发展用社会行动解释个体意识的社会心理学。米德吸收了实用主义哲学关于真理的经验关联性和行为主义心理学客观的意识研究方法，提出根据个体的行动特别是（并非只是）能被他人观察到的行动来研究个体经验的广义的行为主义方法，并将理解个体的行为与经验置于整体的社会背景之中，发展出"社会行为主义"方法。继承米德思想的符号互动论有两支走向：一为布鲁默领导的芝加哥学派，延续了米德的解释主义的社会心理学观点；二为库恩领导的衣阿华学派，他们坚持科学主义的方法论，将研究建立在经验数据和科学程序的基础上（沃特斯，2000：29）。我们在这里关注前者的知识社会学。布鲁默系统地提出了以符号互动为基础的微观社会学理论，其核心仍然是意义、自我等情境知识与社会组织的关系问题。其后的拟剧论、角色理论、参照群体理论、预期状态理论等都是对符号互动论的继承和发展。

第一节　情境知识：意义和自我的主观呈现

符号互动论关注人际互动过程中的情境知识。在实证主义知识社会学中，这类知识被视为抽象人文社会知识的衍生物和具体表达，根本上决定于社会结构。但依据符号互动论，这些知识依托每个互动情境和行动主体而产生、存在、传递和再生，在行动者的主观世界和行动者之外的客观世界中往复穿行，并不完全是社会结构的产物和抽象知识的具体表现。符号互动论这一视角让我们看到了有生命力的而非静态的知识，直接与行动的人而非社会结构相联结的知识，具有突生性和创造性而非仅仅被决定的知识。

第三章 情境知识与社会互动：符号互动论中的知识社会学思想

符号互动论有三个基本假设：人类对某事物所采取的行动以对该事物赋予的意义为基础；这些意义产生于社会性互动过程中；这些意义通过自我解释过程不断被修正（Blumer，1969：2）。这一系列假设围绕"意义"展开，"意义"是符号互动论的核心概念。其中第一个假设是韦伯对行动与意义关系论断的推进。米德认为意义产生于三重关系中："某个有机体的姿态、以该姿态为其早期阶段的社会动作的结果以及另一个有机体对该姿态的反应，是处于姿态与第一个有机体、姿态与第二个有机体以及姿态与特定社会动作后阶段之间的三层或三重关系中的一组事项；并且，这个三重关系构成了意义从中产生的发源地。"（米德，2005：60）意义由反应赋予或说明，第二个有机体的动作或顺应性反应①使第一个有机体的姿态具有意义。布鲁默则说："一件事情对于个人的意义产生于其他人由于某一事物而对他发生行为的方式。他们的行动发挥作用以定义该事物对个人的意义。"（Blumer，1969：4）比如，在公共汽车上，一个年轻人从座位上站起身，对身旁的老人说"大爷您坐"，老人微笑着说"谢谢"，然后坐下。在这一过程中，老人的行为和语言是年轻人行为的意义所在。可见，意义不是一种观念和意识状态，而是客观地存在于经验②领域之中。当我们对三重关系的互动过程进行反思，获得对意义的认识时，它才具备主观形态。这种为主观所掌握的意义成为我们的"知识"。

曼海姆的知识社会学中也有"意义"这一概念，他将意义分为"表达的意义"（expressive meaning）和"文件性意义"（documentary meaning），以探究宏观和微观层面的意义之间的关系（Haru，1987）。表达的意义是指文化客体的创造者试图表达的客体，而表达的意义背后有更大的社会历史背景，即文件性意义。对两种意义的认识构成了解释学循环。韦伯的解释社会学所探究的行动意义也是一种表达的意义。对于一次互动过程而言，韦伯所探究的表达的意义与米德所说的意义指向不同。韦伯的表达的意义是主观的，产生在行动之前，由文件性意义即抽象知识来说明；米德所说的意义是客观发生的，之后进入主观领域，由人对行动的反应来说明。不过，二者所指的内容可以关联起来。现实中可能出现这样的过程：

---

① "顺应性反应"体现了米德思想的进化论取向。
② "经验"一词包含现实经历和主观认识两种意涵，这里指前者。

行动者 A 依据某种意图（曼海姆所说的表达的意义）做出某种姿态，互动对方 B 对该姿态做出反应（可能如 A 的意图所期待的，也可能不是），A 对 B 的反应予以识别（布鲁默所说的互动中为情境赋予意义），更进一步，对过去的互动过程进行反思，形成新的行动意图并采取新的反应行动。面对这一过程，米德强调，A 的姿态的意义在于 B 的反应，并在 A 对这一过程的反思中获得；表达的意义则关注 A 的行动意图，并挖掘能够解释这种意图的客观意义。表达的意义所指的行动意图要想被互动对方理解并使其做出被期待的回应，A 的姿态的意义需要被互动双方共享，即这一意义相对于互动双方具有普遍性。具有普遍性的意义是过去的互动产生的意义在行动者主观经验中的沉淀。由此，表达的意义可能来自过去的一个互动过程。

社会生活往往是多方参与的过程，如戈夫曼的拟剧论所描述的，有其他"演员"和"观众"。这时，某种姿态或者说行动的意义不仅如上所述来自互动中特定个体的反应，还来自互动过程中多个参与方的反应。参与同一过程的共同体中的各成员对某种刺激会产生各自的反应，行动者可以将各种态度表现组织成整个共同体的态度，被称为"泛化的他人的态度"。这种态度具有综合性的意义。儿童在成长过程中经过模仿和嬉戏阶段，到游戏阶段能够发展出对泛化他人的态度的认识。游戏规则就是一种"泛化的他人的态度"。参加游戏的儿童知道游戏中的每个角色应该如何行动及其他角色如何反应，即游戏规则。从传统知识社会学的角度来看，这套规则是稳定的，处于个体之外，个体习得并加以使用；但米德所关注的，是成员个体如何在互动过程中扮演他人的角色，领会自己行动和他人行动的意义，成功地参与互动。

意义知识的主体可能是行动者的姿态、语言，可能是石头、野兔一样的物理对象，也可能是行动者本身。行动者对其自身的认识即"自我"知识。合理的行动要求"个体对他自己采取客观的、非个人的态度"，使其"成为它自身的一个对象"（米德，2005：109）。布鲁默将米德关于自我的认识进一步情境化，自我的定义依情境而不断变化。传统知识社会学中没有"自我"这一概念，这是一个具有个体性和主观性的概念。在宏观取向的社会学体系中，这个因素并不重要，但在符号互动论中这是衔接各种要素的枢纽。

自我之外的认知对象被称为客观世界。米德认为，认知者和认知对象之间是主体间关系，而非主客关系，我们是以社会性态度对待非人类的物理对象的，这种态度决定了物理对象的存在和性质（米德，2005：145）。布鲁默将使事物成为一个客体并赋予其意义的现象称为"自我象征"，这一概念将客体的意义同自我关联起来（Blumer，1969：81）。在这一过程中，事物的意义不是其固有的，而是认知者与物理客体的互动的产物。我们谈论共同的物理对象，并形成关于它的普遍意义，科学就是通过交流从总的事件结构中抽象出来的与科学目的有关的种种同一性（米德，2005：63）。实证主义知识社会学排斥关于物理对象的知识，在其看来，这种知识是客观而普遍的。符号互动论将物理知识与人的经验关联起来，并认为科学知识的普遍性来自因交流而产生的共识。

"符号"是来自互动又建构互动的集中表现形式，它源自社会互动，当被社会成员共享时，就成为社会的文化。这种文化是意义生产的必要条件和知识的载体。一种姿态可以是情绪或意义的表达符号，当它所意味的某种想法与另一个人的想法相同时，它就成为具有普遍性的表达意义的符号。我们总是认为我们使用的符号将在他人身上引起同样的反应。被个体内在化了的姿态作为表意符号，对于特定社会群体中的成员具有同样的意义，遂成为交流的基础（米德，2005：42）。人类行动以特定的符号或特定姿态为中介，符号可以区分情境的特征，这些特征以观念的形式出现，从而在经验中引起人们对它们的反应，引导个体对情境的认知。语言作为表意符号，是有机体用于唤起他人的反应的一套姿态。语言使我们能控制对动作的组织，但不使用语言，语言所指的东西也能存在于经验中（米德，2005：96）。符号并不被传统知识社会学作为研究的对象所关注，只是作为用于说明研究对象的工具而出现。符号的意义在传统知识社会学中因特定社会结构的制约而具有稳定特征，而在符号互动论中因行动者对情境的解释而有所变化。

简言之，不论是关于自我的知识，还是关于客观世界的知识，在符号互动论视野中都是对这些对象的"意义"的认识。这种认识产生于互动中该对象所引起的人们的反应，该反应或来自互动一方，或是互动多方反应的综合。互动是这些知识的来源，知识与互动不可分割。

第二节　交互建构：情境知识与社会互动的关系

初创时期的知识社会学基于实在论的进路，将社会视为一种社会阶层结构（马克思和曼海姆）、价值次序及支持其的社会力量（舍勒和斯达克）或者社会事实（迪尔凯姆），而社会行动则由结构和制度等社会因素塑造而成。在符号互动论中，社会是由个体间的行动和反应的交互过程及社会互动组成的，"互动"就是"社会"本身，个体间的互动共同组成了社会整体。在米德的思想中，社会是一种互动模式，而"社会制度是一般社会生活有组织的表现形式"（米德，2005：204），这意味着"社会制度"是一系列互动的组织化。布鲁默认为，"社会组织"是社会行动在其中发生的框架，但不决定行动，人们根据情境而行动。社会组织介入行动之中是指它形成人们行动的情境以及为解释情境提供固定的符号，但情境和符号都处在不断变化中，所以，互动先于结构（Blumer，1969：78）。

"知识的社会决定"是知识社会学的经典论题，符号互动论从其微观互动的理论视角阐释了这一论题。符号互动论的三条理论预设说明了意义知识和社会的关系。第一条"人类对某事物所采取的行动以对该事物赋予的意义为基础"指出了意义知识的功能，第二条"这些意义产生于社会性互动过程中"和第三条"这些意义通过自我解释过程不断修正"指向了知识的来源。符号互动论至少从五个方面论证了"知识的社会决定"。

第一，互动过程促成了意义知识的产生。根据米德的观点，意义产生于社会互动，是互动过程的产物，对意义的认识通过对互动过程的反思获得。布鲁默更为强调意义因情境而生，行动者"根据他处于其中的情境和他的行动方向来选择、检查、重组和改变意义"。解释不仅是对已经存在的意义的自动应用，也是意义的形成过程。意义的社会性体现在三个层次上：首先，意义作为认识对象，本身是存在于社会关系中的人们对姿态的反应；其次，对意义的认识受认知者感觉结构影响，具有选择性；最后，意义的形成机制即心灵产生于互动过程之中。

心灵具有根据不同刺激把握不同反应的可能性以及指出意义的能力。心灵是从交流过程中突生的现象，虽然生理机制必不可少，但本质上其是社会的产物，"它的生物学功能也首先是社会的"（米德，2005：104～

105)。个体把对社会的有组织的反应接纳到自己的本性中，形成心灵的内部结构，以后则借助符号唤起这些反应，并使其成为接受新知识的基础（米德，2005：211）。

"反射"是心灵在社会过程中发展的必要条件。参与某一社会过程的个体通过"反射"返回到个体经验自身，将整个社会过程引入其经验中，意识到自身的行动、自身行动与整个社会过程的关系及与参与社会过程的各个体的关系，意识到由于各个体的反应和相互作用而导致的过程变化。有机体经历这些社会过程后，其经验中会出现以这些意义为内容的新的对象，这些对象构成了日常生活环境。比如，年轻人上前搀扶一位摔倒在地的老人，老人拽住搀扶者，称其撞倒了自己，要求其带自己去医院检查，并支付赔偿金。在这一情境中，搀扶老人行为的意义是被归咎撞倒老人的过错，并被要求承担相应责任，而不是帮助老人恢复良好状态，受到感激和赞誉。在此，"搀扶老人"这一行为被赋予了不同以往的意义。

"自我"是一种特殊的意义。库利"镜中我"的思想（一个人对自己的认识是他人关于自己看法的反映），是关于自我的知识产生于社会互动的生动摹写。米德吸收了这种思想，认为神经系统的发展使个人重现了他人的动作和有组织的社会活动，他人对"我"的行动的反应被构造出来，自我由此形成。人们通常根据我们所属的群体和社会情境对自我进行组织，从社会群体中的其他成员的特定观点、社会群体整体的一般观点来看待自我。我们同不同的人保持不同的关系，把自己分成不同的自我，不同的自我与不同的社会反应相对应。采取社会过程中其他个体对自己所持的态度不足以形成最完全意义上的自我，而必须对所属群体所参加的有组织的社会活动采取该群体所持的态度，即"泛化的他人的态度"，只有这样才能发展出完全的自我的品质（米德，2005：122）。米德使用"角色"这一概念，指儿童在嬉戏和游戏中创造想象中的伙伴，从而扮演他人角色，想象了某一反应或一组反应而构造自我。这里的"角色"是指在一次行动过程中来自其他参与者的期待，有别于后来的"角色理论"中所说的具有稳定的社会结构意涵的"角色"。

第二，基于互动和"泛化的他人的态度"的思维是生产新知识的机制。社会对认识的塑造还通过思维过程实现。思维过程是一种自我互动，是对反应的自我发挥（米德，2005：90）。米德将自我分为客我和主我：

客我是关于自我的认识，由认识的主体即主我来描写；主我是有机体对他人态度、情境以及因采取他人的态度而出现的自我的反应，是组织各种反应倾向后采取动作的方式。自我互动是凭借主我和客我这两个可以区分的方面进行的社会过程，两方持续对话，形成推理的思维。自我互动中采取"泛化的他人的态度"，为具有共同的即社会的意义、作为思维的必要前提的系统或论域的存在提供可能。与自己进行的对话是将在社会过程中与其他个体进行的会话内在化于经验中，根据未来的可能结果和过去的经验，有目的地对一系列环境因素和他自己的态度进行组织，新知识由此产生。理智的选择和组织对一个或若干个特定对象存在着可供选择的不同反应，解决了当下的行为问题。思维则将过去经验、未来预期和当下情境关联起来，在意识中加工材料和生产新知识（米德，2005：78）。

第三，互动过程塑造了知识的普遍性和相对性。产生于互动的知识为互动各方所共享，就具有了普遍性。个体通过居于他人的地位而占有他人的视界，同时，他从自己的角度出发向他人表示该意义，从而使该意义出现在自己和对方两者的视域中。当互动双方对该事物产生相同的反应时，这种反应就成为一个普遍的概念。米德认为，意义的普遍性使得人们对他人的理解成为可能，"我们在自己身上引起由我们的姿态在他人身上引起的那种反应越多，我们对他人的理解就越多"（米德，2005：212）。但意义也有相对性。其一，互动过程不同，同一对象对不同互动参与者有不同意义；其二，在同一互动过程中，如果多个个体对刺激做出不同的反应，该刺激对他们意味着不同的东西。在要求不同类型反应的合作过程中，一个个体的动作就要求引起其他个体不同的反应。在实证主义知识社会学中，抽象的知识是被共同体普遍使用的知识，具体情境中的知识则是从中衍生出来的；而在符号互动论中，互动过程创造了相对于情境的知识，又使该知识被情境参与者共享。

第四，既有的社会互动经验会对后来的认识产生影响。当原有经验在新情境中重现，人们对姿态的反应就从对该姿态的识别开始。具有普遍性的特征刺激我们的经验，我们的经验就能够辨认这一刺激物。过去的经验以变化的形式表现出来，这些变化产生于我们的经验并保存在经验中。要想理解有机体对具有历史的某情境做出反应的方式，就要考虑过去的动作对该有机体产生的影响（米德，2005：91~92）。

第五，社会结构和文化因素通过互动过程对认识产生影响。符号互动论后来发展出来的理论，如角色理论、拟剧论、参照群体理论和预期状态理论等，更多地关注社会结构和文化因素对互动过程以及情境知识的影响。戈夫曼认为，宏观和微观的领域存在松散的耦合，两种层次的解释相互补充。宏观现象规制着互动，但互动过程并不与结构变量一一对应。互动至多是结构安排的表达的演进，帮助人们从可资利用的指称系统中进行选择（特纳，2001：59~60）。戈夫曼的拟剧论描述了个体如何在社会的舞台上进行"表演"。前台作为制度化的社会存在，制约了演员的角色表现，但具体的表演是演员与观众的互动。演员在互动中进行印象管理，试图控制观众的反应。这一过程隐含着演员关于舞台的情境、观众的期待和自己的表演的知识，演员采取多种技巧，调节自己的表演方式，获得观众对自己的理想评价。关于理想的表现和观众的预期的知识由既定的社会规则确定，但选取哪一规则则是人们在认识情境的基础上做出的相应选择。所以，关于具体互动情境中的表演和观众的反应的知识产生在表演过程中，而表演过程中应对没有预料的情境的表现和弥补表演失败的举措则是源于互动而产生的新知识。这些拟剧论思想显示了传统知识社会学所关注的宏观因素如何在微观情境下发挥作用，这是被布鲁默忽略的部分。

符号互动论不仅主张社会互动建构了知识，而且进一步认为，知识同时引导行动并建构社会。托马斯（W. I. Thomas）认为，一个人对情境的主观解释或定义会直接影响他的行为，"某种情境被定义为真实的，这种情境会造成真实的影响"。这一著名的"托马斯定理"是知识对社会产生建构作用的精辟论述。在布鲁默看来，决定行动的知识不是某种社会因素如结构、价值等，或心理因素如动机等，而是行动者对情境的具体解释，是关于具体情境的解释建构了社会。戈夫曼的拟剧论则阐释了社会行动者依据对情境的认识，通过表演性行为建构他所期望的社会状态。在实证主义知识社会学中，知识对社会的影响被归于价值观和思维方式等抽象知识对原有社会结构的再生产，缺乏更新社会结构的力量。而在符号互动论中，知识则是形成行动、建构社会的依据，与行动彼此依存。

综上所述，符号互动论的知识社会学思想可以被概括为：互动的社会过程提供了知识的内容，促成了知识生产的心灵机制；互动生产的知识影响其后的知识生产，这些知识的融合和沉淀形成了相对稳定的符号和意义。换言之，符号互动论以社会互动作为知识的根本来源，新知识产生于互动过程，而关于未来的预期、当下的情境和过去的经验的知识又是展开行动的依据，较为稳定的知识提供了可以直接运用的行动模式。知识与社会行动的交互建构，在辩证关系中存在和演变。

第三节　扎根理论：知识的经验研究方法

米德发展了用社会行动解释个体意识的社会心理学，形成了"社会行为主义"的研究范式。但是米德本人并没有对个体经验的形成进行经验研究，而是确立了经验主义的知识论，为进行微观经验研究提供了可以操作的变量系统。

布鲁默的符号互动论的研究方法为对知识进行社会学研究提供了理论基础和方法进路。他反对先验的因果关系的假定，提出行动的产生没有明确的原因，影响个体情境定义和行动的变量取决于行动者的选择，这是运用符号的解释过程。所以要对解释的过程和获得的意义做出说明。他在总结他的基本理论思想和研究方法时，只精练地说：尊重经验世界的本质，采用体现出这种尊重的方法。他主要针对社会学和心理学中存在的自视为科学方法的依据某种程序和规则进行研究的方法，提出从经验世界本身出发，并付诸经验世界进行检验，以获得理论的认识。研究过程本身应被视为符号互动的过程，研究者要站在研究对象的立场上去认识其情境，注意研究对象界定分析情境和采取行动的历史关联性和行动过程，描述具体情境中互动者的认识的产生过程。用对情境不断产生的新印象修正既有的观察结果。研究包括探索和检验。探索是指明确研究问题如何提出、了解合适的资料、什么是重要的关系脉络、按照关于生活的知识形成概念工具，从而获得提供"一般的参考意义和达到经验方向的指导"的敏化（sensitizing）概念，由此接触研究的对象。通过检验，研究者按照经验证据对概念进行创造性观察，而研究者的先入之见可以通过反思并经由现实的检验而获得维续或修正。

扎根理论是由格拉斯（Barney Glaser）和斯特劳斯（Anselm Strauss）两人提出的经验研究范式，它平衡了符号互动论的芝加哥学派倾向的定性研究和衣阿华学派倾向的定量研究：在研究开始之前一般没有理论假设，直接从实际观察入手，从原始资料中归纳出经验，然后上升到理论。不同于格尔茨所说的主要对研究对象进行描绘的"深描"，扎根理论更加重视从材料中抽象出概念。格拉斯和斯特劳斯于 20 世纪 60 年代在一所医院里对医务人员处理即将去世的病人的一项实地观察，描述了患者、家属和医生如何围绕患者即将死亡的信息对自己、他人和情境做出界定，以及这些界定之间的冲突和共识形成的过程。他们认为从中提取的概念和变化的互动类型可以应用到其他非医院的互动情境中。

符号互动论的经验研究包括对知识社会学理论命题的检验和应用性研究。大量经验研究针对对自我身份和生活情境等的认识和某种思想观念的形成，领域涉及社会越轨、精神疾病、集体行为、儿童社会化、死亡和艺术等。布鲁默强调，根据调查对象和研究目的采用灵活多样的研究方法。经验研究者更多选用实地调查和访谈方法，从而探寻各种因素如何在符号互动过程中促成了观念的形成。符号互动论的经验研究解释了自我概念的形成和演变、情境认识的形成、某种抽象概念和某种观念的形成如何受到互动情境和社会结构文化因素的影响，以及知识会对人们的行动发挥怎样的引导作用。虽然这些经验研究都主张从符号互动论的视角探究社会互动过程中观念的形成及其对行动的影响，但大多数研究都表明，认识不仅受到互动情境中认知者与认知对象互动关系的影响，还受到认知者的既存经验影响，而这种经验可能来自过去的社会互动，也可能来自他人的主观经验或共同体的普遍知识。所有这些因素被纳入一个互动情境，在这个情境中创造新知识。通过经验的方法考察符号互动中的知识，可以揭示知识产生过程中知识同各种相关因素之间的关系。这是早期的知识社会学所无法触及的领域。

我们选取拉普（Herda-Rapp，2000）以符号互动论为理论基础对一个抵抗有毒废物运动组织中妇女性别身份的转变所做的研究，具体说明符号互动论如何将知识的社会关联性质付诸经验研究。

该研究提出，性别身份是女性对她自己和女性特质的一个认知视角，经过协商加入组织的女性对其性别身份进行再定义，对自己作为女性的认识发生了变化。身份的再塑并不是程式化的，而是一种综合性的努力，是在特定的社会背景中、在不同的空间中同不同的行动者协商形成的，是在同配偶、孩子、朋友和其他组织成员的无序且充满冲突的互动过程中实现的。社会运动经历、个人的关系、阶级背景、运动前的身份共同影响了性别身份转变的程度和方法。她们采取了一系列的策略，包括身份间转换、隐藏身份、利用象征性手势来支持或维系拓展的身份。

该研究包括对每个群体的会议和活动事件的参与观察，对组织记录和新闻报道的档案（archival）分析，对三个组织中的 34 位核心成员进行深度访谈。访谈采用开放式提问的方法。问题涉及被访者的个人背景、以前的激进行为、她们参加运动的原因和性质（nature）、受到的限制、对她们的生活的影响以及家庭对她们的支持程度等。访谈的后半部分询问她们对性别、性别角色、家庭中的劳动分工、在组织中的性别的认识。

拉普主要通过被访者自身的描述呈现她们对身份认识的转变和她们自己认为实现转变的原因。首先讨论了焚化炉事件对她们的认识的影响。有成员总结了她参加组织的原因："这个焚化炉喷出有毒废物，如果我能做些什么，就不会让我的孩子受到侵害""这使我非常气愤，必须与之对抗"。焚化炉的威胁这种外在环境的变化使那些没有运动经历的母亲认识到这种因素对她的孩子可能产生的影响，并由此采取了行动，走出了她们的日常角色。她们将以照料家庭为中心转变到进行家庭外的活动，拓展了对于女性角色的认识。

拉普描述了她们如何处理家务工作和组织工作的关系问题。组织中的妇女叙述了她们性别身份的转变：她们一直是很传统的，待在家里抚养孩子。在这个群体中她们从传统的角色中走了出来。有成员说，孩子小的时候，她和丈夫都认为那是一个重要的时期，需要有人在孩子身边，那时是否完全从事家务工作不是一个问题；参加这个组织后，他们在一定程度上决定并非所有时间都待在家里。她很认同组织的工作，那成了她的生活。她将组织的活动置于优先地位，"当你面对受到有毒材料影响的人们，他们可能死亡或余生伴有呼吸问题，你怎么能把家务工作置于首位"。拉普认为，通过降低琐碎的家务工作的重要性，同时将参与组织活动界定为产生于私人领域的责任，她将社会运动合法化了。她还讲述了作为母亲的性别身份如何包容了新的活动和原有的部分活动，而放弃了部分活动。孩子们的需要她会满足，但是清扫、做饭之类的活动不再重要，因为她面对的是生命和死亡的问题。

该研究还讨论了身份是如何在与配偶的协商中发生转变的。拓展的性别身份是在新经历和既有关系的背景下通过社会互动形成的。她们结婚是因为她们扮演那样的角色，完全放弃那个角色是对她们的家庭的挑战，她们的配偶不愿意她们那样。每个妇女通过同丈夫和孩子充满冲突的协商来决定如何定义自己的女人身份。有的成员成功地定义了新的性别身份，有的回归到原有的性别身份。有成员说，这种协商并不容易，她"签约"了抚养孩子、操持家务的工作，当角色发生改变时，丈夫就会提出反对。参加运动后，她的家庭责任被电话会议挤到一边。她的家庭试图把她拉回到过去的生活。她经常在两种性别身份之间转换。"孩子们回到家看到干净的房间和准备好的饭菜，会说'妈妈你辞职了吗？'我回答，'是请了一天假'。"她早上四点起床为丈夫准备早餐，丈夫上班走了，互动情境发生变化，她的身份也发生变化。她需要维持她的婚姻，所以性别身份就需要协商。丈夫曾经抱怨某人家的地很干净，提醒她没有完成家庭责任。他不满意她关于自我和家庭的看法。丈夫对于她的活动看不到任何成效，又不能忍受不净的地面，感到十分愤怒。她则把准备好的食物放在地上。她对丈夫说，你应该支持我，我知道如何做饭，但没有时间做。她根据家人的情绪调整参加活动的次数，如果家人支持，就更多地参加活动，反之则减少。她随着互动情境的变化在两种身份之间交替。但最后因为家人反对，她放弃了参加活动。这一过程表现了由互动到行动再到认知和态度的转变。

还有成员采取了隐藏战略（closeting strategy）。她的丈夫试图将她拉回到以前的角色，对她说："你只要向后撤退一点，照顾家里的事情。"她通过做好家里的时间安排来回应这种要求。她在深夜阅读，白天丈夫和孩子不在的时候尽量做组织的工作，在与家人互动时隐藏她的组织的身份。她将两种身份分离开来，在不同的情境中切换。但反焚化炉的斗争结束后，丈夫对她的拓展身份并不满意，对她进行公开的斥责。他说支持她最初的活动，因为对家庭的健康有益，而且是短期的。但如果她的身份和家庭生活发生了改变，就是不可接受的了。

有成员在身份协商的过程中采取象征性姿态来掩饰身份的转变。当被家人要求做什么时，她就会去做，但不是真正地、认真地去做。当丈夫试图将她拉回以前的性别身份时，她就进行这些象征性的工作，来掩盖这种变化，维持平和的气氛。她们都不会要求她们的配偶做得更多，她们的身份始终处于公开的协商中,她们的丈夫一直试图使她们恢复原状。

研究者通过被访者自己的描述,来呈现自我性别身份认识的转变。第一,污染事件促成了其身份的转变;第二,在与家人的互动中,家人的意见对其认识产生了影响。她们在不同的情境中有不同的表现,这些表现基于不同的认识,而这些认识是在互动中形成的。另外,她们的经济现实这一客观条件限制了她们对身份的认定。

国内以符号互动论为基础的经验研究对互动过程的详细记录不足,难以充分再现互动的过程和细节。

聂可的论文《课堂教学之符号意义的生成——起于"符号互动论"的研究》分析了在课堂情境中,教师和学生的教学互动过程。教师通过符号分享知识,学生通过语言、肢体等符号领受知识,并做出反应;老师接受学生回应的表现符号,对教学符号及其表达方式做出调整,以达到使学生理解、接受的效果。

聂可廓清了学校中的互动主体。学校中的互动主体为教师群体和学生群体。教师是文化的传递者、社会代表者,学生是文化的学习者、社会上的未成熟者。他们拥有共同的目标,即学校所制定的学习目标,他们都为完成这样的目标而努力。

课堂上的符号包括教师身份、教学内容、教学媒体和教学活动。

(1) 教师的身份和形象作为一种符号

聂可认为,"教师不仅仅是向学生传授知识,他实际上以一种个人的方式体现了他所教授的知识。从某种意义上说,老师就是他所教授的知识"(转引自范梅南,2001:104)。语文教师的形象成为一个象征着语文学科的"符号"印在学生的心里。通过这位老师,学生们感受到了充满感情的、值得热爱的语文。

聂可这样描述教师的形象:"她讲课很投入,常常教课教到大汗淋漓。她每节课都那么激动,激动时常常这样:声调很高,汗都流到嘴角了,夏天背上都湿了!她戴的项链又长又粗。太长了,围着脖子好几圈呢!看上去很重,我想一定是很累的。讲课时项链总跑到脖子后面,讲到激动处她总是不自觉地去扯项链,可能是勒得难受吧。有同学在偷偷地笑,可是我很喜欢,看着她我觉得她一定非常非常喜欢语文!记得讲《再别康桥》,她很有感情地朗读,抑扬顿挫,可是其实她念得轻轻的,很轻很沉重的表情,分析课文时我们的眼睛里含着泪。她就是这样,很容易动感情。我真的很喜欢语文课。"

(2) 教师在互动中领会"责任"

老师记录"那天是我第一天上课,讲的是美国的政治制度。屏幕上展示的是一张漫画,画的是小布什和克里辩论的场景,我就站在这张图片下给学生们讲'驴象之争'的由来。像讲故事一样,我说得绘神绘色"。老师注意到学生们的反应,"同学们都仰着小脸看着我,听得津津有味"。老师意识到学生们的反应后,产生了这样的想法:"我当时觉得我真的像演员,或者一个演讲者,我在表现我自己,全世界都在看着我。"之后,老师出现了主我和客我的互动,产生了新的想法:"故事讲完了,我抬手在黑板上写下'美国的政治制度'几个字……感觉一下子有点不一样了,好像有个小人在脑子里说'我是老师',像是一种责任,我要把我知道的给他们,我不再是我自己一个人了,我和学生们在一起……"老师在收到学生讲课回应的过程中,认识到了自己讲课的意义,并产生了"责任"的意识。

(3) 课文意义的获得

聂可认为,"进入课堂,课文篇章才成为一个教育的符号"。聂可研究了一节语文课的教学前后学生对课文认识的转变。

起初小诗《妈妈的爱》没有对孩子产生影响。"刚开始的时候,我真的觉得课文没什么意思,都是些下雨天妈妈送伞、生病了送我去医院什么的内容。这有什么了不起的呢?很平常的事啊!我觉得其他同学的想法一定也跟我的一样。"

其后,教学互动过程改变了学生的认知。老师看到学生们的反应,认识到学生们没有理解诗歌的意涵,然后老师说"我给你们念一篇文章吧",她读了一封妈妈写给孩子的信。学生做出这样的回应:"教室里安静了下来。大家都看着李老师,不再说话了。"老师读信,传递给"我"这些符号:"我看见李老师的眼睛亮亮的,然后有泪水滴了下来。她一定想忍住的,可是连声音都变得那样吞吞吐吐的。我当时惊呆了,'李老师都这么大了,居然还会哭,一定是想起妈妈了,可是想起妈妈怎么还哭了呢?'"接下来,李老师读完以后停了停,说"妈妈的爱就是这样的啊,很平凡很平凡"。面对老师传递的语言、表情、姿态等符号,大家的反应是"还望着李老师,没有一个人说话"。这时,"我"的态度发生了改变,"我又拿起课本,课文好像变得不一样了,那些课文里的小事好像一件一件出现在我的眼前。我的妈妈也是这样夏天给我扇扇子,冬天给我盖被子……"

聂可认为,李老师严肃的态度、亮亮的眼睛、没有忍住的泪水以及吞吐的声音等都让这首小诗所表达的母爱显得具体与实在。教师的教学实践使学生最终置身于文本之中,理解了其中的意义与奥妙。教师也由此实现了语文的教育意义,使课文文本成为具有教育意义的符号。

我们认为,根据符号互动论,我们可以厘清互动过程中学生的认知和态度的转变,但不能追溯为什么老师的语言、姿态等引起了学生认知的转变。

李艳的《符号互动论下文化遗产旅游体验价值生成研究——以西安城墙为例》从符号互动论的视角,分析了以西安城墙为核心的符号系统的设计和体验。在旅游者消费旅游产品的符号互动过程中,发生了从旅游决策到实际旅游体验再到体验评价的系列变化。

李艳首先分析了管理者对于西安古城墙文化遗产空间的旅游吸引物这个符号的建构与表征。李艳提出,文化遗产空间的建构主体为国家、政府、旅游开发商、规划师、学者以及旅游经营者,这些主体分别代表着空间生产的权利、资本、技术以及市场,在这些主体的共同作用下,西安城墙的非现场标识以"大众传媒"、"节事活动"以及"媒介事件"等形式出现,它们以非现场符号生产的过程联合促成了文化遗产地西安城墙的"意象"。军事文化、历史文化、现代文化三个层次的符号共同构成了西安城墙旅游吸引物的符号体系。①军事文化表征。古城墙全段成为一个展示军事文化的活的博物馆,护城河、吊桥、城门、瓮城、月城、箭楼、垛口、敌台等军事设施遍布于 13.7 公里的城墙上。静态方面,散客服务中心及景区入口处提供导览图并在相应军事设施附近设置讲解标识牌;设计与古代军事文化主题相符的标识设施,包括冷兵器"矛"的道路指引牌、"军令牌"式的交通导览牌以及"盔甲"式的垃圾桶;垛口上设置"黄龙旗""大红灯笼"等古代战场元素,营造浓郁的古代军事战场氛围。动态方面,安排"士兵巡游"和"武士换岗"两台仿古舞台化演出。②历史文化表征。有形要素包括:城墙全段唯一保留的隋唐时期城墙建筑特质的"圆形形制"的西南城角,以及以唐朝含光门遗址为核心的"含光门遗址博物馆";打造了以大唐迎宾礼仪为主题的"梦长安"品牌舞台事件以及"唐都上元不夜城"城墙新春主题灯会。魁星楼与脚下的碑林孔庙是体现科举文化的符号。③现代文化表征。策划了一系列大型事件和标志性事件来展示现代文化,如城墙国际马拉松比赛、2015年浙江卫视"跑男"录制、2016年春晚分会场、风筝文化节、消暑啤酒节、丝绸之路国际电影节、音乐节等。

第二,李艳提及,由管理者客体构建的一切有关西安城墙的非现场标识信息加上口碑传播满足了人们对于西安城墙的幻想和期待,这一阶段是符号想象的预体验阶段,催生了旅游需求及旅游动机。这种预体验只在其文献综述和总结部分予以论述,没有进行详细追踪。

第三,李艳分析了旅游者对文化遗产空间中的"景观"、"标识"和"人"进行的符号阅读。旅游者对旅游吸引物符号的认知被划分为多种类型:主题感知、氛围感知、节事感知、真实性感知和服务感知。李艳基于访谈资料分析了旅游者对于西安城墙旅游吸引物的感知,通过对网络二手数据的分析,验证了一手数据的饱和度。对访谈资料采用扎根理论三级编码方法,经筛选分析得出,西安城墙旅游吸引物的旅游者感知体现在主题、氛围、节事、真实性及服务五大属性组。旅游者对于西安城墙的主题感知有三个:军事堡垒、标志性历史古迹及真实的"市井文化"。这与西安城墙管理者表征的"军事文化""历史文化""现代文化"主题形成对比,主客间关于主题表征与认知的互动出现了偏差。旅游者对于西安城墙三个主题的感知都和其余四个属性组密切相关,尤其是氛围属性组。氛围属性组中的"空间布局及职能"、"符号象征及人造物"、"环境背景特征"以及"气氛气息"是影响旅游者对有关主题感知的重要属性。

第四,李艳又通过扎根理论三级编码方法发现了西安城墙旅游体验价值,构建了游客感知属性与旅游体验价值的关联。

第四节 共识真理:对知识社会学自反性的应对

知识社会学的自反性问题针对的是知识社会学本身的有效性。这是在主客二元论的视角下产生的问题。在主客二元论的视角下,如果知识决定于社会背景，那么这种知识就是缺乏客观有效性的；知识社会学既然以"知识的社会决定"为基本假设，那么知识社会学的认识便决定于社会背景，这些认识也是缺乏客观有效性的。由此，知识社会学就丧失了学科存在的根基。符号互动论从一开始就反对主客二元论，并以认识的主体关联性和共识真理观来应对这一问题，即认识的主体关联性并不能否定知识的客观有效性。这种实用主义立场可以解释韦伯所说的"价值关联"问题。

米德认为，我们对客观世界可以达到客观的认识。但这里所说的"客观"不同于实证主义对这一概念的认识。当我们区分主观经验和反思经验时，主观经验可能不干预反思经验，以使我们获得客观的知识。个体在情绪激动的时候，可以在一定程度上把自己的许多经验移出自我，将经验同自我分离开，抑制对某种感觉或反感事物的反应，使它不再是有关个体自我的经验，从而对其进行客观的评判（米德，2005：133~134）。布鲁默承认客观世界的存在，试图找到呈现这种客观内容的方法。他在阐述社会学研究方法时，强调根据研究对象选取相应的研究方法；使用的概念是通过探索性研究获得的敏化概念，而不是日常概念；以"移情"的研究方法逼近研究对象的行动和思想，"移情"就是使研究者处于同研究对象相似的社会条件，再现研究对象的行动和思想过程。布鲁默还提出，要不断将研究结论付诸实践进行检验。这些都是追求社会科学客观性的体现。他也承认同一物在不同社会会有不同意义，但同一共同体中的研究者对同一客体应该能获得一致的认识。他对研究者本身的经验对研究结果的影响没有做更多讨论。

由此，米德和布鲁默笔下的知识都具有客观性，从其实用主义的哲学基础来看，被达成共识的知识就是有效的。在相似程度很高的社会条件下，不同的研究者对研究对象应该获得相同的认识。可以推断出，知识社会学表达的知识本身如果被普遍认同，那就是客观有效的。这样，知识社会学的自反性问题在他们的理论中被略去了。但我们认为共识只是对真理的最终评价标准，获得真理的过程依然强调排除各种干扰认识的主观人为因素，无限逼近并呈现研究对象，即使这种呈现受制于认知者的各类条件。

第五节 行动视角：符号互动论对知识社会学的贡献

符号互动论并未为知识社会学的"社会结构决定知识"的预设提供证明，而是形成了认识知识的另一个社会学视角。符号互动论在知识的范畴、知识与社会关系（包括知识的产生机制和社会功能等）、知识的研究方法等方面都对知识社会学做出了贡献。

首先，符号互动论以情境知识为研究对象，这些知识可能是经验知识的再现，也可能是新情境中的突生。情境知识涉及行动者自身即自我和客观世界，这些知识来自单一对象的反应或"泛化的他人的态度"。从其产生来看，这些知识在社会互动过程中、在延续互动的动力下产生。知识材料来自先前的互动，某一行动或事物的意义在于互动对方的反应，它们并不是社会意识的内化，也不完全决定于社会结构特征。从其性质来看，一方面，因为互动情境影响知识生产，所以知识具有内容上的相对性；另一方面，对于同样的情境，不同个体对刺激会产生相似的反应、获得相似的认识，这种认识相对于该情境又具有普遍性。从其功能来看，情境知识存在于每个具体的互动情境中，它关于未来期待、过去经验和当下情境的认知和意识决定了个体的行动。

其次，符号互动论揭示了知识生成的互动过程和"心灵"机制，以及在这一过程中知识同刺激性行动、反应性行动、客观情境、主观反思和思维等要素的关系。这种"互动情境催生新知识"的思想，不仅丰富了知识社会学的建构主义纲领，而且为知识社会学引入了微观发生学的研究进路。

最后，符号互动论指出了知识对社会的建构功能。在赋予情境意义的基础上采取的行动创造了客观世界，而这一客观行动既是对某种刺激的反应，也是下一反应的刺激，成为"社会"的组成元素。这一贡献突破了传统知识社会学的单向决定论，与批判理论所主张的观念的行动取向有异曲同工之妙。

另外，符号互动论的经验主义方法论为知识社会学开展丰富多彩的经验研究提供了可能。它的共识真理观有效回避了知识社会学的自反性问题。

米德认为互动中产生的知识是突生的，但这种突生性以及新生的知识和社会结构会有怎样的关系呢？虽然布鲁默提出认知者的既有经验和为互动提供框架及符号的社会组织与认知有着不可割离的关联，但对互动知识的情境性的侧重，阻碍了他进一步探讨宏观因素和微观互动的关系。符号互动论研究互动中的知识，但知识在个体的主观领域中、群体的主观层面上以及主观层面和客观世界的关系中呈现怎样的特征未被人们关注。而直面主观领域是现象学社会学的矛头所向。在现象学社会学中，正是通过行动者的主观世界，宏观和微观层面的知识社会学才得以被联结起来。

第四章 日常知识与生活世界：现象学社会学中的知识社会学思想

知识社会学产生于反实证主义的思想背景，其发展源流也一直与社会学理论的现象学、符号互动论和社会批判理论传统相互交织（赵万里、李路彬，2009；赵万里、高涵，2010）。特别是现象学的知识-社会观，一开始就是韦伯（Max Weber）、舍勒（Max Scheler）等早期知识社会学家共享的思想基石（Meja and Stehr, 1999: 155-170, 211-230）。

从现象学社会学的哲学基础来看，现象学是研究主观世界的。在现象学看来，人们认识世界时头脑中预存了大量知识，并以"自然态度"将这些知识视为理所当然、不容怀疑的。现象学要将自然态度悬置起来，运用本质还原和先验还原[1]，以纯粹的形式审视先验自我，研究意识的基本结构和不变性。现象学社会学吸收了现象学对主观意识的关注以及人们在日常生活中所持的自然态度。不同于现象学，现象学社会学将现象学所悬置的内容作为研究对象，考察以自然态度为特征的认识活动的过程和机制，剖析人们所拥有的知识预设的形成和功能。

现象学社会学后来的发展，不仅将知识社会学的研究对象从曼海姆的系统知识拓展到日常知识，而且为知识社会学提供了一个建构主义的说明框架。现象学社会学阐释了世界的非自然性质，坚持日常知识和生活世界的首要性，并将库存知识和互主体性看成社会现实的建构机制。在解释学的总体取向下，符号互动论探讨了赋予事物的意义与对事物采取的行动的关系，即行动者获得的情境知识与社会互动之间的交互建构关系。不过，

---

[1] 本质还原是指排除一切关于对象的客观存在性的判断，摆脱关于客观对象的时空结构观念的束缚；先验还原是指排除一切人类学、心理学中关于意识的知识，进行纯粹、直观的意识分析。

符号互动论并没有将行动者个体获得的情境知识与社会共享的普遍知识之间的关系纳入讨论的范围，知识社会学思想在其整个理论体系中的地位经常与心理学还原论纠缠在一起。现象学社会学也采取微观发生学进路，但比符号互动论更进一步，将日常生活世界作为第一社会现实，将日常知识的社会建构与社会"现实感"的形成视为同时发生的致序机制，从而使知识社会学与其社会学理论具有了同一性。换言之，所谓现象学社会学就是关于日常知识的社会学，知识的产生、保存、传递和共享的过程就是社会的形成过程。

在现象学社会学中，日常知识、系统知识、科学知识之间并没有严格和不可逾越的界限。当代建构主义科学知识社会学的兴起，它关于科学的平常性（ordinariness）、科学家的实践推理（practical reasoning）和科学知识的社会建构（social construction）的理论主张，正是基于现象学社会学留下的思想遗产而提出的（Knorr-Cetina and Mulkay, 1983: 205-238）。这一思想也对当代知识社会学的复兴产生了巨大的影响。

现象学社会学的理论和实践经验在逐步的积累中丰富了起来。舒茨开创了现象学社会学，关注对生活世界的认识及其如何在此基础上形成日常生活的秩序、微观个体如何实现理解、如何获得关于他人行动的客观和主观意义。伯格和卢克曼将舒茨更具现象学特征的思想同传统的社会学思想融合起来，他们在舒茨思想的基础上提出社会同时具有主观和客观面向，将舒茨对主观层面的关注拓展到客观世界，通过主观知识外在化、客观化和内化的过程，阐释知识在主观和客观领域的转化，说明社会制度及社会成员的认识和现实感的形成机制。与他们两人对社会过程进行系统描述不同，加芬克尔侧重于日常沟通中知识使用的特点，突出且证明了日常知识对于建构社会秩序的关键作用。他考察常人在日常生活中的习惯性的常识推理实践，说明日常生活协调一致的活动持续建构、创造和维持的方法。

第一节 生活世界与日常知识：主客一体的"社会"与"知识"

伯格和卢克曼认为，"知识"是指将现象确定为真，且可判断为具有特制的确定性。知识社会学则解释各种知识体系如何由社会建构成一种

"现实"的过程，即成为"真实"的过程，并说明人类社会中经验上的知识的多样性问题（柏格、乐格曼，1991：7~9）。他们对自舍勒和曼海姆到斯达克的知识社会学进行检视，得出知识社会学一直在理论上侧重认识论问题，在经验上侧重思想史。他们认为"观念"问题是知识社会学的对象，但并非核心；知识社会学应致力于分析在社会中成为知识的事物（柏格、乐格曼，1991：23）。

一 生活世界与现实

"社会"在知识社会学的不同传统中所指并不相同，迪尔凯姆视之为"社会事实"，韦伯主张关注"社会行动"，米德则聚焦于社会互动。而在现象学社会学中，舒茨使用"社会世界"和"生活世界"、伯格和卢克曼使用"现实"来指涉社会。生活世界，尤其是其中的日常生活世界，是一个有着多重内涵的概念，不同的内涵与知识有着不同的关系。生活世界包含社会事实、社会行动和社会互动，以及"社会"的主观呈现，它是个体知识的来源、知识产生的情境，也是认识的对象和认识本身。

生活世界和先验自我是胡塞尔的先验现象学的核心范畴，也是存在现象学、社会现象学的出发点。借助这两个范畴，现象学把独立于人类意识而存在的外在世界，转化为必须透过意识而展开、发生的与人类的主观建构有关的世界——世界因我而有、因我而存在。作为现象学社会学的主要创始人，舒茨借用了生活世界这一范畴，将其作为人们日常行为基础的文化世界，但放弃了其超验的性质。生活世界是一个空间世界，包括我的身体和他人的身体，以及他们的动作。但身体不仅具有物理客体或生理客体的内涵，还是能表达主观经验的领域，是身心整合的客体（舒兹，1990：164）。换言之，所谓生活世界就是与人的种种日常事务相关联的世界，是我们每日在其中经历和参与的整个世界。它呈现多种形式的结构[①]，其中的"每个领域或范围，既是一种认知方式，也是一种了解他人主观经验的方式"（舒兹，1990：163）。

在《社会世界的现象学》一书中，舒茨经常将"生活世界"与"社会世界"混用。这个世界的最重要的特点，是生活于其中的人们对现实采

[①] 这一结构就是后文所阐述的直接经验的、同代人的、前人和后人的世界。

取理所当然的自然态度（natural attitude），认为生活世界是不言自明的现实，是勿庸置疑和不可质疑的。人们想当然地接受它，以它为前提展开社会行动，从未视之为"问题"。也正是自然态度，使生活世界这个我们的"世界"变成"我们的"世界。它是一个多重实在，包括日常生活的世界、科学世界、幻想世界、梦的世界、宗教世界等。"每一个世界被人们根据它自己的式样注意的时候，都是真实的。"（许茨，2001：284）其中，日常生活世界是人与人直接交往的经验世界，包括和实体同伴、同时代人、前人或后人的关系，人们根据这些关系采取行动并给对方提供经验（舒兹，1990：168）。我们可以将舒茨所说的"社会世界"视为生活世界中的日常生活的现实。"社会世界"是个人现在感知到的并与他人共享的互为主体性的世界，是"我"于每一刹那能直接感知到的片段（舒兹，1990：167），所以其是相对于"我"的世界。日常生活的世界既是认识的来源，也是认识的对象；既是知识产生的空间结构，也是以主观形态呈现于意识之中的，表现为一种意义结构。这样，胡塞尔的现象学赋予生活世界的先验性质便被社会学的经验性所取代。在日常生活世界中，人们凭直觉获得认识；它存在于对其进行理论反思之前，是由以人与人进行日常交往的主体间关系构成的人类一切活动的原初地。相对于其他世界，它具有至上的地位。其他世界的现实由生活的现实规划意义与经验的方式（柏格、乐格曼，1991：39）。

与其他社会学传统不同，现象学社会学将"社会"界定为日常生活世界的现实。伯格和卢克曼在吸收迪尔凯姆所说的"将社会视为客观事物"和韦伯所说的"社会学和历史学的认识对象应是行动的主观意义群"的思想的基础上，明确提出"社会"具有"客观的事实性以及主观意义的双元性质"（柏格、乐格曼，1991：28）。他们在《现实的社会建构》一书中分别以"社会是客观的现实"和"社会是主观的现实"作为两章的标题。他们一方面说现实具有存在于人类意志之外的现象性质（柏格、乐格曼，1991：7），另一方面提出现实的内在性质在于：日常生活是以人们诠释的事实呈现自身、生活中的人在主观上认为具有意义和一致性的世界（柏格、乐格曼，1991：33）。这意味着现实具有客观的性质，而这种客观性是主观为其赋予的。因为日常生活现实是一种社会建构物，以经过人们解释的事实来呈现自身，是生活中的人们在主观上认为有意义和一致性的世界。因此，社会首先是客观现实，其次是主观建构。一方面，日常生活世界直接和经常环绕在每个行动者周围（作为客观现实），并通过与这些行动者日复一日的互动而得以建构或重建（主观建构）。另一方面，日常生活的任何现实的建构，都只能通过社会活动和社会生活本身来进行——这是社会之主观性的面向；但这种社会建构本身也是一种客观事实，是现实世界的一部分。换言之，社会现实的主观因素本身也带有客观的性质，是客观地"存在于那里"（out there）的一个事实。生活世界具有的主观性面向是现象学社会学对知识社会学关于"社会"内涵的拓展，从而，"知识"与"社会"在主观领域实现了同一，这种同一被称为"现实感"（sense of reality）。

二 意义与意向性

我们要在社会世界中找到我们的位置，并与其达成协议，我们就必须解释它（许茨，2001：36~37）。人们对日常生活世界的认识包括互动对方、自我、同时代人、前人、后人以及物理客体等。其中，对他人的理解是认识的核心。通过理解，我们获得形成了日常生活中的意义知识。

现象学社会学关于日常知识的思想包括如下几个基本元素：行为与行动，意识、意义与意义脉络，经验与经验脉络，目的动机与原因动机，以及诠释基模和理想型。这些概念为现象学社会学传统的知识社会学奠定了基础。

现象学社会学认为我们不能掌握意识推断的深层基础，只能理解事物或对象所呈现的意识。意识通常具有意向性（intentionality），即总是指向某些事物，是关于各种对象的意识。它并不存在于行动者的头脑中，而是存在于行动者与各种对象的关系中。在日常生活的过程里，"我"的意识可以穿梭于现实的不同层面，与各种现实产生关联；而且，"我"可以知道世界是由各种现实组成的（柏格、乐格曼，1991：35）。通过这种意向性，各种关于现实的知识得以呈现在我们的意识中。意识中不同对象的呈现，可被视为现实各层面的组成要素。从一种现实到另一种现实，这种转换的经验可被理解为注意力的转换（柏格、乐格曼，1991：35）。

"意义"在意识过程中产生。在现象学社会学中，"意义"是指对经验进行反思时，对过去经验的一种说明。这不同于韦伯所说的行动者关于行动的目的动机，也不同于符号互动论所说的互动对方对行动做出的反应。在现实生活中，我们处于绵延的持续过渡的时间流内；意识作为绵延之流，形成了连续性的经验。当我们驻足反思时，回忆把经验从绵延流内挑选出来，构成客体，只有这样意识流的性质才能被把握（舒兹，1990：55~56）。通过反省我们将经验挑选出来，使之成为有"意义"的。以意义为主要内容的日常知识作为生活世界的主观面向在现象学社会学中占据着核心地位，它是界定情境、产生新知、实施行动以及形成制度的基础。而且，"我们的各种经验的意义而不是客体的本体论结构构成了实在"（许茨，2001：309）。

在舒茨对行动（action）和行为（act）的区分界定中，体现了意识、意义和经验这三个概念的内涵和关系。行动是意识的，而行为是反应的（reactive）。每个行动都具有指向未来的、自发的主动性，包含着经验的意向性。行为是"意识之赋予意义的经验"（转引自舒兹，1990：62），有意识的行动是对计划行为的执行。自发的主动性在行动前做出的计划[1]和在行动后对整个行动的反思，都为行动赋予了意义。行动之前，不同的计划相继出现，这些计划被置于更大的关系网络中进行比较和选择；在对行动的反思中，计划的选择过程和完成的行动构成了较高层次的综合的意向行为。由此，这种综合的行为即关于行动的经验由"行动发生时的主动性经验、各种对活动的注意、对计划行为的原始记忆及对计划行为的再生等"组成（舒兹，1990：72）。现象学分析就是要揭露经验的各种层级及各种意义结构（柏格、乐格曼，1991：35）。

在对经验的反思中，人们无从掌握经验的完整形式，但行动呈现了一种统整性，使得意义脉络和经验脉络得以成形。经过选择，多元意识会转变为单一意识，复杂的客体集合成单一注意的对象，从而实现从多元性向统整性的转变。由此，基本的注意行为创造了意义脉络，瞬间聚在一起的意义脉络的整个内容被称为经验脉络。经验脉络随着新经验的注入而扩大。"经验的特殊意义以及注意行为的特殊模式构成于现有的整个经验脉络内。"（舒兹，1990：87）所以，我们的经验以经验脉络的形式存在于意识中。

---

[1] 计划是兼具过去性和未来性的，是一种未来完成式（舒兹，1990：70）。

行动的目的动机和原因动机是行动意义的组成部分。根据计划说明行为形成了目的动机，以行动者过去的经验说明计划则产生了真实的原因动机。人们对行动的认识，并不满足于观察到的行动本身，而是要了解行动的目的动机和原因动机。如果行动指涉计划范围内的整合体，行动计划就是行动的目的动机和意义；如果行动指涉复杂行为脉络中的行动的组成部分，行动的目的动机和意义就不同了。目的和手段是过去的经验脉络，一个目的动机预设着一个经验储存，行动者借助过去类似的行为诠释计划的意义。某种行动过去被执行得越多，行为的理性原则越被人们了解、越被视为理所当然，其间的步骤则越不会被注意。原因动机的意义脉络是一种事后说明。要了解行动的真实的原因动机，就要予以特殊的注意，探讨行动的起源。选择过去的什么经验作为计划的原因动机，取决于自我此时此刻的注意。

意义包括主观意义和客观意义。韦伯的解释社会学将社会行动的意义分为相对于行动者的主观意义和相对于观察者的客观意义。舒茨认为韦伯没有认识到二者的根本区别，主观意义指涉行动者行动时主观构造的意义脉络，产生于持续的意识过程，是他人无法达到的，涉及行动者如何确立意义的问题；客观意义形成于诠释者心中的主观意义脉络，涉及何以对意义做出解释的问题。客观意义是从每个主观经验流和存在于此流中的主观意义脉络中抽离出来的，在某种程度上独立于其制造者及形成的环境，是被赋予了普遍意义的客体物。在了解主观意义和了解客观意义之间有一系列中间阶段（舒兹，1990：152~153）。在理解他人的主观意义时，我们需要和对方处在一个直接经验的世界中；在理解客观意义时，我们则可能处在匿名世界中。伯格和卢克曼从整个社会的角度所说的为整个社会所普遍接受和使用的知识，就是客观意义。这种知识脱离主观个体而以客观形态存在于社会中，可以进行传播和传递。不论是主观意义还是客观意义，我们都以之为"真实"而接受。我们如何获得这些知识，以怎样的态度对待它们，这些知识产生了什么社会功能，现象学社会学探究了其中的机制。

行动者不断获得理解他人的知识，这些知识储存在意识中。舒茨将已构成的经验客体的贮存称为"手边知识库"（舒兹，1990：87）。我们的知识储存不仅包括"物理事物、生物、社会集合物、人为产物、文化客体"等内在经验和这些内在经验的综合，还包括理论与应用科学的程序经验、支配规则以及实用的与道德的经验规则（舒兹，1990：90~91）。库存知识是模糊的、不连贯的、存在矛盾的。这种知识不是可以被清晰表述的，而是习惯性的知识。但库存知识会成为一个整体而拥有自身的相关结构（柏格、乐格曼，1991：58）。这些过去经验的意义脉络被称为经验基模。当经验基模被用来对新经验进行诠释时，它就成了诠释基模。

我们将现象学社会学关于"社会"和"知识"的所指置于一个图中。其中 A 社会互动和社会结构与 B 社会制度和规范表现了社会的客观面向，C 关于社会的库存知识和 D 关于社会情境的新知识是社会的主观面向。A、B、C 和 D 共同构成了"生活世界"。A'和 B'代表经过循环后产生的新的互动与结构和制度与规范。"日常知识"包含 C 和 D 两部分内容。B 和 C 同时具备"知识"和"社会"双重性质。在图 4-1 中，B 对 C 和 D 对 B 主要是一种转化关系，而 A 对 C 和 C 对 D 主要是一种影响关系。

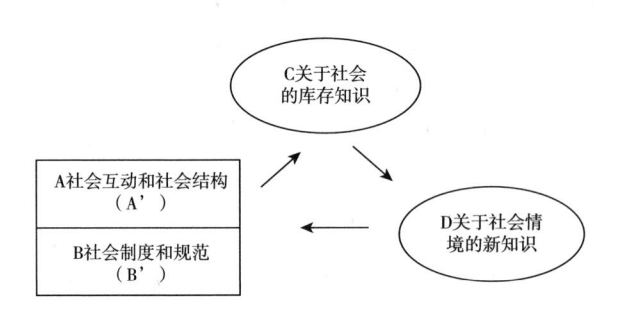

图 4-1　现象学社会学中的知识-社会关系

第二节　"现实的社会建构"：知识-社会的双重关系

舒茨的知识社会学思想主要受韦伯和胡塞尔影响。舒茨与韦伯一样关注社会行动及其意义，但他比韦伯更深入地探究了行动意义的性质、形成和社会功能。他吸收了胡塞尔关于意识世界的特征的思想，但从其对先验世界和直观方法的关注转向同社会世界相关联的经验的主观世界。舒茨同意桑塔耶纳（George Santayana）所说的"没有物质上的天赋和物质的诱因，精神上根本不可能拥有各种观念，更不用说进行沟通了"。他又提出"一种物质诱因或物质上的天赋的存在都是被人们预先假定的。沟通通过那些属于各种感觉的最高实在，属于外部世界的最高实在的客体、事实或者事件而产生，然而这些客体、事实或者事件却是从接近呈现的角度被人们知觉的"（许茨，2001：443~444）。沿此思想进路，现象学社会学同时阐释了主观世界和客观世界的多重关联。现象学社会学透过个体性和集体性的知识产生的社会性过程、机制、影响因素，以及这些知识发挥的社会功能，来呈现主观-客观之间持续的转化。在这样的辩证往复过程中，知识不断自反和更新。

社会如何塑造了"日常知识"，即关于生活世界的"现实感"呢？在现象学社会学中，"知识"即指将现象确定为真，且可判断为具有特质的确定性。知识社会学的任务就是要解释人们的主观认识和各种知识体系如何由社会建构成一种"现实"的过程，即成为"真实"的过程，以及经由社会建构的知识又如何转化成客观的事实性，成为现实的一部分（柏格、乐格曼，1991：7~9）。从社会现实的角度来看，依据常人方法论，日常生活实践具有可说明的性质（accountability），即实践或行动的某些部分可以被参与者或旁观者描述，从而被理解和认识（Garfinkel，1967：1-4）。行动者获得的对关于自己与互动方的客观和主观意义的认识就是对其行动的说明。这种可说明性表明了生活现实成为知识对象的可能性。

一　内在化：知识的社会建构

舒茨继承了解释学思想，认为个体一开始就处在已经由他人安排设计好的环境之中。他认为日常生活中的"生平情境"（许茨，2001：4~5）是一种历史情境，是由已经形成这种环境的社会文化过程构造的（许茨，2001：451）。在"我"能理解前已由客观化的对象组成的这个日常生活世界具有时空的结构和有序的现实，这种时序具有强制性，在生活中决定了"我"的处境（柏格、乐格曼，1991：40~41）。

在特定的处境中，我们在两个层次上形成了关于社会世界的经验：第一，我们把个体同伴及其思考当作日常生活世界中的实在来理解；第二，各种社会集体和制度化关系本身不是存在于日常实在的意义域之中的实体,而是常识思维的构想,我们只有从符号的角度才能理解它们(许茨,2001:456)。现象学社会学主要从以下三个方面阐述了我们如何获得这两个层次上的知识。

(一) 理解的预设条件:视角互易性

现象学社会学说明了理解他人、获得关于他人行动意义的知识的结构性条件,即理解是在各种视角的互易性(reciprocity of perspectives)或互主体性(intersujectivity)的预设下实现的。社会成员共享生活世界意义的主观预设,以及可以交互转化的互为主体的社会结构,是实现人与人相互理解、获得关于他人行动意义的知识的必要条件。通过视角互易性,舒茨说明了韦伯没有阐明的"理解如何可能"的问题。我们存在的生活世界是"我"与他人进行社会交往的前提,生活世界的"结构性"使得人们的相互理解成为可能。这种结构性体现为不同视角的人相互理解,行动的意义通过与特定社会场景的制度化相联系,使每个人的社会行动成为可理解的。在特定的生活世界中,每个自我都认识到,他我具有意识,也在反思自己的行动,并且赋予其意义。在认识他我所赋予的意义时,"我"假设他人具有时间性的意识流和"我"的意识流形式相同,指涉着超越个人主观性的相同客体。他人的身体动作和意识相关联,"我"可以经由身体动作了解他的意识。

在日常生活中,我们每个人主观地认为生活世界对于我和他人来说一样真实,我们分享现实的共同意义,也知道对于共有的世界我和他人有不同观点(柏格、乐格曼,1991:37)。具体来说,一方面,我们认识到同一客体对于我和我的同伴本来意味着不同的东西,其一,我和同伴同客体之间存在不同的距离,我们从客体的不同方面获得经验;其二,我和同伴的生平情境、现有的意图以及来源于这些意图的各自的关联系统都不相同,对客体的认识由此产生差异。另一方面,通过对立场可互相交换性的理想化和对各种关联系统的一致性的理想化,常识思维去除掉了存在于个别视角之间的区别。这些思维客体表现为类型构想,而不是我和同伴个人经验的思维客体。我们可以看到共同的客体及其特征,"我"对对方的理解成为可能。这两种理想化使得我们具有共同的可以相互交换的视角。这种视角互易性可以拓展到与你我的关联系统一致的每个人。关于共享生活世界意义的主观预设被现象学社会学称为生活世界的互主体性。它使人们对他人的理解成为可能，也使日常生活知识作为社会成员共同拥有和使用的知识而具有社会性（许茨，2001：38~40）。

这些思维客体的类型构想就是社会化的结构的知识。由此，理解的知识是在这种互主体性的结构性基础上产生的、"我"具有的关于这个世界互主体的或者说是社会化的知识（许茨，2001：37）。

（二）知识的社会起源与社会分配

在互主体性的预设下进行的认识活动，是在头脑中既存知识的基础上形成的。这些知识被现象学称为"手边知识库"（stock of knowledge at hand），其来自人们对前人知识的继承和对生活经验的不断积累。日常生活世界是在我们出生以前就存在的，对于我们的经验和解释来说其是给定的。我们对它的解释以前人对它的经验储备为基础，这些经验以"现有的知识"的形式发挥参照图式的作用（许茨，2001：284）。知识库中除了关于他人和自我的行动及其意义，还有"物理事物、生物、社会集合物、人为产物、文化客体"等的内在经验和这些内在经验的综合，也包括理论与应用科学的程序经验、支配规则以及实用的与道德的经验规则（舒兹，1990：90~91）。库存知识是模糊且不连贯的，还可能存在矛盾。它是一种不能被清晰表述的习惯性知识，包括各种生活方式、与环境达成协议的各种方法以及为了在类型情境中得到类型结果所需要使用的各种有效的诀窍。但库存知识会成为一个整体且拥有自身的结构（柏格、乐格曼，1991：58）。库存知识以类型化的形式存在，为"我"的生活中的日常之事提供类型格局，包括他人的类型、社会与自然中所有事件和经验的类型。我们基于库存知识的类型格局来了解他人。我们所认识的生活现实可以被理解为各种类型的续谱，匿名性由弱到强（柏格、乐格曼，1991：47），其主要用于对非面对面的情境的诠释（舒兹，1990：211）。面对面情境中也使用这种基模，但随着我群关系的发展而被修改。

知识库中用于使他人和自己类型化从而获得理解的常识构想，在很大程度上来源于社会并且得到了社会的承认。"我"所获得的习惯性知识包括各种生活方式、与环境达成协议的各种方法以及为了在类型情境中得到类型结果所需要使用的各种有效的诀窍。这些知识由解决类型的实际问题和理论问题的方法系统以及有关类型行为的类型戒律系统组成。类型的中介是日常语言的词汇和句法。用语言表达的任何一个名称都包含了类型化和一般化，指涉在这种语言的内群体中流行的关联系统。语言中包含的类型和特征全部来源于社会（许茨，2001：40~41）。人格类型和行为过程类型作为一整套规则诀窍，经过了检验并且被期望将来也经得起检验。这些类型构想模式还被当作行为标准而被制度化，得到了传统习俗和社会控制手段的保证（许茨，2001：46）。

人们要通过文化移入的过程学习任何一个社会群体为自身提供经验所依据的整个类型系统。"我"为了承担"我"所期望的被社会群体认可的适当的角色和行为，就必须学习各种类型的社会角色，了解人们对其的类型期望（许茨，2001：453~454）。"我"生活在具备特殊知识体系的常识世界中（柏格、乐格曼，1991：55）。理解始于个人"承受"前人已有的世界，并往往伴随着创新的修正和再创造。这就是个体"社会化"的过程。"我"关于这个世界的知识只有极小一部分是从"我"个人的经验中产生的，知识的更大部分来源于社会，由"我"的朋友、父母、老师传授给"我"。他们教导"我"如何界定环境、如何根据"我"从内群体中获得的关联系统来构造类型构想。意义他人将依其社会结构的位属和个人经验将生活世界选择性地传递给个人。儿童用各种情绪方式接受了意义他人的角色和态度，将意义他人的实体内化为唯一可信的实体，使其成为自己的标准。之后，特定他人的角色和态度逐步拓展到一般人的角色和态度。在复杂的内化形式中，"我"不仅可以了解他人当下的主观过程，也可以了解他人所生存的世界，那也就是"我"所生存的世界，"我"了解了"我"所属情境的知识与限制以及自己在社会中的位属与应对之道。"这种了解预设了'我'和他人在一个广泛的观点中共享岁月。"我们之间彼此证同，相互参与彼此的生活过程。当个人达到这种内化的程度时，其就成为社会的一员（柏格、乐格曼，1991：148~149）。次级社会化是制度的内化过程。它的特质与范围由分工的复杂性和随之而来的知识的社会分配决定。次级社会化使人获得了专门角色的知识，获得了在制度的场域中常习的诠释与行为内化了的语言的意义，并使人默会语意中的情感与评价（柏格、乐格曼，1991：156~164）。

对社会经验的继承和个体主观经验的积淀，使得行动者在具有主体间性的世界中逐渐获得库存知识。社会化是形成知识库存的重要途径。伯格和卢克曼也强调语言在知识库存形成中的重要地位。语言建构了语义和意义的领域。在语义的领域中，人们可以客观地保存和积累个人际遇和历史经验，知识库存由此形成。这种知识库存适用于生活中的个人，且代代相传（柏格、乐格曼，1991：55）。

库存知识是在一定的社会条件下被分配的。虽然我们生活在共同的常识世界中，而且认知者认为可以认识他人的主观意义并同他人分享关于世界的意义，但是每个人的认识都受到各自的社会情境因素的影响。不同类型的人会有不同的知识（柏格、乐格曼，1991：58）。个体间实际现有的知识储备各不相同，认识的东西及认识同样的相关元素的关联方式也不同。知识在明晰性、独特性、精确性以及熟悉性等方面存在差异。这源于知识是从社会角度进行分配的。个体现有的知识储备的结构来源于其从生平角度被决定的关联系统（许茨，2001：41~42）。根据伯格和卢克曼，"我"的生活知识一半由自己当下的实用兴趣决定，一半由社会中的一般情境决定（柏格、乐格曼，1991：58）。

我们对行动意义的认识，与认识的时间、空间和社会群体相关联，这三方面构成了影响知识的社会分配的要素。从时间来看，我们对行动意义的认识，根据观察时间不同而异。此时此刻的观点会产生程度和种类不同于以往的注意，这种注意会对知觉世界的经验、记忆世界的经验、纯粹幻想及计划世界的经验做出修改。"自我经由对生活的态度，而决定了它对过去的态度。"（Barber，1988：83）因此，对意向意义的说明需要标示出意义诠释的时刻。从空间来看，关于客体的知识有赖于从什么角度看、看到客体的多少方面以及我们对当下看不见的方面有多少记忆。虽然我们不能完全进入他人的视野，但通过将视角的交互性理想化，我们可以倾听他人的言说，最大限度地获取知识，由此重构我们自己的知识。从社会群体这个要素来看，社会关系对知识分配的作用与时间和空间不可分离，因为我们的时空位置将我们置于发挥决定作用的群体中。我们依靠见证人、知情人、分析者和评论者等获取知识（Barber，1988：55-59）。

另外，认识与认知者的状况相关联。舒茨认为，意义是自我看待经验的方式，本质上是主观的，原则上只限于个体的主观诠释，即意义产生于诠释的过程。"意义建立与意义诠释,都是在互为主体的领域内,以实用的观点而决定的。"(Barber,1988:83)这就是伯格和卢克曼所说的日常生活领域中的意识由实用动机支配(柏格、乐格曼,1991:36)。舒茨在《关联问题的反思》中,将兴趣结构分为主体关联、解释关联和动机关联。主体关联是指新的感知与既有经验相关联,行动者关注的问题在主体关联的基础上被建构出来;解释关联是指既有的经验被用来解释新的感知;动机关联是指未来的目标或既有的决定会对行动者产生影响(Barber,1988:38)。在生活世界中,情境的构成、获取和运用知识、库存知识与具体情境的联系都受到关联的限制。人们根据关联组织自己的库存知识,所有的经验和行为都基于关联结构。

　　对内化过程做微观考察,要将其置于社会学的宏观背景中。社会化在特殊社会结构脉络中进行,受社会结构的限制和影响。社会结构是生活现实的主要成分,是用于了解他人的类型和这些类型形成的互动模式的总和(柏格、乐格曼,1991:47)。在全然制度化的社会,几乎没有分工和知识分配,社会化接近完美。各种制度的意义,可在人们的主观经验中进行调和与连贯,整个社会的库存知识可以表现在每个个体的经验中。而在分化的社会中,知识分配较为复杂,制度间隔化导致了社会中各自分隔的意义次级共同体的出现,使得知识无法进入共同的知识库。从而,社会化的内容包含不同意义的实体。当意义他人对客观实体有冲突的界定时,个人则面临认同上的选择。具有个人取向的人(individualism)在数个世界间游走,在认同所具有的边际性中建构自我。在多元差异的社会,个人会逐渐对世界产生相对性的了解;个人可在意识中超越既存秩序中的自我,并自如地扮演各种角色(柏格、乐格曼,1991:177~184)。

　　在社会化过程中,当一般化他人在意识中晶化(crystallization)时,主客观的实体间就形成了对称的关系。外在真实的事物也是内在真实的,主客观的实体能双向地进行转换,转换的主轴是语言。但这种对称不是完美和静态的:一方面,知识由社会分配,主观实体中的有些成分并非来自社会化;另一方面,个人与社会的关系处于不断平衡之中(柏格、乐格曼,1991:152)。

　　个体自身的意识结构依赖于特定社会结构所支持的主观交流来维持。每个社会都会发展出维持主观实体的程序,以保持主客观实体间的对称。

实体在意识中的维持，通过社会过程来完成。持续用相同的语言，将个人所感知的事物客观化，伯格和卢克曼将其称为实体维持。个体如果和有益于自己的处境隔离，不能从交流中获得认同，即使他极力通过各种技巧来维持自身意识中的实体，他的主观实体仍会受到影响。交谈通过各种经验因素对主观实体进行维持、修正和再建构，并将其在真实世界中客观化。意义他人使实体中的关键因素得到确认、获得认同，为个人提供了肯定和情绪支持。专门的社会制裁会与个体对实体的质疑相抗争，个体因此会压抑主观的质疑（柏格、乐格曼，1991：164~176）。舒茨也提出，始于我们自己的经验经过他人的视角的审查和选择，如果获得群体中其他成员的支持，其重要性和影响力会增强。知识由社会认定（approved）促成了库存知识内容的模态化（modalization），这对于勾勒知识分布的全图至关重要（Barber，1988：59）。

（三）社会的主观面向、新知识的建构与"现实感"的形成

"社会"在现象学社会学中既是客观的个体之外的生活情境，也是个人主观的对生活世界的认识。在以上论述中，社会指向客观的社会结构或制度规范。在这里，我们考察其主观面向即既存的关于社会的知识以及这种主观面向如何建构个体新的认知。

库存知识是普通人建立生活世界的社会现实的基础，被人们用来对新的经验进行解释。库存知识有两个典型的功能：第一，它以类型化的形式存在，为"我"生活中的日常之事提供类型格局；第二，它以整合的一体的形式呈现，为"我"提供对自己的知识的分离部分进行整合的方法，将产生困境的部分整合到没有发生问题的部分（柏格、乐格曼，1991：56~57）。库存知识通过经验基模来发挥作用。经验基模是库存知识的组成部分，用于对我们面对的世界进行诠释。在进行诠释时，依据基模组织经验，将未知指涉已知。知识本以被动形式被储存，库存知识中的判断是一种理想的客体性；但"我"在注意意识的被动内容时，会产生自由创造的过程——这是自发主动性产物的特征，即它们可以被重新建构（舒兹，1990：86~87）。

我们以类型格局了解他人。类型即舒茨所说的"理想型"①。它是用于一般社会世界的诠释基模。理想型主要用于对非面对面的情境进行诠释（舒兹，1990：211）。面对面关系中也使用这种基模，但随我群关系发展而被修改，从类型回到真实。个人理想型为观察对象的行动赋予了具有统整性的意义。在通过理想行动类型了解他人行动的过程中，外显的行动是认识的开端，人们在此基础上认识行动背后的目的动机和原因动机（舒兹，1990：215）。

诠释基模和待诠释的经验之间有着复杂的关系。第一，诠释基模有其视域、观点、注意方向和范围，在进行诠释时，这些要素的确定视诠释者对基模的使用情况而发生变化，即受到当下的注意修改的影响。第二，经验可能不是由一种基模来说明的，而是由多种基模来诠释。第三，基模的选取和待诠释的经验有着辩证关系，一方面基模决定了对经验的诠释，另一方面经验决定了它要进入的基模。如果某一现象无法用基模来说明，基模的有效性就会受到怀疑。不同时刻事物被以不同方式看待，所以会有新经验进入知识储存，基模会被调整。常人方法论认为，人们试图用既有的规范解释新的经验，使其成为可以理解的经验，创造出一种"秩序感"。模式自身与模式的特例相互强化和证明，互为对方的反身。我们可以说，既有的经验模式处于被维系和被修补或重建的张力之中。

对一个行动意义的诠释要诉诸其他相关的行动意义，这体现了知识库存中知识的层层关联。常人方法论提出了日常表达的索引性特征，与此相对应，理解他人行动的意义也要经过索引的过程。在生活世界中，人们的行动和场景之外的社会结构之间存在复杂的关联，日常沟通中的语言表达不是完整的，谈话内容被人们理解要基于人们实际说出的内容和大量没有提到的假设及共享知识。人们对这些因素的理解，依赖于谈话参与者最近的互动发展过程和前景预期，以及谈话的具体内容。这种日常表达的索引性特征表明，对他人的理解并非基于固定的规范，而是与行动者特殊的库

---

① 人类行为的理想型包括"个人理想型"和"行动过程类型"，后者是独立的客观意义脉络，前者是从中衍生的（舒兹，1990：214）。理想型并非自由的实体，而是建构而成的，其中包含着建构者的某种经验。行动和社会互动模式在常识思维中构成了行动过程类型和人格类型构造的基础。个人理想型则是由外显行为推演而成的逻辑建构的意识过程（许茨，2001：46）。

存知识相关联。

根据库存知识获得的对现实的认识被人们以自然态度对待，即日常生活的现实被视为理所当然，产生问题时才被质疑。作为常识性意识的态度，它构成了人们对生活现实的存在的理解的清晰状态（柏格、乐格曼，1991：36）。自然态度是舒茨对现象学思想进行继承的核心。根据胡塞尔，生活世界中的人们凭借对认识的视为理所当然的自然态度来行事。胡塞尔试图悬置自然态度，而挖掘出先验的认识；舒茨则追究自然态度所包含的内容和运作的机制。[①] 持自然态度的人，不会追究过去行动的秩序何以形成，而是不加怀疑地予以接受。他们借自己对经验世界的经验了解世界，包括无生命事物、动物和他人的经验，超出自己经验的领域被视为属于他人的意识经验，但其和"我"的经验具有相同的结构。由此，库存知识是自然态度的基础，如果库存知识不能发挥作用，自然态度就会被破坏，生活世界的现实感也会随之丧失。基于自然态度，我们对现实的认识才成为"知识"，即信以为真，"我"的世界才变成我的"世界"。对知识的"真实性"的阐释是现象学社会学的重要特色。在形成关于生活世界的认识的过程中，客观世界被迁移到主观世界中，并且这个主观世界被赋予了"客观"的性质。从而，自然态度成为常识世界的基础，促进了知识的储存、沉淀和社会性传播。但某种认识是否被人们视为理所当然有赖于人们反省的实际兴趣，注意的改变可将理所当然的转变为有问题的。

内化不仅是了解他人的基础，也是社会之具有意义和成为实体的基石（柏格、乐格曼，1991：148）。在社会化过程中，客观的知识被个体内化，进入知识库存。由此，作为个体认知基础的库存知识具有被社会成员共享的特征。在现象学社会学中，只有通过社会确定的视角，才能对客体做出真理断言。这种社会确定的视角是认识必不可少的条件。

综上，我们以作为社会成员的个体获得关于社会的知识的视角来考察这些知识何以形成。以库存知识和互主体性为基础，行动者通过解释获得关于生活世界的新的认识。社会的宏观结构、社会共享知识和社会化过程中的互动共同作用，促成了个人知识库的形成；他们在社会化过程中内化的关于生活世界的知识，成为社会的主观面向。这些关于社会的知识塑造

---

① 参见巴伯提出的"自然态度的构造现象学"（Barber，1988：34-35）。

了他们对生活世界新的认知，并在此基础上不断产生社会的新的主观面向，产生了关于社会的"现实感"。

二　不同情境结构下的知识形成

我们以不同程度的亲疏感经历日常生活（柏格、乐格曼，1991：36）。在社会世界不同形式的结构中，存在着具有沟通意向的社会情境和各类无沟通意向的社会情境，产生了对自己、共同情境中的他人、同时代人、前人、后人、产物和文化客体以及社会科学研究对象的知识。在两类情境类型中，诠释者和被诠释者之间的关系不同，这一关系影响着知识的准确程度即有效性。舒茨讨论了在不同的社会情境下，个体如何获得关于他人和文化客体的知识：个体既有的主观知识是获得新知识的基础；不同的背景环境提供了获得知识的不同的时空条件。

现象学社会学探讨了引起我们自身注意的自己的某些经验的形成与特点。一般人在经验中的每个时刻都注意到意识中过去的经验，通过对经验的回忆和组织，赋予其特殊意义。自我通过关于过去经验的综合形态的经验基模来说明自己的经验，将经验带回到经验储存内，以既存的客体化来指认新经验，于是新经验进入其知识库。在这一过程中，同时进行着注意和存留、知觉和确认两个方向的活动。这种活动由于存在时间上的滞后，受到认识条件的限制，所以是不全面的：第一，自我的一部分而不是整体被客观化为活动的操作者；第二，行动者以各种被社会客观化的意义类型来表明对自我的认识，由此与活动本身产生了距离。这就是加芬克尔所说的"可说明性"的体现，即说明是局部的描述和理解，其界限由实践需要决定；规则和规范是理解说明行动的基础，其使行动成为可说明的。

面对面关系中对他人的经验是其他经验类型的最终来源（柏格、乐格曼，1991：43）。"只有面对面关系、我群世界的共同经验方能构成互为主体性的世界。"（舒兹，1990：196）舒茨将作为认识对象的他人的主观世界称为"他我"，即个体通过与他人的意识活动同时进行的意识活动而把握的存在于个体自我之中的他人的意识流。这种同时性就是主体间性的本质。我们以这种主体间性为基础获得关于他人主观世界的认识。他人与"我"共享时间、空间，一方面，"我"假设我们对环境客体有相同的经验，这一情境即为主体间的情境；另一方面，他人位于"我"直接经验的范围内,"我"从听到的语句的客观意义入手,发掘对方的主观意义。理解他人通过记号而沟通的意识行为,是站在他人立场上,以诠释自己的方式诠释别人的主观意义,掌握说者表达的内容以及表达习惯和方式。"我"确信"我"的诠释基模适合你的表达基模,"我"对自己的经验诠释等同于你对你自己的经验诠释。"我"以"我"的知识储存为基础,往往将他人的原因动机和目的动机视为理所当然。

面对面关系中的参与者具有"汝取向",意向地意识到面对的人,从而对对方意向的认识和针对其的行为受到面对的人的影响。这种互动的关系使我们彼此都经历了注意修改,即根据对方的实际行动修改对对方动机的预期。"我"经历并参与了对方的动机脉络的形成,从而我们的意识经验可以融为一体。在面对面情境中,当听者所掌握的知识具有某种程度的不确定性时,他可以询问你如何诠释自己的经验,从而检查自己对他人思想的诠释,丰富"我"对你的经验。在对话中,互动双方难以在关系中强加某种固定模式,认识在持续的主观意义互换中被修正(柏格、乐格曼,1991:44)。在这种情境中,人们对对方的认识超过了对方试图传达的内容。如果要反思共同的经验,就要跳出"我"的意识流,停止对对方的注意。越认清我群关系,"我"的投入程度越低,"我"和对方的关联性越弱;越加以反省,对方就越容易变成思想的客体。

理解作为不具有沟通意向的行动,或是同步观察,或是对已经完成的行动的诠释。理解从观察者说明自己的经验开始。观察者回忆自己过去如何从事类似行动,或者想象自己执行这种动作时的状态,将他人的目标投射成自己的目标,借由投射的记忆或再生在想象中完成行动,并且考察行动是否完成了想象的计划。这种通过解读自己经验认识他人的做法不同于移情:前者从他人绵延流的一般性主题开始解读,假设在自己和他人心灵结构的对等关系之外,存在关于他人心灵的知识;而后者从表面的事实直接进入他人内心。如果观察者对行动者的过去和行动的全盘计划有所了解,就会对行动有更可靠的认识。将直接的社会观察同情境参与加以比较,两者都基于同样的环境,意识经验可能都可以相对应。不同的是,在观察中,他人的经验和"我"对他的姿态和语言的诠释同步发生;而在参与中,需要通过反思来认识。在观察中,"我"对他人行为的诠释无法以他人的诠释来验证。对他人经验的主观意义脉络的诠释没有反向说明,无法触及他人的注意修改。参与者和观察者对于发现行为的原因动机的可能性差别不大。观察者相对于参与者的一个劣势在于其不能确定所观察的互动者中其中一方的目的动机，所以不能明确指出另一方的原因动机。

我们接近同时代世界时，同时代人被间接接触，和他人构成他群关系。他人对于我们来说越具有隐匿性，我们获得的客观意义越多、主观意义越少。他人被认为是同质的，以类型式的他人特质预设即理想类型为基础进行认知，个体性的变化被忽略了。认识同时代人有两种方式：第一，源于过去与他面对面的接触；第二，通过现在和"我"交谈者的过去经验，或借由产生于直接经验但当前已经固定的概念或类型。另外，有效的秩序具有诠释基模的作用，对行为的解释以有利于形成有效的秩序为原则。解释所运用的标准化基模来自法律、政府、传统及各种秩序体系，并且以手段-目的关系为基础（舒兹，1990：224、229）。舒茨认为，整个文化客体的世界，包括所有的人为产物、制度以及行事惯例，都可用于阐释同时代人。但对同时代人各种推论性的认识都以"我"过去对他人的直接经验为基础。"我"对同时代人的认识是一种推论和推演，只存在于客观的意义脉络内，是从经验的个别情境中抽离出来的，具有不断重复的特质。同时代人的统整性产生于"我"自己的意识流内，是"我"诠释他人的一种综合，"我"通过这种综合建构出个人理想型（舒兹，1990：208~210）。

现象学社会学还讲述了隐匿程度更高的关于前人和产物的认识。要了解前人的意识经验，需把自己投射到过去。因为前人的环境不同于同时代人的环境，所以就要指认一种一般的人类经验，根据其特质诠释前人。人为产物如工具的意义包括与制造者无关的客体状态和制造者在制造时的心中所想。诠释者往往不去理会产物本来的形成过程，而关注产品的客观意义，即从每个主观的经验流与存在于此流中的主观意义脉络中抽离出来的普遍意义，并将他对产品的经验放入他自身的整个经验脉络内（舒兹，1990：151）。人们通过手段-目的关系来看待工具的意义，制造者和使用者只是以理想型的形态存在（舒兹，1990：227）。

在互主体性的预设下，各种情境中我们对他人的解释都是以自身的库存知识为基础的，不同的是，在匿名性越弱的情境下，我们越可能认识他人的主观意义；而客观意义则由认知者根据自身的知识库存和实践需要赋予。

三 外在化：主观知识的客观化

现象学社会学揭示了日常知识作为"现实感"的形成机制，为知识的主观性质提供证明；更重要的是，在主观领域实现了知识与社会的关联，揭示出个体获得的知识和社会共享知识的关联以及知识形成不可缺少的社会条件，阐释了日常知识形成所涉及的社会因素和过程，为知识社会学提供了理论支持和研究进路。行动者以在社会化过程中习得的库存知识为基础，在互主体的预设下，根据实践动机，去解释新的现实，获得对现实的认识，形成"现实感"。社会共享知识是库存知识的来源和以"自然态度"接受关于现实的知识的基础。而且，社会共享知识将对现实的认识予以确证，"现实感"从而得到强化。

不仅如此，现象学社会学还进一步阐明，一套基于互主体性的主观知识是如何被客观化为外在现实的，或者说，人们关于日常世界的"现实感"是如何转变成"社会现实"的。伯格和卢克曼认为，社会学理论的中心问题就是"主观意义是如何转成客观的事实性"的。因为人们倾向于将日常生活理解为一个秩序井然的世界。对于行动者而言，社会现实似乎是独立于行动者的理解之外的，显得早已客观化，且似乎是强加于行动者的。然而按照现象学的基本主张，社会乃是一个人造物或建构物。社会秩序不是源于"事物自身"，也非源自"自然法则"，而是人类活动的产品。在现象学社会学中，生活世界是我们产生"现实感"的来源和对象，而生活世界的制度和秩序是社会学研究的主旨。通过阐释关于生活世界的"现实感"，现象学社会学揭示了生活世界的主客双重面向，说明了行动者与他们所存在于其中的生活世界在主观领域中的关联。社会共享的关于日常生活世界的知识是获得"现实感"的条件，而"现实感"使社会行动成为可能，并进一步产生社会共享知识，社会制度和秩序在此基础上形成。可以说，没有对日常知识的形成和运行的社会学研究，就没有关于社会制度和秩序的社会学。

社会现实的建构实际上包含着主观过程（与意义）的客观化，以及通过客观化过程建构的互为主观性的常识世界。所谓客观化就是个体将主观知识理解为客观现实，并形成关于社会制度规范、其他库存知识以及行动和各种事物的客观性的过程。只有通过客观化事物，生活现实才能显现出来，而这些事物又显示着人们的主观意图。早期知识社会学就是以这种外在化的客观知识为主要的研究对象，因为对于个体来说，知识的客观化看起来是独立于人类的。"日常生活的现实似乎已经被客观化了，即在我们出现在场景中之前就已被通过设计课题秩序建构起来了。"（柏格、乐格曼，1991：22）按照伯格和卢克曼的观点，正是"现实感"的外在化，并经过习惯化、制度化和合法化的过程，显现了知识建构社会的功能。

人类活动不断重复形成模式而习惯化。习惯化的活动被视为理所当然，为人类活动赋予意义。习惯化的活动的类型化（typification）形成了制度。具体来说，制度在持续的情境中产生。当来自不同文化的人相遇，他们都依其先前的社会经验在假设对方活动的意义。他们各自的活动不断重复，也将彼此的行为定型于某种意义模式上予以了解。各自的行动逐渐有了可预测性。这种相互期待和意义定型，形成了初步制度化。从而，他们生活在彼此视为理所当然的世界中，形成共同生活的基础，扮演各方角色、进行分工合作和创新成为可能。分工和创新又导致新的习惯化，夯实了彼此共享的基础，制度性秩序由此建立起来（柏格、乐格曼，1991：70~73）。制度作为客观化的事物成为其制造者主观过程的外在指标，使表达力的适用性超乎面对面的情境而直接被人理解。

主观意义客观化的最鲜明指标是符号，尤其是语言符号。语言有其面对面情境中的根源，但可从中分离，成为客观事物的载体。伯格和卢克曼讲述了语言对于将主观意义客观化的重要地位：它将主观变得更为真实，具有外在的约束性和强制力，还可以将各种意义整合在一起。如加芬克尔所言，社会在我们看来之所以是客观的，是因为我们用客观的术语来表述它们，即依据其共同性质来进行表述。这些共同性质并非内在于客体本身的，而是由描述的方式赋予的。

不仅如此，制度秩序中的客观化事物向下传递时，接受所传递的制度的人因为未参与制度形塑的过程，制度的自明性质不能由个人的回忆和习惯化所维持，这就需要对制度进行合法化。制度的合法化有认知和规范成分，且认知先于规范：借客观意义在认知上的妥当性解释制度秩序，借规范显示制度的强制性。合法化是通过反省意识将逻辑性质强制置于制度秩序之中，其由不同的几种知识类型实现。第一，语言系统。人类的经验在语言中成为客观化事物的系统，并且进行传递，最基本的合法化解释建立在词汇的基础上。第二，各种关于客观意义的解释格局。这些解释与具体活动相关联，具有实用性。第三，知识的分化体系。这些体系具有明显的理论意涵。第四，象征性共同体。象征性共同体代表了社会互动的界限，规范了社会现实的所在（柏格、乐格曼，1991：118）。合法化为制度过程提供了新的意义整合，在不扰乱制度秩序的情况下进行再诠释，将新的意义赋予制度。意义整合一方面提供制度秩序的整体特质，使其对制度过程的不同参与者均有意义，另一方面满足个人一生所需要的一种整体性。

上述分析表明，在生活世界中，人们通过行动和互动不断创造出一种共同现实，这种现实不仅在主观上被人们视为有意义的，而且在客观上也是真的。日常生活现实是一种社会地建构起来的系统，人们在其中赋予日常生活现象以某种秩序。正如伯格和卢克曼所说，世界是被社会地建构和被社会地维持的。它们的持续现实性，无论是客观的（与通常一样，被视为当然的事实性），还是主观的（作为把其自身输入个体的意识的事实性），都要依赖于具体的社会过程，即重建与维持我们所研究的具体世界的那些过程。相反，这些社会过程如果被打断，会威胁到我们所研究的（主观的与客观的）社会世界的现实性。社会是人在历史中所创造和居住的世界，这个世界也在持续的历史中创造了人（柏格、乐格曼，1991：200）。

第三节　二阶建构：社会科学知识的社会关联与科学属性

根据舒茨的观点，解释社会学的主要任务是描述生活在社会世界中的个体所进行的意义建构与意义诠释的过程。这种描述可以是直观的（现象学的直观描述）或实证的（经验观察的）；描述的对象可以是个体的或典型的；可以是在日常生活的具体情境中进行的，也可以是以高度的一般性执行的。由此，社会科学被分为两大类：第一，社会世界的形式理论，探讨社会关系与社会形态，生活在社会世界中的、个体意识过程中的行为的客体性与人为产物，以纯粹描述的方法理解这些事物；第二，把已构成社会世界的真实本体内容作为研究对象，即已经存在的历史行为、社会行为和人为产物，研究它们本身的关系和形态，这些客体和构成它们的主观经验无关（舒兹，1990：282~283）。

在现象学社会学看来，社会科学知识来自对社会世界中的意义建构的过程的研究，社会科学以日常生活世界为起点。但社会科学获得知识的方法不同于日常生活，也不能像自然科学那样被客观地讨论，因为生活世界建立在主观活动的基础上；社会科学的知识也不是超验的，文化现象的科学与现实世界相关联。所以，舒茨提出了社会科学构想遵循的四个基本假定。第一，社会科学家的构造受到他们所创造的关联系统的限制；第二，社会科学家对社会现实的构造和常识性构造之间具有一贯性；第三，社会科学构想具有最大限度的清晰性，符合形式逻辑的原理；第四，社会科学构想是可以被验证的，与整个科学知识体系相容。由此，舒茨一面主张社会科学与日常生活的关联性，一面坚持社会科学知识的客观性。

在进行社会科学研究时，科学家首先进入有所悬置的科学态度中，采取不同于日常生活的认知风格：悬置科学家作为普通人的主观性，包括他所存在的日常生活世界的取向系统、基本焦虑及其引出的关联系统。

社会科学需要使用理想型的方法理解世界。有的社会科学试图通过理想型来诠释产品的主观意义，有的关心意义建构的结果，即文化产物（舒兹，1990：277）。诠释社会学为社会行动者建构个人理想型，这个理想型与社会行动者的同伴为其建构的理想型相当，即行动者的个人理想型与他们的典型意识经验相一致。社会观察发展出了二度理想型建构：被观察的行动者本身是第一度理想型，行动者所了解的对方是第二度理想型。这两者都是观察者的逻辑建构，皆受制于观察者的观点。舒茨认为，观察者不应用自己的理想型取代被观察者心中的理想型，否则是危险的（舒兹，1990：231~232）。

二度理想型建构活动后来被舒茨称为二阶建构。第二度理想型通过一阶建构而产生，第一度理想型通过二阶建构而产生。[①] 社会科学面对的事实和事件对于在其中生活、思考和行动的人来说具有特定的意义结构和关联结构，这是自然科学的考察对象所不具有的。普通人运用这些结构对事实进行常识建构，社会科学以这些常识建构为基础进行建构活动。科学建

[①] 舒茨的二阶建构的思想出现于《社会实在问题》（Schutz, 1962：58）或中译本《社会实在问题》（许茨，2001：32）。

构在原则上要超越常识思想的建构。普通人对社会世界的建构是一阶建构，社会学家对普通行动者的构造进行再建构，这是二阶建构。社会科学一方面在一阶建构的基础上进行建构，另一方面使二阶建构不受一阶建构中的实践目标的干扰。舒茨认为，科学思考活动不同于日常生活中的思考，因为它不以日常实践为目标。舒茨引用了胡塞尔所说的"所有的科学判断都具有明确的认识世界的目标"，社会科学的主要目标是观察并理解世界，以澄清人们对社会世界的思考内容（舒兹，1990：256）。

在一阶建构基础上的二阶建构，产生了社会科学的知识脉络，这种知识脉络不同于日常生活中的间接观察者的知识脉络。社会科学家和间接观察者对同时代人所抱持的态度相似。不同的是，社会科学家没有预存的直接经验。关于社会世界的科学知识是间接的，是对同时代人和前人世界的认识，不指涉面对面的经验，不是直接的对社会真实世界的认识，是在一般或特殊的主观意义脉络之外的客观意义脉络，是以主观意义脉络为对象的客观意义脉络（舒兹，1990：258）。客观意义脉络有一个逐步建构的过程，以前面的主观意义脉络的建构过程为基础。在理想型的建构过程中，主观意义脉络被客观意义脉络取代（舒兹，1990：276）。

另外，社会科学家的理想型需要和已得出的科学结论没有冲突。科学预设着整个科学社群的经验。建构科学的理想型，有赖于整个科学知识脉络，或者说对世界之明确判断的整个脉络。科学经验涵盖了世界上所有的科学研究结论。社会科学知识以思想结构为基础，这种思想结构具有明确的立场性，这是日常观察所不具备的。社会科学的诠释基模不同于社会世界中观察者所使用的。它不仅合乎社会世界的经验，还与整个科学经验相一致（舒兹，1990：257~258）。

以历史研究为例，历史研究的主要目标不在于作者的主观经验，但这些历史资料指涉作者直接和间接的社会经验。历史科学的主要任务是挑选过去的事件、行为和记号，并加以诠释，再系统地整理成所谓的"历史"。如果历史诠释的起点是过去人类行为的客观意义，其获得的就是事实的历史；如果起点是历史上行动者的主观意义，那么就获得了人类行为的历史。历史学者有其完成任务的兴趣和目的，历史的探究角度决定了一切。历史学者的兴趣有赖于他所生活的时代、他对自己时代的态度和对过去时代的态度。他通过自己对社会世界的经验而注视历史，于是在诠释过程中建构了新的个人理想型和行动理想型。他一方面重建过去发生的事件，另一方面以同对一般世界的认识相一致的方式描述历史。前者符合历史主义所宣称的历史制约了历史学者的观点，而后者是理念客体的非时间范畴，用于使人们了解一般世界。在阅读历史文献时，我们可以想象自己和作者面对面，并从作者那里获知他的同时代人（舒兹，1990：235~240）。

舒茨强调社会科学的客观性，要求研究者价值中立、建立科学模型、用客观方式表述主观意义。这是不同于常识的解释方式。社会科学是对生活世界中的意义的二阶建构。一方面，与日常知识一样，社会科学知识与研究者的兴趣等相关联，也根据某种诠释基模获得；另一方面，社会科学知识有不同于日常知识的特殊之处，而这种特殊之处恰恰源于其同日常解释在兴趣和诠释基模上的差异。他追求的客观性并非对对象世界的完整反映，只是基于社会科学的目标（描述展现常人建构的意义），有条件地对世界的呈现。对外在世界究竟是何模样并不追究，研究者通过设定的方法获得关于世界的认识。被研究者能够赞同研究者对其的描述是社会科学知识客观性的标准。但我们不能排除行动者会受到研究者的影响或暗示而予以赞同。因为行动者本人对于研究者描述的考察，已经是不同于行动当时的反思了。所以舒茨设定的客观标准也是有待商榷的。

有别于舒茨，常人方法论认为社会科学研究者所使用的研究进路和日常推理没有本质区别。传统社会学在表面的科学程序之下运用了和日常实践一样的假设和推理过程，实际的社会学研究没有遵循所谓"科学理性"的态度和程序，试图通过彻底的反思将自己的事业同传统社会学区别开来，通过对社会学的批判和分析，考察有关社会现象的知识本身作为一种社会现象的特点。常人方法论认为普通人的实践推理和社会学家的职业实践都是建立在索引性表达之上的实践，其也将自己置于这种反思之中，区分研究中被描述的主题和用来描述的资源。在常人方法论看来，无视二者的真正区别是传统社会学的主要弊端。我们可以认为这是对诠释基模和诠释对象的区分，是对库存知识和新知识的区分，是现象学社会学理论在其自身上的运用。

第四节 描述取向：现象学社会学的经验研究

现象学反对自然科学的抽象方法，主张通过描述的方法使研究对象呈现其本来面目。现象学社会学试图揭示日常生活秩序形成的知识基础和知识如何由社会建构成一种现实的过程，现象学的描述方法被用来呈现这一过程。行动、规范、情境知识等各种元素之间的关系在对这一过程的描述中表现了出来。

大量的经验研究在现象学社会学的理论框架下开展，如个人在皈依宗教过程中发生的转变，日常生活中的游戏技术和基本技能的运用，医疗、法律和管理等领域的态度、表述和工作技术的形成等。其中，常人方法论这一学派进行的经验研究颇为丰富。它推崇现象学的描述方法，同时提出研究方法的特殊适当性，即根据研究对象和目标选取个案描述或统计、文献或实地研究等方法。常人方法论采用多种方法收集资料，包括开放式问卷、深度访谈、参与观察、录像分析、理解记录，以及"破坏性实验"这种实验方法。

和符号互动论相比，它们使用的方法是相近的。但因为二者所探讨的问题有别，所以对这些方法的使用方式并不相同。符号互动论关注情境的意义和行动之间的关系，即情境知识和社会互动的交互作用，意义一旦在互动中产生，就被不加怀疑地接受。而常人方法论将关于情境的意义问题化，探究这种意义是如何在主观和客观因素作用下产生并被接受进而成为一种现实的，即关于情境的知识形成的方法。所以新的出乎意料的情境是常人方法论研究的重要资料来源，如对一个国家的新移民的研究、对接收死亡通告的人的研究等。戴维·萨德诺将自己进行的死亡研究同格拉泽和斯特劳斯进行的关于死亡知晓的研究进行比较，提出符号互动论关注职员与病人的互动，以及他们如何进行互动中的信息管理；而他关注病房活动的组织过程，呈现病房中的人理解死亡情境的意义的方法（转引自华莱士、沃尔夫，2008：245~251）。

开放式深度访谈是了解人们如何给情境赋予主观意义的有效方法。加芬克尔的陪审团法庭讨论研究就采用了这种方法。通过访问，可以揭示陪审团成员用于完成工作的知识的来源。陪审团成员从各地学习官方的安排，如陪审指南、法庭发的说明书、法庭人员、陪审团成员的谈话、电视电影等。

观察是描述的基础，所以观察法也是常人方法论采用的主要方法。劳里埃和布朗（Laurier and Brown，2008）曾经研究了一群徒步旅行者如何寻找爱丁堡的一座古老建筑，说明了旅行者如何在陌生环境中确定方向和线路，并获得关于目的地的位置的知识。劳里埃和布朗描述了人群的目的——寻找一座城市的老房子，以及使用的工具——一本旅行指南，记录了他们的行动和对话。旅行者首先确定老房子在地图上的定位，分析周围的景物和自己的位置。他们站在可以看见路标的地方，开始大家都围着地图，之后两个人去看路，从不同的角度去了解环境。劳里埃和布朗认为，此时，不同的旅行者之间产生了分工。另外两个人旋转了旅行指南以和当时的方向相匹配。他们都站到一个方向以获得更恰当的看图角度。地图与情境的定位，发生在他们之间的相对定位之后。他们不能确定老宅的名称是两者中的哪一个。两个人正在旅行指南上寻找地点的名称。当地人巴里（Barry）问他们在找哪里。这个当地人按照惯例将他们归为寻找某地的游客。依据他们的描述巴里告诉他们应该是某个名称。他们重新翻阅旅行指南，书页的一面是遗址列表，背面是地图。他们依据地图确定了这个地方的位置。格雷（Grey）在列表处找到了对应该地点的数字，然后翻到地图处加以对应。她读出数字后，把手指缩了回来，以和弗兰（Fran）分享地图。弗兰找到地图上对应数字的地点，读出街道。当地人巴里向他们指出街道。但弗兰并没有马上合上地图。然后他们寻找街道。巴里作为当地人指出地图上的错误。

劳里埃和布朗说明了调查记录的客观性。小型录像机的使用不会增强旅行者的自我意识。研究者已为那些一日游者进行了录像，而且街上有很多照相机和摄像机，他们习惯了这些拍摄，行为表现很常态。另外，被研究者并不知道关注点是他们寻找道路的方式，他们以为是对旅行的记录。所以，他们在这方面的对话不会表现异常。话语分析要记录一切可能的对话，而不是先设定主题，再记录设想的与该主题相关的对话内容。几个研究者一起观看录像，重复播放20遍以上。记录由研究群体完成。

这一案例描述了旅行者使用地图寻找道路（wayfinding）的日常实践过程，即在面对面的情境中，行动者如何运用规范（地图）和既有的库存知识（语言、阅读技术和与他人交流的方式等），获得关于景点位置的知识。研究者详细记录了定位的过程及这一过程中涉及的诸多影响因素，这是定量的实证研究方法所不能实现的。研究者描述了寻找目标所利用的资源：对寻找的事物的描述、其他地图、其他人提供的该位置的名称、一英里内经过的地方、群体中的一位成员向前走一百米看到的事物等。劳里埃和布朗还总结了他们在寻找目的地过程中运用的技巧：在四周走动环顾、群体的分散和重新集合、旅行指南的文本和地图之间切换阅读、利用对建筑和街道的描述，并且分析了旅行者的手势、姿势和对话与获得定位知识的关联。在定位的过程中，他们先围着地图确定自己的位置，当发现地图不能提供准确的信息时，他们观察周边的环境，向当地人询问，将这些新的信息同地图进行综合。他们倾听他人的意见，调整自己的行动，并且寻求与他人达成共识，以解决遇到的问题。

通过这一经验研究，研究者说明了新知识的获得既不是既有社会规范的具体化，也不是不可触及的心理过程。认识地图和将其定位在现实环境的过程是公众参加的通过手势和对话进行的推理，是社会性的、地方性的建构活动，是对问题、回复、陈述、手势、共同行为的意义进行分享的互主体建构。

具体而言，第一，通过定向地图在这一情境中所扮演的角色，说明新的日常知识并非完全在规范的指导下获得，而是在具体情境中通过与他人互动获得的权宜性成就。一方面，对地图的认识需要他人认为是合理的和可执行的；另一方面，除了地图，还需要与他人进行意见的交换才能获得实践所需要的知识。定向地图被加芬克尔用来作为规范性文本的比喻。这些文本被人们认为会出现许多问题。加芬克尔由此来说明人们并不是按照规范来从事日常活动的。第二，阅读地图，不是不可触及地使用意境地图（mental map）的内在过程，即在头脑中进行推理，当地图方向和现实不符时，可以旋转头脑中的地图。劳里埃和布朗认为，关于人类行动和推理的很多分支学科将与人类心智和推理相关的问题都让位于认知心理学。认知变成了不可直接触及的领域，需通过心理过程做出解释。感知、信仰、心理表征、决策等心理过程不能取代观察、想象、分类、推断等社会性的实践。

第五节　走进意识：现象学社会学对知识社会学的贡献

现象学社会学直接进入主观世界考察认知者的主观因素对认识的影响，这是既往的宏观和微观的知识社会学未曾涉足的。它将知识视为社会成员通过认识生活世界而获得的"现实感"，揭示了"一种知识逐渐被社会地接受为现实的过程"。现象学研究科学家与普通人所假定的"社会世界的事实性"这种"素朴"态度，探究这些假定如何由普通人和科学家创造并维持。从而，被实证主义视为独立于人类意识而存在的外在世界，转化为透过意识而展开的与人类的主观建构有关的世界，研究重心从"存在问题"转化为"意义问题"。被我们视为现实的认识成为以认知者的主观世界为基础的"现实感"。"现实感"可以被视为现象学社会学赋予知识的本质属性，同时蕴含了知识的对象、知识与认知主体和客体的关系。它不是对知识性质的静态描述，而是从知识形成的动态视角揭示了对现实的认识的性质。

以解释学和现象学为哲学基础的现象学社会学将理解和认识作为社会成员的本体存在，而不是存在的手段，特别关注理解的条件、方法和有效性。它一方面吸收了解释学的思想，突出了社会历史条件对认识形成的条件性作用；另一方面继承了现象学思想，强调认知者的主观条件对认识的基础性作用，并且将二者衔接和融合起来。由此，它能够提出关于理解的知识的产生机制、客观化的知识的存在演变、知识和认知者所处的历史社会背景的关系以及知识与社会秩序的关系等问题。这是关注社会结构和抽象的人文社会知识的实证主义知识社会学所不能看到的，也是知识社会学的符号互动论传统所不具有的贯穿宏观和微观世界的宽大视野。从而，它对知识的社会生产和社会功能做出了更为根本和周全的说明。在其特定的哲学基础上，现象学社会学传统的知识社会学对知识社会学做出了独特而重大的贡献。

第一，常人生产和使用的日常知识成为基本的研究对象，并赋予其相对于系统知识更基础的地位。我们可以看到存在于社会的知识库存中的客观知识，包括制度规范等，存在于个体的知识库存中的主观知识，以及存在于互动过程中的与情境相关的主观知识。这些知识是社会的客观面向的组成部分,也是关于社会现实的主观面向。

第二,"社会"在现象学社会学中被赋予多重内涵,同时具有主客双重面向。这产生于现象学社会学关注意识的独特视角,其也是它对知识社会学做出的最为突出的贡献。社会现实既是个体生存的群体环境,包括社会结构、社会互动和社会的制度规范,也是人们关于"社会"的认识。由此,社会和知识都包括主客两类内容,具有主客双重属性。根据伯格和卢克曼[①],早期知识社会学中的概念范畴、制度规范和人文知识成为社会的客观面向的一部分,而早期知识社会学中的社会结构被赋予了主观性的面向。

第三,在现象学社会学中,因为知识和社会两种要素的多重身份和性质,二者之间呈现了更为错综复杂的关系。社会世界是通过日常生活中的思想过程社会地建构的,是一种主观现实。但由此产生的世界看起来好像是一个客观现实,其中存在着由角色组成并由一组宗教的或准宗教的关于基础现实的信念加以合法化的体制。这对于建构主义知识社会学的形成具有重要意义。社会成员在社会结构和情境的制约下,凭借互主体的预设,根据库存知识,获得关于他人和自己的行为或思想的认识。在生活实践中人们获得的新的知识对原有知识进行补充和修正,形成关于生活世界的新的图景。这种主观现实会外化为社会的制度规范,并再次对行动者的认识产生影响。由此,社会结构、社会制度和关于社会的认识处在不断的辩证运动中,而不仅是对既有模式的重复。其中,互主体性和库存知识为人们对他人的理解提供了条件,这是现象学社会学对知识社会学的重要贡献。

如图 4-1 所示,从形式上看,通过在 A 社会结构和社会互动与 B 社会制度和社会规范之间加入了 C 关于现实的库存知识和 D 对社会情境的新认识两个环节,早期知识社会学中关于社会结构和意识形态之间的关系预设在现象学社会学中被予以肯定。但 B 社会制度和社会规范作为这一循环的起点和终点,其内容已经发生了变化。所以,特定时点上的社会结构与其制度规范不是直接对应的。

---

① 在《社会实体的建构》的"社会是客观的现实"一章中,伯格将这些知识作为"合法化"的结果(柏格、乐格曼,1991:110~112)。

第四，现象学社会学阐述了知识的真实性即"现实感"是如何产生的，从而为知识的"真实性"赋予了特殊的意义。"真实性"作为知识的必要条件被赋予了主观的性质，即"现实"的本质是一种"现实感"。行动者通过"自然态度"理所当然地接受了关于现实的知识，而作为自然态度基础的库存知识主要是被社会共享的知识。所以，知识的社会共享性为"现实感"的形成奠定了基础。

第五章 规则知识与社会实践：结构化理论中的知识社会学思想

吉登斯致力于揭示现代社会的运行逻辑与现代性问题。他依据"双重解释学"的方法论框架，界定了自身研究的地位、视角与方法，提出了社会运行的结构化理论，揭示了社会结构的二重性，呈现了社会系统的结构性特征作为记忆痕迹反复不断地卷入行动的生产与再生产，跨越时空不断形成结构的过程。基于结构化理论，他阐述了社会转型的机制和现代社会特征。

当代的社会学理论呈现综合的取向。吉登斯在吸收社会学、哲学、心理学诸多学派思想的基础上，综合多种观察视角，提出了结构化的社会科学理论。"结构化理论"关注社会生活中更具本体性的特征，即社会生活所具有的构成性因素——人类的能力和根本处境，这些因素以怎样的方式生产和塑造了社会事件和社会过程的进程与后果。吉登斯从对哲学二元论的批判引出其社会科学的本体预设。他致力于打破行动与结构、主观与客观、能动与制约的二元对立，主张理论的多元取向，把"二元论"改造为"二重性"，协调考虑个人的能动作用与结构的要求。他认为，在解释学、功能主义、结构主义和进化理论等思想中都存在客观主义与主观主义、整体论与个体论、决定论与唯意志论之间的二元对立，强调一个方面具有本质优先的属性。功能主义和结构主义赋予社会客体至高地位，抹杀行动者的理性；解释社会学给予主体和意义至高地位，孤立地谈人的理性、动机和意图，不能结合行动的背景框架显现行动之流，视社会为任人类主体随意而为的创造物(吉登斯，1998：90)①。他还认为弗洛伊德对制度和行动的解释，将无意识作为制度的根基，忽视了社会力量发挥的作用；行动者

---

① 我们认为吉登斯对解释社会学的这一评价有失偏颇。

被自觉意识之外的暗流主宰,行动者对行动的反思性监控也被忽视(吉登斯,1998:64)。其后,他在吸收、继承解释社会学关于主体行动特征思想的基础上,提出用结构的二重性代替二元论,试图打破这种二元对立。二重性即社会中的结构、制度的制约性和人的主观性、能动性、创造性,这两类因素在社会生活中都是实际存在的。在社会实践过程中,这些因素通过人的行动而动态地相互作用、相互转化。具有客观制约性与主观能动性的社会结构,不仅存在于社会层面,也存在于个人的思想意识中。这种结构的二重性,将主观-客观、能动-制约、行动-结构这些二分因素联系起来,在它们之间建立了转化关系,体现了社会实践的连续性和整体性。

基于上述哲学立场,以及社会实践与抽象知识、"日常知识"与"科学知识"的交织渗透的基本预设,他提出了"双重解释学"的认识路径,在研究者、研究知识、社会实践、日常知识之间建立了关联,确立了认识社会变迁与现代社会的特征的方法。吉登斯通过解释的方法,构造了有关人的存在与行为、社会再生产与社会转型概念,探求社会生活本体性的特征,探讨人的行动与行动中的自我的性质、互动及其与制度的关系,把握社会研究的实践意涵,寻求自我批判和自我解放。知识在吉登斯的思想体系中具有双重地位:其一,知识是他关于社会"本体性"关怀的组成部分,由此成为结构化理论的基本元素;其二,在对社会理论与实践关系的考察中,社会科学知识是这组关系的一方,来自实践又参与到实践的进程中。

知识在吉登斯的结构化理论和关于现代性的理论中占有重要地位。吉登斯将现象学社会学对日常知识的关注和传统知识社会学对系统知识的关注融合到他的结构化理论和对现代性问题的分析中。在结构化理论所描述的社会实践过程中,包含多种知识形式,并具有重要意义。在行动层面,主要指向以共有知识为基础的关于实践的认识;在结构层面,集中表现为规则。在社会实践过程中,作为共同知识核心部分的"规则"知识,既是社会结构的组成部分,也是情境知识的产生条件和社会行动的制约与能动条件,存在于结构层面和互动层面,同实践意识、行动、资源、权力、结构、制度等社会运行的诸多因素相关联,由此知识在社会系统中的地位和作用及其产生机制显现了出来。

第一节 规则与实践知识：源于理性的知识

结构化理论中的知识体现在两个层面：结构层面上包含意义和规范的规则，互动层面上具有沟通或约束作用的实践知识。知识体现在这两个层面，源自结构化理论采取了两种方法论置括号的分析方式。第一，在制度分析中，研究结构性特征如何被周而复始地再生产出来，成为社会系统的制度性特征，规则即这种被再生产的特征之一。在这一过程中，结构的能动性、创造性集中体现了出来。第二，在对策略行为进行分析时，关注行动者在互动和形成社会关系时，用什么方式利用了结构性特征。在这一过程中，行动者在受到结构性特征制约并以此为行动条件的基础上，形成了用于互动的具体知识并开展行动。这两类知识分别与这两类分析相对应。

在结构化理论中，社会生活中的规则是在社会实践的实施和再生产活动中运用的技术或可加以一般化的程序。规则主要包括两类内容，其一，与意义的构成相联系，主要是指语义规则；其二，涉及对各种类型社会行为的约束，为道德规则（吉登斯，1998：81、83）。这两类内容，在结构层面，体现为表意结构和结构的合法化；在互动中，表现为意义沟通与规范约束。

在结构层面，吉登斯将规则分为深层的和浅层的。浅层的规则指向话语的、形式化的、正式的律令、规章和游戏方式等。具有深层特性的规则是指日常活动中不断被运用的公式，即舒茨所说的行动者在日常活动中采用的类型化图示。公式作为某种可加以一般化的程序，适用于一系列情境，提供了将既有序列进行下去的方法（吉登斯，1998：84~85）。语言规则就是一种公式。行动者在维续沟通过程时反思性地使用解释图示，即被纳入知识库存的类型化方式（吉登斯，1998：94）。这种知识的类型化思想是吉登斯对现象学社会学思想的继承。类型化促进了知识的社会共享与传递。在行动者运用的各种技巧中，维续本体性安全更为重要。交往技巧就是互动情境参与者之间心照不宣的一致理念，是在较长时间跨度内维持信任或本体性安全的重要机制。合乎习俗的参与界限面临破裂的威胁，交往技巧就体现出维持参与界限的重要性（吉登斯，1998：152）。

在互动层面，规则的表现形式包括默契的和话语的。行动者以默契的方式来把握社会实践的生产与再生产中包含的绝大多数规则，即心照不宣地遵从它们，而无须以话语形式加以阐述。在话语层次上对规则进行形式化概括，如以法律条文、科层规章、游戏规则等言辞表述形式出现的形式化规则，是对规则的法则化解释，而不是规则本身（吉登斯，1998：85）。人们在日常生活中共享这些规则，每个人估量和掌握这些规则，并以其为行动的根据。

结构化理论在对既有理论的传统思想有所吸取的基础上，赋予了规则在社会运行中不可或缺的地位。规则在实证主义社会学中是处于个体之外、个体习得并使用的知识，其先于个体而存在，对个体具有约束作用；在符号互动论中，规则是互动的产物，个体又在互动中选择和运用规则；在现象学社会学中，规则是客观化了的主观知识，其进入行动者的知识库存，成为认知活动的基础。结构化理论提出，规则是行动者在实践过程中创造或提炼出来的结构性产物，这些规则同资源一起成为互动系统的结构性要素再生产的条件与中介。规则作为社会系统的结构性特征兼具使动性和制约性，在某一特定情境或情境类型下既给行动者提供了选择，又对选择有所限制（吉登斯，1998：280~281）。互动的进行和权力关系的构成都以这些规则和资源为基础。结构化理论吸收了符号互动论和现象学社会学关于规则的形成机制、规则对于互动的双重意义，又赋予了规则作为社会结构性特征的宏观地位。

结构化理论所涉及的另一类知识，是在互动过程中行动者在所掌握的规则知识的基础上对互动情境、行动目的、行动计划等的认知。这类知识是行动的基本条件。包含规则知识的"共同知识"（mutural knowledge）是这类与互动情境相关的知识的基础。吉登斯认为，"在日常接触中包含了大量舒茨所说的知识库存，我更乐意把它称为共同知识。行动者的意识无法直接察觉到这种共同知识。这样的知识绝大多数是实践性的，人们要想能够在社会生活中持续完成各种例行活动，它们也是必不可少的组成部分"（吉登斯，1998：64）。在行动者话语意识察觉不到的两个行动过程层次之间存有大量库存知识，即"共同知识"。这些知识绝大多数储存于并不具有话语意识清晰和可以言表特征的实践意识中，是行动者说明他们行动意图的依据。

第二节 社会：实践构成的系统

吉登斯认为，社会科学研究的主要领域既不是个体行动者的经验，也不是任何形式的社会总体的存在，而是在时空向度上得到有序安排的各种社会实践（吉登斯，1998：61）。社会实践体现着行动与结构的相互依赖和补足以及二者互为辩证的关系。对于社会生活实践持久性的模式化而言，人们所拥有的知识是其内在的组成部分。吉登斯认为这一点是结构化理论明显区别于功能主义和结构主义的。

在吉登斯的思想中，社会具有双重意涵，一是指有具体界限的系统；二是指一般性的社会交往，即互动（吉登斯，1998：47）。吉登斯对前者做出了更多解释。所谓系统，是社会关系跨越时空的模式化，由具体情境定位的实践活动构成。不同于结构功能主义将系统视为具有内在高度整合的统一体（吉登斯，1998：526），吉登斯认为系统在不同行动者或集合体的交互作用下实现了整合。由此，这种交互作用成为系统的构成要素，社会的双重意涵统一了起来。

吉登斯吸收了马克思的思想，将在时空向度上得到有序安排的各种社会实践作为社会科学的主要研究领域，为打破个体与社会的二元对立奠定了基础。在马克思的理论体系中，实践是"人类有目的的改造世界的感性物质活动"和"主体凭借物质手段改造客观对象的客观物质过程"（转引自金炳华，2003：200~201）。由此，同时包含了行动的目的性和物质性的实践，使得物质和观念相统一、施动者和结构相统一、社会结构的稳定与变革相统一（朱立群、聂文娟，2012）。根据吉登斯的观点，实践是具有能知和能动的行动者在一定时空之中利用规则和资源不断地改造外部世界的行动过程（转引自李红专，2004）。行动者的理性和群体性的约束两种力量在实践过程中得以融合。而且，行动者反复进行社会实践，来表现其自身；同时，行动者借助这些活动，再生产出使它们得以进行的前提条件（吉登斯，1998：61~62）。"社会实践成为同时构建主体和社会客体的根基。"（吉登斯，1998：41~42）

由实践构成的社会系统具有结构，结构具有二重性特征。社会系统的结构是指循环往复地卷入社会系统再生产的规则与资源。它是使社会系统中的时空"束集"在一起的结构化特征,这些特征使得不同的时空中存在相类似的社会实践(吉登斯,1998:79)。吉登斯认为人类活动具有循环往复的特征,这种特征使得结构具有二重性。结构既是自身反复不断地组织起来的行为的中介,又是行为的结果。社会系统的结构性特征并不外在于行动,而是作为行动的结果又卷入行动的生产与再生产。人的认知能力有限,行动流持续不断地产生行动者意图之外的后果;这种后果可能以某种反馈的方式形成行动的未被认识到的条件(吉登斯,1998:91)。这种后果和条件成了结构。它是在日常生活实践中满足各种旨趣的同时,在非计划中被再生产出来的。结构不是外在于行动或行动者的实存的东西,也不是互动的模式或系统,而是作为记忆痕迹,作为人类认知能力的生物基础而存在,具体体现在实践行动之中,引导着具有认知能力的行动者的行为;既在行动过程中具有客观制约性,又在行动的再生产中具有主观能动性。"记忆痕迹"即知识,所以知识就是结构的表现形式。同时,在实践过程中,各种社会关系跨越时空不断形成结构。这一过程被吉登斯称为"结构化"。社会总体再生产中包含的最根深蒂固的结构性特征被称为"结构性原则",它使不同的时空中存在相类似的社会实践;时空延伸感最强的实践活动即"制度"(吉登斯,1998:79~80)。

行动者进行社会实践的过程即结构化过程。结构化是指社会关系跨越时空不断形成结构的过程。吉登斯用三重图示分析了社会实践过程,社会实践过程包含沟通、权力和约制三重因素。吉登斯吸收了帕森斯将社会作为一种规范的界定,从而使得规范同时具备了客观和主观的双重品质;当规范转化为行动者的具有主观性的知识时,便会对行动产生影响。在结构化理论中,结构与互动层面对应关联。社会互动包括沟通、权力和约束三重因素,与之相对应的意义、支配和合法化是结构层面的分析性和可分离特性。在互动层面,意义的交流过程包含权力运用和规则约束;在结构层面,他将意义的结构分析为语义规则或惯例的系统,将支配的结构分析为资源的系统,将合法化的结构分析为道德规则的系统,它们是完整的设置,而非三种孤立的成分。在互动的具体情境中,这些系统是社会成员运用的模态。

吉登斯关于社会系统的结构二重性不同于将结构视为行动的制约条件

的功能主义和结构主义取向,也不同于将结构视为行动建构物的社会学解释取向。这种结构的二重性并非一套同时包容这两种关系的新的逻辑体系,而是认为这两种关系同时存在,不排斥另外一种。与此相对应,他提出了同时包容这两种关系的解释体系:系统、实践、结构这几个概念相互关联,由规则、资源、社会关系和行动做出解释。[①] 所以,我们认为吉登斯试图解决的是"对立"问题,而没有跳出"二元"的模式。

根据上面的分析,在吉登斯的思想中,社会不是现象学社会学中主观意识中的生活世界,不是符号互动论中的社会互动,不是实证主义社会学中约制个体的宏观结构;社会是由社会实践构成的系统,同时包容了上述三方面因素。伯格和卢克曼所说的"社会"具有"客观的事实性以及主观意义的双元性质"(柏格、乐格曼,1991:28),即社会首先是客观现实,其次是主观建构,经过人们解释的事实呈现自身。他们倾向于"悬置"社会现实的客观性这一本体论问题,把关注的焦点放在社会行动者如何建构他们的现实问题上(赵万里,2001:711)。而吉登斯主张,社会理论更为"本体性"的关怀是结构化理论的主要关注点(吉登斯,1998:39)。他所说的社会系统是一个主客交融的过程,意识和行动构成了社会,结构性特征作为社会的性质而存在。

第三节 结构化:知识、行动与社会结构的交互渗透

在吉登斯的思想中,知识不是如功能主义和结构主义所言的社会结构的产物,也不是解释学中的人类主体的建构物;知识是在结构二重性这一特征的基础上,行动与结构交互作用的生成与存在。吉登斯的"知识"思想运用了心理学关于意识特征的思想,将知识与个体的生理和心理特征联系起来;继承了解释学和现象学关于认知的思想,在讨论知识与行动的生产和再生产的关系过程中,呈现知识同行动的关联;通过社会结构的频变特征,使知识和社会结构相互渗透。结构性特征存在于行动者在日常活动中所拥有的一定

---

① 郭强认为,吉登斯没有找到建构同知识实践做出理论回应的基本方式,所以没有完全解决知识与行动进而知识与社会的相互定义问题,需要进行知识与行动进而知识与社会关系的独立形态的社会学系统研究。

知识之中；没有这些知识，结构就无法独立地存在(吉登斯，1998：91)。

以社会实践为研究对象的结构化理论从解释社会学视角出发，阐释知识如何运行于社会的结构化过程中，说明知识、行动和社会结构之间彼此关联、交互渗透的关系。共同在场的互动情境中的知识和行动的关系，是结构化理论中知识与社会关系的集中体现。在共同在场的互动条件下进行实践活动时，关于规范和意义的规则出现在意识中，通过反思性监控、理性化和动机激发的过程，行动者获得行动的意义、目的、方式、环境等，由此，与情境相关的知识得以产生；另外，行动者在互动过程中吸收、运用和改造规则，生产新的规则知识。

在结构化理论中，心理条件是知识产生的切入点。吉登斯将个体行动和社会结构同个体的意识状况关联起来，从而揭示出知识产生、存在的心理基础。结构化理论吸收了弗洛伊德和现象学思想，区分了行动者的意识和无意识以及意识的三种形态。在这几类意识的基础上，知识与社会在实践活动中建立关联。"无意识"是指失去知觉，与之相对的"有意识"，包含三种意义。第一，知觉意识，与失去知觉相对应，是身体的感觉机制及其正常的运作形态，在知觉意识下，行动者注意到周围环境中的一系列刺激。知觉意识不包含对意识的反思性成分。这一类型的意识不会直接产生知识，但为知识的产生提供前期条件。第二，实践意识。吉登斯对实践意识最为关注。根据吉登斯，实践意识具有反身性和实践取向，与行动者的旨趣、人际关系和社会脉络密切相关。产生于实践意识的反身性和实践性（实用性）的知识是行动的主要基础。社会系统的结构性特征即共有知识存在于实践意识中：行动者知晓某些规则和策略，关注周围发生的事件，依据规则将自己的活动与这些事件联系起来；通过这些规则和策略，日常社会生活得以在更大的时空范围内反复地构成。正是实践意识同时体现了知识在生产和功能上双重的社会关联。由此，实践意识对结构化理论具有根本意义。第三，话语意识，即合乎逻辑的表述自己的活动及理由，其将事情转化为言语(吉登斯，1998：113)。话语意识和实践意识之间彼此渗透，没有固定区分。其区别在于什么是可以被言说的，什么是只要做而无须多说的。行动者对自己的所作所为及其缘由的了解，多产生于实践意识，只有部分体现在话语层次。实践意识和话语意识形成了行动者在自身及他人行动的生产和再生产中默会的知识和用话语形式表述的知识。在这三个意识过程中都有知识产生,我们这里将其称为"知觉知识"、"实践知识"和"话语知识"。依据吉登斯关于实践意识和话语意识的区分,符号互动论论述的互动知识和现象学社会学论述的日常知识更多地产生于实践意识。实践意识是日常知识产生的主要渠道。常人方法论更多地阐释了话语意识及其产生的知识的特征。这种区分对于知识的分类和依据类别讨论各类知识的产生和作用具有重要意义。

结构化理论吸收了符号互动论和现象学社会学关于实践意识的相关思想:米德所阐释的对"心灵"进行符号的感知和运用,解释他人的行为和定义情境,与实践意识具有相近的指向;现象学社会学更多地强调可说明性、互主体性和库存知识等实践的性质和条件,揭示行动者如何在这些性质和条件的基础上获得关于自己和他人行动的意义。在此基础上,吉登斯区分了实践意识条件下知识产生的三个关系过程:行动的反思性监控、行动的理性化和行动的动机激发过程。在这三个过程中,关于情境的知识、关于行动目的的知识和关于行动规划的知识在实践中产生。这些知识包括符号互动论中关于互动情境的知识、韦伯所说的行动者关于行动的目的动机以及现象学社会学中关于行动的意义。

一 反思性监控:情境知识的产生

反思性监控被视为社会行动的重要环节,蕴含着行动者对既有知识的运用和新知识的生产。反思性监控是指行动者监控着自己的活动流、他人的行为以及自己所处情境的社会特征和物理特征,是日常行动的惯有特性(吉登斯,1998:65)。舒茨提出,反省地注意挑出被经历过的经验,使之成为有意义的。吉登斯将这种反身的特征称为反思性。通过反思性监控,行动者获得了关于行动的情境的认知。在互动情境中,对行动的反思性监控同对互动情境的社会特征和物理特征的监控融合在一起。监控的内容包括围绕互动片段形成的时空边界,互动对方的面部表情、身体姿势、语言和其他沟通媒介等。通过反思性监控可以获得对身体和社会活动情境的定位。身体定位涉及在日常生活流中的定位、在整个生存时段中的定位、在社会制度超个人的结构化过程中的定位以及在各种社会关系中的定位,即社会角色(吉登斯,1998:45)。吉登斯对于定位过程的分析,体现出了社会关系对于个体认知和行为的影响。所以,行动者的社会关系、对行动情境的认知以及其后的行动之间的关联,表明反思性监控不仅是自我意识,还是持续发生的社会生活流受到监控;不仅获得了关于自我的知识,而且认知了持续的社会生活流。

根据吉登斯,对行为的反思性监控并非仅仅取决于个体行动者人格中的心理机制,还以个体在他的日常生活例行实践活动中所维持的社会关系为中介(吉登斯,1998:120)。由此,反思性监控知识的产生有三个方面的条件。第一,个体行动者的心理机制。吉登斯对反思性监控做出了功能主义的解释:行动者理解其行动脉络、估量所处的环境,不仅出于增加其行动的成效和效率,也是行动者存在上的要求。反思性监控包括缄默状态下的和给予话语认定的,绝大多数是前一种形式,即发生在实践意识的层面。第二,结构二重性是反思性监控的前提,即社会条件。因为结构同时是行动的中介和结果,行动者可以运用社会的结构性特征对行动及其情境进行反思,并影响行动的发生,从而实现社会结构的再生产。第三,实践的连续性。反思性之所以可能存在于实践中,是因为实践是连续的,在时空向度上具有类同性(吉登斯,1998:62)。从而,对行动的反思以过去的实践为依据,其又使未来的实践顺利进行。而实践的连续性又以反思性为假设前提。实践的连续性与反思性辩证地相互关联(吉登斯,1998:63~66)。

二 理性化:目的知识的产生

理性化[①]是指行动者对自身活动的根据保持"理论性的理解"。它是能动者在作为行动本身情境的自我知识和社会与物质世界的知识中,对能动者行动目的的因果表达(吉登斯,2003:176)。行为的合理化是反思性监控的基础和基本特征。

关于行动目的的知识在理性化的过程中产生。理性化是行为的例行特征,是动态过程而不是静止状态,以理所当然的方式完成于行动中(吉登斯,1998:63~64)。关于目的的知识存在于行动者对其自己的活动进行成功监控的连续过程中,被行动者反思性地领会,或被另外的能动者概念地分离出来。在很少的情况下,个人的头脑中会存在清晰的目的,使得能量被明确地向着这个结果进行组织。但当个人被问及为什么如此行事时,行为的理性化

---

① "理性化"与"合理化"为 rationalization 的不同译法,二者为同一概念。

才开始促使行动者借助话语形式为行为提供理由。当行为的某些方面令人困惑，往往是行为违背习俗或偏离个人习惯的行为方式的情况下，行动者才可能被问及这一问题。人们一般能对大部分行为做出解释(吉登斯，1998：65~71、408~409)。就活动给出说明，既要阐明理由，又要给出规范性依据，这体现了行动者知识库存中的解释图示和社会规范的相互交织。

行为的理性化所产生的行动理由为行动提供根据。通过理性化获得的关于行为目的的知识使行动者在行动过程中始终知晓行为的根据，并提供自身活动的理由。理性化产生的知识成为行动内在的组成部分，为社会生活持久性的模式化提供条件。同时，由于互动情境多样，行为的理性化为他人评价行动者一般化的资格能力提供主要依据。宏观地看，人类对自己的行动做出理论概括，试图监督并借此控制系统再生产高度一般化的条件。由此，结构化理论不会像功能主义和结构主义那样在行动者一无所知的现象中探寻他们活动的根源，进而忽视理性化的过程，贬低行动者的理性(吉登斯，1998：90~91)。

为什么要探究行动的目的呢？吉登斯认为，探究行动者行动的目的，就是要探究这个人以什么方式、从哪些方面监控着自己对事件过程的参与。探究行为的合理化就是要探究目的性举动或筹划的不同形式与目的性举动中的知识的专业性基础之间的逻辑关系(吉登斯，2003：173)。这意味着，"人类行动者不仅能在日常行为的常规状态下监控自己及他人的活动，还有能力在话语意识层面上对这种监控过程本身进行监控"(吉登斯，1998：94)。

吉登斯突出了"意向性"和"理性化"对于反思性的基础作用，从而明确界定了知识产生的个体条件以及知识社会性的微观机制。他认为，在各种行动可能中，只有意向性的事件或者说目的性行为与知识有关，包含可以产生一个特殊结果或许多连续结果的知识的运用。这种知识是实用的知识(吉登斯，2003：172)。

三 动机激发过程：计划知识的产生

行动者通常可以用话语形式对其所作所为给出意图和理由，但不总能够说清动机。日常行为大多是例行活动，即无意识层次上的动机激发过程是行为的重要特征(吉登斯，1998：65~66)。这里的"无意识"是精神分析范畴所指的状态。只有在不遵循惯例的情境下，动机才直接作用于行动。动机在大多数情况下提供通盘的计划或方案(吉登斯，1998：65~66)。如果行为的实施者知道或相信行为具有某种特定的性质或后果，并且利用这些计划或方案实现这样的性质与后果，这一行为是"有意的"(吉登斯，1998：71)。

实践中行动者对行动的性质和后果的预期以及做出的计划或方案，反映了行动者对系统再生产条件的认识，这些认识以结构性特征为基础。根据吉登斯，这些认识受到四个方面因素的影响。第一，行动者凭借自己的社会定位所获得知识的方式和获得的知识。行动者局限在一定的生活环境中，获得的知识与其生活环境相关；即使借助语言了解了大量非经验环境的知识，对其他环境的所知亦有限。某些行动者或者集团通过一定的能力影响他人行动的背景条件，通过一定的权力路径对知识产生影响。由此，行动者所具备的关于结构性特征的库存知识是不同的，计划或方案也因此受到影响。第二，与被视为知识的信念的有效性相关的情况。个体在描述行动的具体情境和社会系统的特征时，可能会出现错误，这可能是由于心理机制或系统的社会压力。信念的有效性影响了计划或方案的有效性。第三，组织并表达知识的话语类型，以及不同类型话语的性质。日常知识的表述较为零散，这些知识之间缺乏紧密的逻辑关联，同时社会科学的话语对社会解释产生了影响。不同类型的话语使计划或方案呈现不同的特点，或松散，或严谨。第四，与可资利用的知识的传递方式有关的因素。书写、印刷等沟通媒介影响了可资利用的知识库存和知识类型，口头文化与这些沟通媒介的关系对知识生产产生了影响(吉登斯，1998：168~172)。这些因素并非直接是社会性的，但都具有社会的背景和意涵。

综上，在结构化的过程中，行动者未认知的行动条件、行动过程中的反思性监控、行动者对自己行为的理性化、行动背后有意识和无意识的动机以及意图之外的行动后果，构成了"行动自我的分层模型"。这是一个连续的过程，知识在其中产生并带来影响。

四　社会实践再生产：规则知识的修订与更新

规则是结构化理论的核心要素。规则与资源共同构成了结构，存在于实践过程中。规则在实践过程中被行动者使用，同行动者的处境和旨趣相关联。吉登斯关于规则知识的存在形态的论述是对结构主义和解释学的基本判断的突破。根据吉登斯，行动者所使用的规则知识不是如结构主义和功能主义所说的来自行动者之外的社会。吉登斯批评规范功能主义等思想流派过分强调规范性义务被社会成员内化的程度。这些思想流派没有意识到具有认知能力的行动者反思性地监控着彼此之间的互动流，处于互动中的行动者将社会系统的规范性要素转化为以规范性要素为基础的、依赖情境的权宜性主张。当然，规则也不是解释学和现象学所说的来自行动者主观的创造，而是主客交互作用的结果；但从解释社会学视角，规则的情境关联性显现了出来。这些规范性要素只有通过在日常实际接触的具体情境中有效调动各种约束，才能得到维持（吉登斯，1998：95）。因此，规则既不是灌输给社会成员的行动范本，也不仅仅是对行动加以说明的依据，而是作为系统的结构性特征，兼具行动的制约条件与能动条件的双重性质，在实践中不断被再生产出来，进而使结构性特征得以维持。

互动中的反思性监控是知识修订和更新的机制。在互动过程中，行动者拥有的包含规则的共同知识反映了行动者的实际处境和旨趣，共同知识引导着互动中知识的发展。判断共同知识是否与情境相适应的标准并不存在，行动者在与他人互动的过程中不断地通过反思性监控来观察别人的反应，这不仅产生了与情境相关的知识，也对规则知识做出了修订。另外，行动者把持和未能把持的资源都会不断地影响他塑造、测试和再确认规则。

在互动层面，行动者运用的规则具有方法性和程序性。这种方法性和程序性为规则知识的修订和更新提供了条件。第一，有关程序的知识或对实施社会活动的技术的掌握是方法性的，这些知识没有明确规定行动者可能遇到的所有具体情境，而是提供在不确定的社会情境中做出反应和施加影响的一般化能力（吉登斯，1998：85~86）。在不同的情境中规则具体化为不同的形式，由此产生了与情境相对应的知识。第二，行动者运用的规则是程序性的，其解决了行动者"知道如何接续下去"的问题（吉登斯，1998：84~86）。比如，关于社会定位的规则规定了具有某一特定社会身份或从属于某一特定社会范畴的人所拥有的权利与义务。但具体接续的内容，则由行动者根据情境做出判断、选择和方案设计。这种规则的方法性与程序性为行动者建构关于行动的各类具体知识提供了空间，也为行动者根据具体情境调整和更新规则提供了可能。

结构化理论对于实践过程中知识产生和运行机制的具体分析有不足之处。第一，没有对知识产生的过程以及其中诸多因素如何相互作用予以细致描述：没有对主体的需要与愿望如何形成给出本体论的答案，也没有说明在本体性安全需要基础上的动机的本质和发展（Cohen，1989）。第二，如梅斯特罗维奇（Stjepan Mestrovic）所言，行动者并非都具有知识和技能，吉登斯的理论无法解释偏离社会常态的行为，也难以解释各种情绪系统而经常地掠夺了行动者的反思能力（Mestrovic，1998）。第三，对于权力和知识的交互作用没有深入地阐释，比如意识形态对人们行动和思想的支配。第四，没有阐明在不同的文化中存在的意义解释框架有何差异（金小红，2008：18~19）。当然，这些不足并不是对吉登斯关于知识与社会结构关系论断的否定，而是需要进一步探究的理论面向。这或许源于"有时吉登斯较之具体论证而言更重视观点的提出"（约阿斯，1987）。

五 社会实践再生产的中介：知识的建构功能

在结构化理论中，知识是社会实践再生产的中介，具有对社会实践的建构功能。吉登斯赞同受解释学和日常语言哲学影响的学者所提出的日常语言和常识信念并非妨碍人们得出有效观点的障碍的说法，但他批评解释学关注意义而排斥人类生活对物质活动的实际参与，以牺牲行为的因果关系为代价寻求解释人类行为，在涉及社会权力不对称和利益分配时，没有对社会规范进行检视（吉登斯，2003：271~272）。吉登斯重点分析了社会规范对个人意识和行动的影响。

规则和资源是主体在互动过程中创造或提炼出来的结构性产物，这些规则和资源又成为互动系统的结构性要素再生产的条件与中介，互动的进行和权力关系的构成都要利用这些规则和资源。规则在实践过程中表现为不言自明的影响因素，不仅是否定性的限制因素，也是可资利用的建构性因素。实践中的行为或互动包含着意义、规范性要素和权力的相互交织以及规则和资源的相互交织。一方面，行动者把持和未能把持的资源都会不断影响他塑造、测试和再确认规则；另一方面，资源并非独立存在于行动者之外，而是存在于社会环境里，社会成员在各种社会脉络中运用规则赋予其不同意义。而意义形式和道德形式在互动中被用来算计并与利益分配联系起来，包含权力因素的支配模式的再生产体现了意义形式和道德形式的不对称（吉登斯，2003：274），即意义与规则的不对称。

第一，规则对行动具有规范导向作用，用来界定在这个脉络中什么样的行动是正确且适当的。每个人自己都在估量和掌握规则，根据规则呈现行动的意义、目的、方式等，并采取行动。关于规则的共同知识绝大多数是实践性的，是持续完成各种例行活动①的组成部分。

规则是在社会实践的实施及再生产活动中运用的技术或可加以一般化的程序。它是在反思性监控中被运用的一类知识，行动者在日常社会接触的生产和再生产中运用这些知识，以解决其"知道如何接续下去"的问题。在通过测试和再确认行动的规则从而采取适当的行动、达到目标的过程中，行动者再生产了社会结构。行动者在实践中测试他所掌握的社会现象背后的规律和形式，反过来这些被掌握的规律和形式即共同知识指引和建构了进一步的行动。

第二，共同知识成为行动者用以说明他们行动意图的依据。在社会生活中持续完成各种例行活动时，行动者可以以话语意识的形式了解其行为和行动处境中各个环节的意义，通过活动的理由和规范性的依据对活动做出说明，为行动赋予意义（吉登斯，1998：62~64）。

对活动做出说明，包括活动的理由和规范性的依据。行动理由不同于体现在行动者行为流中的行为的理性化，其只是行为的理性化的一部分。它也不等同于规范承诺（吉登斯，1998：62~64）。行动的"可说明性"表达了行动者的解释图示与规范的交织。吉登斯认为，对行动做出说明的规范性依据是与情境相关的。但规范功能主义等思想流派过分强调规范性义务被社会成员内化的程度：这表现在互动的规范性要素偏重权利和义务之间的关系，但实践活动并不必然存在权利和义务的一致性。它们没有意识到具有认知能力的行动者反思性地监控着彼此之间的互动流。当从社会客体的角度理解社会系统时，我们认识不到社会系统的规范性要素转化为依赖情境的权宜性主张；而从解释社会学视角，规范的情境关联性显现了出来。这些规范性要素只有通过在日常实际接触的具体情境中有效地调动各

---

① 例行活动在日常社会活动中占有支配地位。通过完成例行活动，行动者得以维持本体性安全。例行化的实践是结构二重性在社会生活连续性方面的主要表现（参见吉登斯，1998：409）。

种约束，才能得到维持(吉登斯，1998：95)。吉登斯的这一思想也有别于常人方法论关于规范用于对行动加以说明的观点。在常人方法论中，社会规范只是说明行动的工具；而对于吉登斯来说，规范对行动仍具有指导意义。

第三，行动者在互动系统的再生产中将规则作为结构化模态，借助同样的模态反复再生产出系统的结构性特征(吉登斯，1998：93)。共同在场情境下被反思性地采用的规则，不局限于特定的日常接触，还适用于跨越时空的日常接触的模式化的再生产。语言规则、基本框架化和派生框架化的规则、人际互动的规则等，都适用于社会生活中的多个领域(吉登斯，1998：168)。

在广泛的社会系统中，各种互动情境借助制度联系结合在一起。人们的互动以制度秩序为基础，同时，人们参与了制度秩序的再生产。在再生产制度秩序的过程中，也再生产了制度秩序的真实性。制度秩序被作为"真实"的秩序而接受，这种真实性是由制度秩序构成的结构性制约的一个来源，并且实践在这种以之为真的认知态度下得以维续。接受态度不一定体现在他们的话语意识中，但一定体现在他们的实践意识中。权力关系系统蕴含在对"真实"秩序的接受之中(吉登斯，1998：468~472)。

在吉登斯的思想中，与情境相关的社会规范为行动赋予意义，行动者在互动过程中学习、运用和改造规则，意义、规范性要素和权力在互动过程中相互交织。这些都是知识的社会性的体现。吉登斯阐述了知识如何运行于社会的结构化过程中，但对知识产生的过程以及其中诸多因素如何相互作用并没有予以细致的描述。这说明知识、行动和社会结构之间彼此关联、交互渗透的关系是他的理论重点所在。

第四节　抽象性与普遍性：现代性特征中的知识

吉登斯基于结构化理论的基本视角和逻辑分析了人类社会的演化过程，重点分析了现代社会运行的方式与特征。在这一过程中，知识以及知识产生的相关机制对社会演化具有重要意义；在现代社会中，知识呈现独特的特征，发挥了更大的作用。反思性监控是知识产生的重要机制，这一机制作为"国家"具有的最一般特征，使作为记忆痕迹的头脑中的结构不断社会化，促成构成制度的合法性因素由行政列表变为可付诸实践的共同道德规范，进而变为法律条文，从而增强了国家控制的力量。在现代民族-国家中，时空分离和抽离化机制使人们拥有更多抽象的、普遍性的思想意识和专业知识，具有更多塑造社会的可能性。

吉登斯区分了传统国家、绝对主义国家和现代国家三种国家形态。三种国家形态的更替实质上是人类社会从一种结构向另一种结构转型的过程，这个过程是结构化的社会再生产的过程。根据吉登斯，国家是由一定的机构按照某种制度化原则而开展的政治行为或政治组织的活动。制度都是由支配性、表意性和合法性三种因素构成的。权威性支配既来自权力机关的社会控制，也有通过各种象征手段和话语模式来表示某种意义的制度作用。合法性因素在传统国家和极权专制国家表现为"共同道德"对社会的规范，在现代国家表现为法律条文对社会的规范。

他认为"国家"所具有的一般特征是"国家对其统辖的社会体系的再生产方面实施反思性的监控"。反思性监控作为反思性知识的产生机制，既是国家不断强化统治、维持运行的基本机制，促成了社会转型，也是上述合法性因素变化的动力机制。

从传统国家向现代国家的转型是从异质性向同质性、从多样性向单一性、从分散向集中、从较弱控制向强力控制的转变过程。这一过程是作为记忆痕迹的头脑中的结构不断社会化的过程。国家的权力系统不是仅靠经济力量和政治斗争就能发展起来的，社会结构二重性导致的结构化过程，支持并促进了反思性监控的发展，强化了传统国家的控制功能和监控体系。书写在社会结构化过程中起到了扩大、传承、模式化传统国家的行政控制的作用。最早的书写内容是行政列表，其强化了时-空的延伸，扩大了行政控制的效力范围。当书写的文本为了创新发展语义内容而与记号联系在一起时，文本包含的话语意识和实践意识就会促使文本的内容付诸实践。当把例行化实践行为以规范的、典型的形式表述或记载下来后，其就成为具有强力作用的行为规范，支持着传统国家的行政系统。行政控制对书写和信息编排具有监控作用，二者互为条件和前提。书写和信息编排对国家权力的形成和发展更具基础性。绝对主义国家产生了新的法律机构，国家法律发生了一系列变化：以非个人方式适用于所有社会等级的法规增多，法律向更具普遍性的方向发展；法律开始承认并保持私有财产；刑法和国家机器所用的制裁方式发生变化。

民族-国家存在于由各民族-国家所组成的联合体之中，它是统治的一系列制度模式，它对已划定的领土边界实施行政垄断，它的统治依靠法律以及对内外暴力工具的直接控制而得以维护。现代性制度使社会生活发生了深刻而复杂的变化，最重要的包括时空分离、抽离化机制和制度性反思。

时空分离是人们在现代社会的生存状态，使人们形成了相应的时空体验和时空观念。超空间的时间虚设、超越具体时间点的空间范围、没有任何在场事物的时间和空间，这种时空分离观是人们在现实生活中的体验和感受，并作为"记忆痕迹"成为社会生活的结构，促进时空观念的普遍化，拓展了想象时空；而且作为二重性结构导致社会生活的新结构化，超越具体时空的社会联系和社会组织拓展了人们的生存时空。其最直接的表现是人们思想意识和社会生活的全球化。

抽离化是指人们超越特定时空点的限制而建立远距离的社会关系。抽离化机制包括符号标志和专家系统。抽离化机制的本质是抽象，即超越具体事物的限制，获得一般性和普遍性。象征符号比如货币、语言，因抽象性而具有普遍意义和对社会生活产生了重构作用。专家系统主要是指专业知识。在现代生活中，专业知识和专业技术渗透到社会生活的方方面面。时空分离和抽离化机制对人类自我意识的影响突出地表现在信任感的变化上。在现代性条件下，信任和安全、风险和危险相互并存。

吉登斯特别强调知识与现代社会的交互作用。制度性反思是对现代社会秩序、规则和制度的反思，被反思的对象是在知识的作用下形成和变化的。制度性反思是指定期把知识应用到社会生活的情境中，并把这作为制度组织和转型中的一种建构要素。实证科学知识和社会科学知识甚至人文知识越来越普遍地进入日常生活之中。信息技术和通信媒体使传递性经验成为现代人的基本经验。传递性经验是通过信息技术和通信媒体形成的间接性经验，其实质是知识经验或信息经验，也是超越具体时空点位限制的可能性经验。可能性是生活于其中的人们的可选择性，是人们按照自己的选择重构社会的可塑性。

第五节　自反：社会科学知识的社会生产与社会批判

吉登斯通过对社会科学知识自身的反思，澄清了他所发展的社会理论的性质和认识路径，也提出了关于社会科学知识的社会学思想，呈现了社会科学知识的社会性。吉登斯关于社会科学知识的思想被称为"双重解释学"。吉登斯如是界定双重解释学：作为社会科学逻辑的必然组成部分的两个意义框架的交织关系，一是由普通行动者构成的充满意义的社会世界，二是由社会科学家创造出的元语言，在社会科学的实践过程中，这两个意义框架之间始终存在"互渗"（吉登斯，1998：522）。社会科学知识运用社会科学的元语言对日常生活中的意义进行再解释。这两个意义框架之间、常人与专家之间、日常实践与（社会）科学知识之间交互渗透。

一　社会科学知识的由来：社会生产

社会科学知识如何产生的问题是吉登斯理论的认识论基础。他在对自身理论的生产的阐释中，呈现了社会科学知识生产的社会机制和社会性。知识的社会生产问题是追溯知识生产过程中社会因素是否与如何参与到知识的生产过程中。知识的生产是否具有社会性，与知识的客观性问题相关联。传统知识社会学与解释社会学思想中蕴含的知识社会学思想，通过科学研究方法、对绝对真理的假设、赋予研究者特殊地位、共识真理观和忽略知识的客观性等途径，对社会科学知识的社会生产及其客观性问题做出了不同回应。吉登斯继承了舒茨二阶建构的思想，即社会科学知识是研究者在研究对象建构的基础上的再建构。

根据解释学，社会科学的研究对象是与解释者相关联的解释的产物，社会科学知识是与研究者相关联的对这种解释的再建构。与解释者的关联性同与研究者的关联性叠加，塑造了社会科学知识的社会关联性。

从研究对象来看，社会科学是运用其研究对象已经建构的概念和意义框架来阐释研究对象，因此，意义框架的社会关联性导致了社会科学知识的社会关联性。根据吉登斯，社会科学不同于自然科学，其涉及一个预先解释的世界。普通行动者建构和重建社会世界的过程中运用了一个意义框架。社会科学对社会行为进行描述，生产关于社会对象的知识，这种知识是凭借该对象的意义框架、概念和因果关系来表现的（吉登斯，2003：271）。这个关于世界的意义框架的创造和再生产是对人类社会行为进行分析的条件。由此，基于此意义框架产生的社会科学知识是与其研究对象的意义关键相关联的，这不是一套纯粹客观的表达体系。

根据吉登斯，所有的社会研究都以解释学环节为前提（吉登斯，1998：464）。社会科学研究者首先要用解释学方式来阐明意义框架，站在研究对象的立场上呈现研究对象的意图和因果逻辑。当研究者和研究对象具有不同的文化背景时，研究者可以通过民族志的方法进行解释，即用原文化的知识体系对其做出解释；如果研究者和研究对象处于共同的文化中，研究中使用的共享知识则无须说明，共享知识这一前提就成为隐含的了。只有了解行动者了然于心或明确表述的知识，才能描述社会活动。而且，社会科学概括中的因果关系需要借助行动者本人的理由。行动者的认知能力包含哪些部分，这种认知能力以何种方式定位在具体情境中，行动者具有的知识命题内容的有效性，这些问题都影响了社会科学中的概括适用的情况（吉登斯，1998：486）。而经验主义和客体主义借助社会学观察者和普通社会成员的共同知识，压制了关于如何产生社会描述的问题（吉登斯，1998：473~474），由此忽略了这种描述的社会关联性。

吉登斯不同意舒茨所说的社会科学的专业性概念在一定程度上能够还原为日常行动的普通概念，即可根据普通概念演绎而产生出社会学的概念。吉登斯认为，社会科学研究者要首先掌握普通概念，从解释学的角度洞悉要分析的生活形式的特征（吉登斯，2003：275~276）。作为互动参与者理解彼此言行的解释图示，共同知识成为社会学观察者描述行为的工具。但对社会生活特定领域进行的研究需要理论的元语言和专业分工，这样社会科学就不会和其研究对象完全合为一体了（吉登斯，2003：274）。社会科学知识的话语包含以研究对象的共同知识为基础的社会科学自身的元语言。

那么，关于意外后果的研究能获得具有客观性、普遍性的"法则"吗？吉登斯强调，对行动意外后果的研究是社会科学独特的任务。他断言，社会科学中不存在普遍法则。根据吉登斯，社会科学要同时论及行动同主观意向的关系和行动同行动的意外后果的关系两个方面。一方面，我们不应像客体主义和结构社会学所主张的那样，只关注行动的意外后果、发现其中蕴含的法则，而是要考虑行动者的主观意图，尊重行动者在行动中运用的基本准则。另一方面，要将行动概念本身及对行动意义的认定同与目的的联系分离开来：所研究的行动不一定是有意图的，有意义的行动不一定带有意图中的后果（吉登斯，2003：272）。社会科学概括中的因果机制需要借助行动者本人的理由，而不是与行动者对其所作所为提供的理由无关；同时，对行动的反思性监控是有限的，一些影响行动的因果因素不是通过行动的理性化发挥作用的，比如无意识的影响、改变个人进行活动的环境的影响。当行动的意想后果与意外后果掺杂在一起时，社会科学的概括就不可能采取普遍法则的形式，因为行动者的认知能力包含的内容、认知能力以何种方式定位在具体情境中、行动者具有的知识的有效性等，都对社会科学概括所适用的情况产生影响。适用的情况千差万别，社会科学的概括也无法具有普遍性。而且当行动者了解了所谓的法则，并对自身行动做出改变，这一法则的普遍性就被削弱了。所以，社会科学的概括得以成立具有时间和空间的范围，这取决于行动的意想后果和意外后果的特殊融合（吉登斯，1998：484~488）。

对客观性的追求是社会学的学科意识形态。知识社会学关于"知识的社会决定"的基本论题使这种社会相对性指向科学研究自身，从而社会科学知识和知识社会学本身面临着自我驳斥的危险。根据吉登斯的观点，社会科学知识是运用社会科学的元语言对日常生活中的意义进行再解释。吉登斯通过否定社会世界的一般法则，否定了社会科学所追求的绝对"客观性"；通过现象学社会学的悬置库存知识的方法，获得关于普通行动者共同知识的"客观"认识；通过建立共同知识基础上的社会科学元语言和意义框架，做出对社会世界的解释和批判。

二 社会科学知识的实践意涵：社会批判

不论是在结构化理论中，还是在现代性理论中，吉登斯都强调社会科学知识对社会实践的浸入与影响。吉登斯对社会科学知识的关注，旨在揭示社会实践的特征、社会科学知识与社会实践的关系，进而将他的社会理论置于实践之中，从而干预实践。由此，揭示社会理论如何作用于实践是他的思想的重要部分。

知识的社会影响是知识与社会相关联的一条重要线路。知识类型及其影响的范围、强度和机制等是研究关注的重点。根据吉登斯的观点，在社会科学中，实践是理论的研究对象，理论改变了它自身的对象；社会科学知识本身被改变了的实践所驳斥。由此，社会科学知识在批判、影响社会的同时，否定了自身的有效性，而促进了对世界的理解、自我批判和解放。这并非确立法则,而正是吉登斯对社会科学的定位。普通行动者往往会接受社会科学家们的概念和理论,并将其具体化为自己行为理性化中的构成因素(吉登斯,2003:276)。而社会科学对社会构成造成的影响之所以被忽视,是因为这些知识会在人们行动时被予以考虑,从而成为人们习以为常的社会生活准则(吉登斯,1998:493~496)。

吉登斯主张社会科学知识可以对常识信念做出批判。关于自然世界的常识信念可以借助自然科学的成果加以证伪,社会科学的客体主义者由此认为社会科学也可以为社会生活中的常识信念证伪。而站在解释学和日常语言哲学立场上的学者认为常识信念正是描述社会生活的基础,以此来反对客体主义者的主张。吉登斯认为,这些解释学学者丧失了社会科学对常识信念的批判能力。他提出解决社会科学缺乏批判性这一问题的方法是区分共同知识和常识,而现象学和常人方法论对常识或类似的术语的描述是含混的。

在共同知识的基础上,存在大量常识,也产生了社会科学知识。共同知识是普通行动者与社会学观察者共享的有关在各种生活形式中如何顺利进行的知识,这类知识存在于实践意识层面(吉登斯,1998:524)。这类知识是进入社会科学论题必不可少的,是研究者进行研究的前提条件,也是社会科学的发现所不能改变的。常识是指日常活动的行为中包含的各种命题性信念,是可证伪的信念。不是所有的共同知识都可以用命题性信念的方式来表达,而且持有信念的人没有能力通过话语形式将所有信念都表述出来。对共同知识和常识的这一区分是分析性的,在社会研究中,二者并非可以轻易分开的(吉登斯,1998:474~475)。做出这一区分,就使常识成为社会科学主要的批判对象,而共同知识是解释学所主张的对社会生活的说明。可以认为,常识和共同知识并非包含的关系,共同知识是常识的内核,比如语言文字。

对研究对象进行批判,还需凭借与普通行动者使用的语言有所不同的社会学观察者使用的术语,即以共同知识为基础的社会科学的元语言。"中立性"的概念即社会科学的元语言,使用这类概念是要同研究对象使用的概念保持批判的距离。这些社会科学的术语可能会使人们对行动者的话语表述提出质疑,共同知识也会成为质疑的对象。如果行动者本身存在有争议的描述,如一些人认定的"解放运动"组织,被另一些人认为是"恐怖组织",那么观察者的任何描述,比如其中一些人的概念,或其他更为中立的概念,就会对其他可能存在的术语构成直接批评的威胁。当被观察者的信念同观察者的信念有所冲突时,观察者就和被研究的信念产生了批判距离。所以采用民族志方法的社会研究虽然只是提供描述性报告,但也会包含批判的环节(吉登斯,1998:476~477)。

社会科学的批判与研究中的观察材料及与之相关的理论的逻辑适当性和经验适当性密切相连。在社会科学知识描述行动者的理由时,可区分出社会科学评价日常知识时具有的可信性标准和有效性标准。可信性标准是指行动者的理由及其如何在其行动理由下实施行动,包括谁表述了信念、在什么环境中、采用什么话语风格、表述的动机是什么等。有效性标准是指在评价哪些理由是恰当的时,社会科学所使用的理论理解的标准和事实证据,包括内部批判和外向批判。内部批判是指将社会科学自身的观点付诸批判检验,外向批判是指对常识的批判。外向批判从知识的角度展开,社会科学中的一些知识是行动者所缺乏的,或者他们看待这些知识的方式和社会理论元语言所采用的方式不同。这些知识成为批判社会现实的基础。当社会科学的知识用于检验日常知识的有效性时,就会产生实践意涵,即转变与信念相联系的行动。如果社会科学证明行动者所持的信念是无效的,或没有适当的根据,就会对这些信念产生直接影响。由此,社会科学中形成的新知识会直接影响现存的社会世界,以致改变世界(吉登斯,1998:478~481)。

第六节 兼收并蓄:定性和定量研究方法的相互补充

根据吉登斯的观点,开展经验性的社会研究与进行形而上层次的哲学探讨是相互影响的。经验性的社会研究的开展对哲学讨论有所启迪,后者对前者则予以推动。社会理论要借助哲学思考来为自己确定方向。如果社会科学的实践者们不直接引入哲学问题,那么社会科学将丧失自己的方向。社会理论虽然包括对涉及哲学的论题的研究,但它并不是一种哲学的探求。他反对将任何社会理论引向高度概括化的抽象认识论问题,提出并非只有对这些问题的明确解答才是社会科学中有价值的进展。社会研究要面对经验现实,并在对经验现实的研究中形成理论,这些理论既有助于经验研究的开展,也以此指导实践(吉登斯,1998:36)。

吉登斯所阐释的经验研究是以他的结构化理论为前提的。他批评客体主义和结构社会学所主张的通过分类测量和统计的方法把握社会制度具有的性质，也反对倡导定性方法的学者过于强调社会互动的情境和意义特征。他试图通过结构二重性的概念摆脱结构二元论问题，并打破两种研究方法的对立。吉登斯将在具体情境中产生的互动的条理性和参与互动的人之间的相互可理解性与制度秩序的"真实性"联系起来，这种"以之为真"的性质是互动连续进行的条件。根据结构二重性，社会系统中的各种互动情境是借助制度联系结合在一起的，由此定性方法和定量方法是缺一不可的。吉登斯通过四个研究层次将这两类方法结合起来。

吉登斯对定性研究和定量研究的划分，涉及四个层次的经验研究方法之间的关系：用解释学的方式来阐明意义框架、研究实践意识（无意识）的情境和形式、识别认知能力的各种局限和对制度秩序进行详细说明。①任何研究都以解释学环节为前提，如果研究者和研究对象处于共同的文化中，研究中使用的共享知识则无须说明，这一前提就被隐含在研究中了。这种解释可以解决由不同意义框架之间的不可理解造成的问题。通过对意义框架的解释，澄清在不同的场合中行动者认知能力的性质，帮助研究者理解行动者的行动理由。因此，用解释学方式阐明意义框架对研究者的意义大于对研究对象的意义。通过这一层次的研究，可以获得研究互动知识的基本视角、概念、预设等。②对实践意识的解释是探讨社会行为特征必不可少的要素。实践意识是行动者知晓的东西，但不一定诉诸语言。如果用社会科学的元语言在话语层面论述实践意识所涉及的问题，对研究者和作为研究对象的行动者来说都具有启发意义。通过这一层次的研究，可以获得互动知识产生的微观条件与互动相关知识本身。③弄清在不断变化的时空情境中行动者认知能力的局限是社会科学的重要目的。只有考虑相关行动者的认知能力，才能说明行动的意外后果和未被认识的条件，实现对社会系统结构性特征的研究。对认知能力局限的研究，可以了解行动者拥有的知识的范围，把握知识的社会生产的状况和能力。④对制度秩序进行详细说明，旨在发现社会的结构性原则，指出哪些制度形式大上体构成了社会。同时，吉登斯提出，"社会"存在许多例外情况，不论对社会总体划分怎样的界限，制度秩序总要跨越这一界限。这一层次的研究，有助于人们把握知识的社会生产的背景，以及知识的类型、特点与社会制度特征之间的关系等(吉登斯，1998：464~466)。第一、第二个层次通常为定性研究，即对实践中互动知识的意涵、产生情境、内容、机制等的研究以定性研究为基础；而第三、第四个层次通常为定量研究，即对实践中拥有的知识的范围、类型、特征、知识与制度特征的关系等的研究都要采用定量研究的方式。前两个层次与后两个层次互为研究的基础。

在以结构二重性为基础的社会研究中，定性方法和定量方法是相互补充的。如果一种现象的某一确定特征的变化有限，当要考察这种现象的这种特征的情况时，就采用定量方法。但收集和解释定量材料所采用的程序和定性材料是一样的。定量材料是由定性材料构成的，二者都是一定环境中的研究者进行解释的产物。定量研究中研究者选择恰当的测量方法、消除选择偏差等努力都是对解释层面问题的应对。这使得我们对定量数据的性质有了更准确的认识。

吉登斯所说的定性方法和定量方法的结合并不是说根据研究需要采取其中的一种，而是指很多研究使用的是两种方法的结合，定量方法的使用以定性方法为前提。他所提出的经验研究的四个层次，呈现了行动者的知识的生产、内容、功能等社会关联的过程。由此，知识研究成了吉登斯社会学研究的基础。

第七节　置身实践：结构化理论对知识社会学的贡献

吉登斯的知识社会学思想是在其结构化理论背景中呈现的。吉登斯以解释学和现象学哲学思想为基础，吸收了批判理论，提出了社会科学的认知目标、认知方法、行动-结构一体化的关于社会运行机制的本体描述、对现代社会的分析等一套完整的社会理论。结构化理论具有综合的理论气质，各种理论要素相互影响、渗透，打破了以某种要素为核心的理论模式。在持续的社会实践活动中，解释社会学诸学派的知识思想被融合于一个连续的过程中，各类知识通过行动-结构的辩证运动机制成为持续不断的社会实践过程的组成部分，意识、知识、行动、结构、制度等各要素之间的关系在实践中得以确立。在结构化理论的实践视角下，知识被赋予了在一般社会学理论体系中不可或缺的地位，这扩大了知识在社会学理论体系中的影响范围。

知识是结构化理论的重要构成要素。吉登斯的学术旨趣在于对现代社会运行机制与现代性特征的揭示，所以他以开阔的视野观照了整个人类社会的运行过程。基于如此开阔的视野，他着力于处理行动-结构、主观-客观、认知-行动等诸多维度之间的交互关系，将多维关系融入相互关联的连续系统。在这一较为完整的系统中，多种形式的知识显现了出来，既有行动中产生的实践知识、话语知识，也有为行动者所把握的社会的结构性特征，明确意识到或未意识到的共有知识、规则，还有通过对社会实践反思性监控获得的社会科学知识。结构化理论基本囊括了既有的知识社会学思想所论及的各种知识类型。作为结构组成部分的规则是社会实践的中介和结果。规则作为共同知识，是结构化理论中的主要知识形态。

吉登斯将社会理论的研究对象界定为社会实践，即不断被解释建构的现实世界，由此他将"社会"指向了社会实践及由实践构成的系统。实践是从行动视角看到的动态过程，其包含了结构特性，是结构特征的外化。由此，结构化理论指向的社会包容了行动/结构双重面向。这种复合型的特征更贴近现实。结构化理论中的社会包含了实证主义思想的社会结构、制度，也包含了互动论思想所指向的社会互动，还包含了现象学社会学中生活世界的主客双重面向融合的行动实践。

在完整的社会运行过程中，知识的产生和作用机制被揭示了出来，共同知识、规则（制度）、实践知识、话语知识、资源、互动、结构等各种要素之间的关系得以被阐释。语言和认知能力在社会生活阐释中的作用被凸显了出来。吉登斯阐释了知识的社会关联机制：一方面，反思性监控、理性化、动机激发等是知识产生的主要机制，在个人行动、社会发展和社会科学研究中分别发挥重要作用，是这三个领域中知识产生的核心机制；另一方面，规则知识、共同知识、社会科学知识对社会实践进行渗透，作为实践的条件和制约引导社会实践的进程。吉登斯吸收了批判理论的思想，呈现了知识对社会的反思性和批判性。

第一，从知识的社会生产来看，知识生产和再生产处于社会实践过程中，以规则和资源形态呈现的社会结构是知识生产的条件。在社会实践即行动和互动的过程中，行动者通过对行动的反思性监控、理性化等，获得关于行动的新的知识，生产和再生产规则，从而社会系统的结构特征获得生产和再生产，完成结构化过程；通过持续的实践，制度得以形成，规则作为被再生产的结构特征蕴含在制度中。现象学社会学致力于揭示相互理解和社会秩序何以可能，提出在"现实感"的建立即形成关于现实的知识中实现了秩序，由此在解释知识产生机制的过程中实现了其理论目标。与此不同，结构化理论旨在阐释社会结构特征与社会变迁机制，其突破了对微观行动和认知的观照，在引入规则与资源等结构性因素、结构二重性以及表意、支配、合法化机制等来对社会运行予以描述的过程中，也将这些因素、性质、机制纳入了知识的生产过程中，使知识的生产获得了来自时空和宏观背景的影响因素的解释，对共同知识即规则的产生做出了解释。

在吉登斯的理论阐释或现代性分析中，反思性监控是衔接主观与客观、行动与结构、知识与社会、个体与群体的纽带性机制，是建构系统的社会运行理论的核心机制。在个体行动层面，个体通过对实践行动的反思性监控获得关于规则、环境、行动及其相关关系的知识，完成具体实践中的社会结构再生产，为下次的实践行动奠定基础；在国家层面，通过反思性监控，可以呈现既有社会实践中的社会结构和社会运行条件，进行制度调整，建构更为完整的社会结构，完成社会整体的结构化和社会结构再生产。反思性监控是结构化的基本机制，也是社会结构再生产的前提。

第二，从知识的社会作用来看，吉登斯的实践指向行动，以规则为基础的知识是行动的条件，规则知识作为结构的组成部分，被行动者运用于互动中，行动者在规则知识的基础上解释和建构现实世界，并采取行动。在实证主义的知识社会学中，知识处于被社会结构决定的地位；而在结构化理论中，规则知识是社会结构的组成部分，在规则知识的再生产中结构的再生产得以实现，被再生产的结构成为持续的实践的条件，制度和系统在持续的实践中得以存续。布迪厄也是致力于消除主客二分的当代理论家，他将社会实践作为研究对象，在整体的社会体系中确立了知识与社会的关系。[①] 但他关于实践的解释和对实践中的知识在社会中的地位的论述都不同于吉登斯。布迪厄通过实践中的行动、惯习和场域的相互渗透关系，解决行动与结构的矛盾。在这一理论体系中，"社会结构对心智结构

---

① 不同于布迪厄和吉登斯，哈贝马斯的交往实践理论将社会区分为交往行动置身其中的生活世界和由物质性、技术性内容组成的系统。他批判经济和行政系统侵入生活世界使其结构受到破坏，提出从人与人的沟通着手重构理想的交往环境。

的决定作用，不仅体现在思维图式被动地接受场域和位置施加的影响，更体现在行动者在实践中的主观的认知建构过程"（赵万里，2012）。

反思性与批判取向是结构化理论的一个重要特点。吉登斯把批判精神置于行动者的实践过程中，社会实践即被不断解释和建构的现实世界。这种反思性和批判取向导致了社会知识的更新，促成了社会系统的再生产，也引发了社会变迁。这种反思性体现在三个层面：第一，在个人行动层面，个体具有监控自己行动的能力，通过反思性监控和理性化，个体获得了对现实的认知，也再生产和更新了规则知识；第二，在社会层面，社会具有规划和控制自身发展的能力；第三，在社会科学层面，社会科学知识被注入其所描述和研究的现实中，影响了社会现实，也影响和改变了社会科学知识的合法性。

基于吉登斯对现代性问题的研究，现代社会中的知识特征得以呈现。现代社会在时空分离的条件下，通过制度性反思机制的运用，更多的传递性经验、抽象知识、科学知识得以产生，并在社会实践中得以更加灵活多变的运用。在吉登斯的现代性思想中，反思性监控机制是国家转型的基本动力，在这一机制的作用下，规则和法律逐渐成为加强现代国家统治的基本手段，符号、专业知识、间接经验等抽象知识使得在现代社会时空分离条件下进行制度转型和社会重构成为可能。

社会学的客观性是社会学的创始人追求的目标。那种客观性等同于自然科学所追求的不受主观世界影响的对外在世界的真实反映。吉登斯否认社会科学领域存在这种客观性，否认社会世界存在普遍的法则，社会科学的目标是解释社会，促进对世界的理解、自我批判和解放。吉登斯提出的关于社会科学知识产生的双重解释学，旨在确立社会科学知识的相对独立性，而非绝对"客观性"。社会科学研究者先从解释学角度洞悉想要分析或解释的生活形式的特征，掌握日常行动的普通概念，认识"共同知识"，在此基础上创造社会科学的专业性词汇即元语言，再运用这种专业性词汇对生活形式进行解释性说明和协调。吉登斯在现象学社会学"悬置"库存知识、建立与研究对象相一致的关于社会世界的认识的基础上，提出建立社会科学元语言，以此拉开社会科学与其研究对象的距离。首先，根据现象学的立场获得与研究对象相一致的客观知识，在此基础上，建构社会科学元语言基础上的新的意义框架。吉登斯没有阐述这种新的意义框架与研究者的社会关联性，他的重点在于这种元语言可以对社会世界进行再次建构，做出不同于常人的认识、评价或批判。吉登斯强调社会研究的实践意涵，基于社会科学知识对社会实践的渗透和影响，阐释社会科学知识的社会批判作用，社会科学的研究成果改变了其研究对象，社会科学的理论改变了公众行为。由此，吉登斯基于共同知识，用社会科学元语言建构的意义框架（其更像是一种"理想类型"），对社会实践进行解释和批判。

第八节 "乌兰牧骑精神"：结构化理论的案例解读

根据吉登斯的社会科学方法论，社会科学是一种双重解释学。社会科学研究要在对由普通行动者构成的充满意义的社会世界进行理解的基础上，建构社会科学的元语言，再用这种元语言对社会世界进行再解释和再建构，并做出批判。我们根据结构化理论对"乌兰牧骑精神"进行解读，首先考察在社会实践中人们如何阐释"乌兰牧骑精神"，进而深入理解这一精神，分析这种精神产生的制度环境和互动情境以及运用这种精神所产生的意想后果和意外后果；然后建构出"乌兰牧骑精神"产生、存在、变化、运用过程中规则、权力、互动等各种相关社会要素的交互关系；最后对"乌兰牧骑精神"演变和发挥规范作用的条件和机制做出评价。

根据结构化理论，规则是行动者在实践过程中创造或提炼出来的结构性产物。这种知识在实践中产生，经历了反复的再生产，内涵不断变化。规则作为一种结构性特征在社会实践中发挥作用，兼具使动性和制约性，同资源一起成为互动系统的结构性要素再生产的条件与中介，产生意料到的或意外的后果。"乌兰牧骑精神"是指乌兰牧骑在60多年的工作中自始至终体现出的价值目标、核心观念、行为特征等，其为社会规则。

一 关于"乌兰牧骑精神"的自觉意识与表述

根据吉登斯，对社会规则的自觉意识（首先体现为实践意识）是认知能力的核心。行动者在日常社会接触的生产和再生产中认识、掌握和运用这些知识，这些知识是实践性的、方法性的（吉登斯，1998，85）。结构化理论更多地强调包括规则在内的结构性特征在实践中的运用。

在乌兰牧骑发展进程中,"乌兰牧骑精神"逐步被认识、阐述,成为一种客观化了的知识。第一支乌兰牧骑于1957年成立。周恩来在1964年12月接见乌兰牧骑进京代表队时提出"把乌兰牧骑精神带到全国去"(达·阿拉坦巴干,2017:15)。周恩来在1965年同乌兰牧骑队员联欢时提出"要保持艰苦朴素的作风"(达·阿拉坦巴干,2017:107)。1966年1月乌兰夫接见乌兰牧骑全国巡回演出队全体队员时提出"各行各业都要学,一句话,就是怎样全心全意为人民服务"(达·阿拉坦巴干,2017:111)。1983年邓小平题词"发扬乌兰牧骑作风,全心全意为人民服务"。1987年4月,乌兰夫在乌兰牧骑建立30周年前夕题词"祝贺乌兰牧骑建立30周年,让乌兰牧骑精神发扬光大"(达·阿拉坦巴干,2017:115)。2017年11月,习近平在给内蒙古自治区苏尼特右旗乌兰牧骑队员们的回信中提出,希望"大力弘扬乌兰牧骑的优良传统,扎根生活沃土,服务牧民群众,推动文艺创新"。"扎根生活沃土,服务牧民群众,推动文艺创新"就是"乌兰牧骑精神"的主要体现。

其后,一些官员和学者进一步对"乌兰牧骑精神"进行提炼和总结。中国舞蹈家协会主席冯双白认为,"为人民放歌是新时代文艺使命,乌兰牧骑的精神就是全心全意为人民服务"。中国艺术研究院中国油画院院长、教授杨飞云说,"乌兰牧骑的独特精神就是用创作追随人民,服务人民"。乌恩在论述"乌兰牧骑精神"的时代价值时,将"乌兰牧骑精神"归纳为"牢记使命,坚持边疆民族地区社会主义文化的自觉意识和担当精神""不忘初心,坚持社会主义文艺发展方向和一切以人民为中心的服务意识""求真务实,坚持观念和手段相结合、内容和形式相融合的深度创新"(乌恩,2018)。董恒宇将"乌兰牧骑精神"阐述为"扎根生活沃土的草根精神,不畏艰辛、辗转跋涉、一专多能的服务精神,认真创作、常演常新、专注持久、坚韧执着的敬业精神"(董恒宇,2018:32~33)。

根据对乌兰牧骑队员的调查,按照占比,乌兰牧骑队员对"乌兰牧骑精神"的认识依次为:全心全意为人民服务、艰苦朴素、继承优秀传统与创新相结合、扎根生活沃土、文艺为社会主义服务、无私奉献、奋发进取。根据对乌兰牧骑管理者的调查,按照占比,管理者对"乌兰牧骑精神"的认识依次为:全心全意为人民服务、文艺为社会主义服务、扎根生活沃土、继承优秀传统与创新相结合、无私奉献、艰苦朴素、奋发进取。

二 "乌兰牧骑精神"产生的社会结构背景

根据结构化理论,"结构"循环往复地卷入社会系统再生产的规则与资源,作为记忆痕迹而存在,具体体现在行动之中。结构具有二重性,同时扮演自身反复组织起来的行动的中介与结果,结构性特征反复不断地卷入行动的生产与再生产。在互动的过程中,作为结构性特征的规则和资源体现在意义的交流、规则的约束和权力的运用中;与之相对应的结构层面的要素为解释图示、规范性根据和支配性资源,这些是结构性要素再生产的条件和中介。

根据结构化理论关于规则知识生产的理论,"乌兰牧骑精神"作为社会的结构性知识,是在社会实践过程中和在结构性特征的基础上、通过多方参与主体互动和反思性的总结而形成的,并在实践过程中不断进行生产和再生产。其产生以一定的规则条件和资源条件为基础。

(一)"乌兰牧骑精神"产生的规则条件

规则作为结构的组成部分,主要包括两类内容:其一,与意义的构成相联系,主要指语义规则;其二,涉及对各种类型社会行为的约束,为道德规则。规则分为深层的和浅层的,话语的、形式化的、正式的律令、规章等为浅层规则。乌兰牧骑建立时期提出的工作目标、组织价值等和关于乌兰牧骑工作的一些制度要求为乌兰牧骑工作互动中的浅层规则。

中共八大报告为乌兰牧骑的创建提供了基本指导思想。根据1956年的中共八大报告,"文化教育"是国家社会主义建设的重要组成部分。中共八大报告提出,在文化艺术上兼容并包,在竞赛中自由发展;重视科学文化水平的提高和思想战线工作;培养知识分子;帮助少数民族在经济和文化上发展。根据中共八大精神,乌兰牧骑的工作目标被确定为:秉持文艺为人民服务、为社会主义服务的"二为"方向,传播政策和丰富文化生活,组织形式短小精干,工作内容贴近牧民群众;解决偏远农村牧区农牧民文化资源匮乏的问题。

乌兰牧骑工作是在其工作制度的指导和约制下开展的。1957年颁布的《乌兰牧骑工作条例(草案)》中这样描述乌兰牧骑:"乌兰牧骑是政府为开展牧区的民族的群众文化工作，活跃民族的群众文化生活而设立的综合性的基层文化事业机构。"这一描述清楚地表明了乌兰牧骑从诞生之日起，其性质就是政府主导的、为民族群众提供文化服务的事业机构。同时，乌兰牧骑是一支以演出为主的综合性文化工作队，其工作任务及职能不仅限于文艺演出，是一支综合服务队。乌兰牧骑文化事业单位的性质，决定了其工作的出发点和落脚点都是为了满足人民群众的精神文化和相关公共服务需求。关于乌兰牧骑事业发展的原则，1985年《乌兰牧骑工作条例》中指出：乌兰牧骑坚持党的四项基本原则，坚持文艺为人民服务、为社会主义服务的方向，贯彻执行"百花齐放，推陈出新""古为今用，洋为中用"的方针，努力实现文化艺术的革命化、民族化和群众化。2019年《内蒙古自治区乌兰牧骑条例》中指出，乌兰牧骑是面向基层、面向群众，具备先进性、群众性、民族性、时代性，队伍短小精干、队员一专多能、节目小型多样的文艺工作队。乌兰牧骑承担演出、创作、宣传、辅导、服务、创新、保护传承民族民间优秀传统文化和开展对外文化交流活动的职能，发挥为人民服务、为社会主义服务的作用。这道出了乌兰牧骑始终以为人民服务、为社会主义服务为工作的根本方向，承担着多重工作任务。

（二）"乌兰牧骑精神"产生的资源条件

根据结构二重性，结构性要素是结构性特征再生产的条件和中介。资源作为结构性要素同时也是社会结构再生产的条件和制约因素。结构化理论将资源区分为配置性资源和权威性资源，配置性资源主要指向物质资源，权威性资源主要指向一些人相对于另一些人的支配地位。乌兰牧骑的制度设置为乌兰牧骑活动的开展提供了资源条件：权威性资源以乌兰牧骑的组织方式和评估考核方式为基础进行配置，配置性资源的宽裕程度与经费来源相关。

乌兰牧骑的发展可以被划分为三个历史时期。在这三个历史时期，乌兰牧骑的管理方式不断发生变化，乌兰牧骑运行的资源条件因此而产生差异，"乌兰牧骑精神"的体现程度也有所不同。第一阶段（1957～1984年），政府与乌兰牧骑之间的组织关系较为密切。中央财政而非地方财政为乌兰牧骑提供经费，乌兰牧骑在此基础上争取各类社会资助。这个时期乌兰牧骑的经济条件较差，人员不足，但整体创作和演出效果较好，凸显出艰苦奋斗的"乌兰牧骑精神"。第二阶段（1985~2010年），政府对乌兰牧骑管理较为松散，日常经费由地方财政提供，允许自行创收。地方财政并不能保证乌兰牧骑的日常经费供给，人员工资不能按时足额发放。少数乌兰牧骑获得较好的发展，艺术创作活跃，经费条件改善，对外交流较多；但大部分乌兰牧骑由于经营管理能力欠缺，经费和人员不足，难以完成基本服务工作。这个阶段整体而言，乌兰牧骑没能很好地履行文化服务的职责，"乌兰牧骑精神"也没有充分体现出来。第三阶段（2011年至今），乌兰牧骑作为公益一类事业单位，与政府重新建立密切的组织关系。运行经费完全由财政供给。经费的财政供给机制保证了各乌兰牧骑基本职责的履行。但各乌兰牧骑仍有多项经费需求难以满足。乌兰牧骑的考核评估专业化程度不断提高，依评估结果进行荣誉和物质奖励，这对乌兰牧骑发展发挥了支持、推动的作用。"乌兰牧骑精神"再次受到关注和提倡。

三 "乌兰牧骑精神"的产生和再生产

根据结构化理论，通过互动中的反思性监控、理性化和动机激发等机制，实践过程中的知识得以产生，也进行了规则的再生产。在互动过程中，社会的结构性特征转化为实践者的认知或未被认识到的行动条件。乌兰牧骑在多年的工作实践中，始终承担着演出、宣传、辅导、服务等工作职能和任务，另外，还承担了艺术创作、传承创新民族民间文化遗产的职能。乌兰牧骑队员的行动、农牧民群众的反馈、文化系统官员、国家和地方领导人等各主体的态度与行为以及宏观的社会制度与结构所有这些要素相互作用，"乌兰牧骑精神"在乌兰牧骑队员的行动中产生，并被认识和阐释出来。

乌兰牧骑是在农牧区需要、国家和自治区政府的计划、国家民族政策的互动作用下建立的。乌兰牧骑建立时所确立的传播社会主义价值和国家政策、丰富农牧民文化生活的目标和相应的工作规划为乌兰牧骑的运行提供了规则基础，是乌兰牧骑队员开展活动的"共同知识"。依据此制度规则，乌兰牧骑边走边演，在一个个村屯和放牧点演出牧民喜爱的歌舞曲艺；为农牧民提供各种力所能及的服务；给牧民割草、放牧、剪羊毛、打井、挑水、喂马、打扫羊圈，给群众照相、理发、焊壶，给妇女接生，给病人输血，帮助牧民灭火抗洪。农牧民有什么事情，他们就一起做；感受农牧民生产生活，了解农牧民群众需求，他们创作了小型多样、精干灵活、农牧民群众喜闻乐见的艺术形式；运用图片展览、宣传册、流动书籍、播放录音视频及各种新媒体等宣传政策，普及科学知识、法律知识，也将政策和文化宣传融入演出节目中；辅导群众业余文艺演出和创作活动，培养群众中的业余文艺骨干。这些演出、服务、创作、宣传、辅导等活动，蕴含了"全心全意为人民服务""文艺为社会主义服务"的"乌兰牧骑精神"。

由于财政条件较差、工作地偏远，乌兰牧骑需要克服诸多困难才能完成工作任务。改革开放以后，虽然工作条件有所改善，但与其他文艺团体相比，队员仍要克服训练条件较差、演出条件艰苦、收入待遇较低的挑战。基于其工作的要求和工作条件，乌兰牧骑在工作中形成了"艰苦奋斗""无私奉献"的精神品格。

乌兰牧骑的热情演出和服务，赢得了其服务对象即牧民群众对乌兰牧骑的喜爱。乌兰牧骑为牧民送歌献舞的事迹在草原上传颂，当乌兰牧骑的大胶轮车和红色队旗出现时，牧民们就会高兴地互相招呼"玛奈乌兰牧骑依日勒"（我们的乌兰牧骑来了）。牧民们对乌兰牧骑队员的喜爱和照顾，鼓舞着乌兰牧骑队员勤奋工作、服务群众，形成了"扎根基层""敬业创新"的工作精神。

乌兰牧骑获得的来自社会各方面的认可与赞誉强化了乌兰牧骑队员的工作和"乌兰牧骑精神"的继承。初创时期，政府部门将乌兰牧骑坚持开展的演出宣传工作和牧民群众对乌兰牧骑的认可视为试点的成功，形成了乌兰牧骑建制；其后，乌兰牧骑多次受到党和国家领导人的接见，并得到了肯定；被国家授予全国文化战线先进集体称号；新闻媒体对乌兰牧骑的事迹与经验进行报道；大型艺术纪录片《乌兰牧骑之歌》向国内外发行、放映。一系列荣誉对乌兰牧骑工作发挥了激励作用。乌兰牧骑评比奖励制度不断完善，建立了常态的社会认可机制。

四 "乌兰牧骑精神"的社会后果

在乌兰牧骑工作中形成的"乌兰牧骑精神"作为一种社会的结构性特征，重新进入社会的再生产。一方面，在乌兰牧骑工作的持续开展中，"乌兰牧骑精神"作为一种规则，参与建构了乌兰牧骑队员的工作实践，队员们在从事创作、演出、服务等工作时,将"全心全意为人民服务""文艺为社会主义服务""艰苦奋斗""敬业创新"的精神融入工作实践中;另一方面,融入这些精神的乌兰牧骑工作的开展,达到了《乌兰牧骑条例》等相关制度所阐述的工作目标,也产生了一些意外后果。

"全心全意为人民服务"是"乌兰牧骑精神"的核心内容。乌兰牧骑秉承这一精神,通过流动方式开展演出、辅导、服务等工作,破解了民族地区公共文化服务覆盖难问题,丰富了农牧区居民的文化生活。乌兰牧骑的演出强化了牧民们的演艺风俗,提升了演艺的艺术性和专业性,让人们得到了精神层面的抚慰与满足。

"文艺为社会主义服务"是"乌兰牧骑精神"的重要内容。乌兰牧骑根据这一精神,在演出和宣传活动中,充分阐释社会主义的文化价值和国家政策,将社会主义的价值文化潜移默化地传播给农牧民群众。国家的惠民政策被编入文艺作品当中,乌兰牧骑以歌曲、快板、戏曲、小品等人民群众喜闻乐见的形式将其表演出来,使农牧民群众在欣赏文艺演出的过程中了解国家政策。

乌兰牧骑吸收了各民族多种文化艺术的同时,也传承和发展了内蒙古民族文化艺术和民族民间文化遗产。内蒙古地区的表演艺术丰富,长调、短调、呼麦、潮尔、马头琴、舞蹈、曲艺、二人台、漫瀚调等各具特色;各民族的服饰文化、饮食文化、婚嫁文化等多姿多彩。乌兰牧骑在创作、表演过程中,通过对这些元素的收集、整理、吸收和再现,传承和发展了这些民族文化;更进一步,带动了内蒙古地区旅游和文化产业的发展。

五 对"乌兰牧骑精神"的再建构与评价

综合既有关于"乌兰牧骑精神"的阐释、关于对"乌兰牧骑精神"的相关调查以及对"乌兰牧骑精神"产生和运用的条件和过程等的分析,我们认为,"乌兰牧骑精神"包含"全心全意为人民服务"和"文艺为社会主义服务"的价值精神、"扎根生活""敬业创新"的工作精神、"艰苦奋斗""无私奉献"的品质精神。

在乌兰牧骑的目标任务、工作制度的引导约束和较为艰苦的工作条件下,乌兰牧骑队员开展演出服务活动,与农牧民群众交往互动并受到各类社会主体的好评,在此过程中,"乌兰牧骑精神"逐步形成并产生了多种社会后果。乌兰牧骑队员的行为特征被反思性地归纳、提炼，"乌兰牧骑精神"成了一种知识。这种精神被提炼出来后，用于教育和引导乌兰牧骑队员的行为，并在其工作过程中不断被再生产。在乌兰牧骑发展过程中，在资源条件缺乏时，乌兰牧骑工作受到影响，"乌兰牧骑精神"也不能充分显现。根据吉登斯，一种规则仅仅停留在一种话语意识的层面，是一种浅层的规则，对于社会实践的作用较弱；当它成为实践意识时，其对于社会实践才是更为重要的。"乌兰牧骑精神"产生于乌兰牧骑队员的实践过程，并在持续的乌兰牧骑工作实践中得以再生产，因此这种精神作为乌兰牧骑队员的实践意识，参与建构了他们的实践行动和互动。由此，这种精神对于乌兰牧骑的社会实践具有重要意义。

随着社会总体形势的变迁，乌兰牧骑的工作条件、工作目标、乌兰牧骑队员的认知状况等都将发生变化，乌兰牧骑的工作实践内容和方式也将随之调整。进而，"乌兰牧骑精神"的内涵会发生一定变化，如"创新"精神会更受关注。但由于我国的社会主义制度不变，社会的表意、支配和合法化结构都呈现相当的稳定性，"全心全意为人民服务"和"文艺为社会主义服务"的乌兰牧骑工作实践目标和结构性条件也相对稳定，因此"乌兰牧骑精神"的核心内涵将保持不变。另外，"乌兰牧骑精神"作为一种规范性规则，需要与配置性资源和权威性资源相协调，以发挥其规范作用。由此，需要根据社会环境变化，对乌兰牧骑的组织制度、经费财物供给制度、考核评估制度等进行适当调整，以促进各类资源的恰当配置，保障"乌兰牧骑精神"更充分地发挥作用。

第六章　知识与社会的交互建构：解释社会学促成的争议弥合

知识社会学作为争论丛生的学术阵地，不同的学术观点丰富了它的思想，促进了它的发展。解释社会学作为知识社会学的一个传统，对该学科存在分歧和争论的问题做出了独特的回应。我们从中不仅可以认识到知识是否具有社会性，或者说什么知识具有社会性，而且可以了解这种社会性是如何体现的。解释社会学的不同学派出于特定的视角和研究目的，各有侧重地讨论了知识-社会关系的某个方面或某种关联机制。我们尝试将解释社会学所讨论的各种关于知识的思想关联起来，勾画出一幅关于知识-社会关系的画面。我们也将这些思想同其他知识社会学的相关主张并置比较，以凸显解释社会学的学术视角和贡献。

第一节　从个体所有到社会共享：解释社会学中的知识界定

什么知识由社会建构而成进而可以成为知识社会学的研究对象呢？这是知识社会学的根基问题。纵观知识社会学的演进历程，各学术派别出于不同的研究动机，从不同视角对该学科所要研究的"知识"进行界定，对其做出不同的分类，并阐释各类别间的特定关系。

20世纪初期，迪尔凯姆将道德、价值、宗教观念、基本的分类形式、基础的思想范畴、空间和时间等称为"集体意识"的公共信仰，讨论这些知识的社会起源，特别强调概念范畴都是社会生活的反映，其稳定性和普遍性只能从"社会"得到解释。集体意识在迪尔凯姆后期的社会学思想体系中占据关键位置，是用来解释大量社会事实的重要变量。"集体意识、情绪、取向并非由个人意识的特定状况所引发的，而是由社会群体的整体所处的条件所造成的"，

"集体表象（述）所表现的是集体对作用于它的各种物的思想反映"（迪尔凯姆，1995，12~13）。20世纪二三十年代，舍勒以现象学为基础区分了实证的科学知识、形而上学知识以及个体的精神行动法则和价值的知识。它们都是知识社会学的研究对象。而世界观具有不受社会影响的先验性，是任何知识类型的预设。知识社会学是他通过分析社会因素对各类认识的影响来呈现世界观的路径。曼海姆将马克思对政治意识形态的特别关注扩大到美学、道德、哲学体系、宗教信仰和政治原则等专门知识，它们都是在一定社会和文化背景中产生的，社会学的任务是说明这些背景如何影响了这些知识。60年代，伯格和卢克曼坚持对日常知识和深奥文化一视同仁，并且赋予日常知识基础性的地位，认为日常知识构成了社会赖以存在的意义结构，反映了社会现实的本质。70年代，以布鲁尔为首的爱丁堡学派将科学知识包含在知识社会学的范围内，以说明知识社会学的普遍有效性。[①] 社会与知识之间存在因果关系，一切知识必须从社会学的角度说明其起源、形式、内容和有效性。

从上述知识社会学研究对象的演变历程来看，知识的范围从集体性的抽象概念范畴、道德观念和意识形态，扩展到日常知识，再到科学知识。其中，意识形态知识是知识社会学的实证主义传统和批判理论传统共同关注的对象。研究对象的转移既反映了研究对象范围的扩大，也反映了人们对知识和社会因素之间关系性质的认识的变化——知识的产生和内容与社会的关系日益密切，社会因素的渗透范围和强度渐趋增大。

研究对象范围的扩大涉及两方面的问题：第一，知识的客观有效性问题，即什么知识具有社会相对性、什么知识普遍有效；第二，哪类知识具有更为关键的地位，能对其他类别的知识产生重大影响。因此应该首先付诸社会学研究，是日常知识还是系统知识，是抽象概念还是关于具体情境的知识。解释社会学关注微观行动中的知识，极大地扩展了知识社会学的研究领域。它直接深入知识的生产过程，揭示知识产生的性质，为确定由社会决定的知识的范围提供了独特的思路。

不同于早期的知识社会学，解释社会学更关注非系统化的情境知识（符号互动论）和日常知识（现象学社会学）。这些知识的内容涉及行动者自身、互动他人以及互动情境等。它们可能是针对特定的社会情境，也可

---

① 关于爱丁堡学派的知识社会学主张，可参见赵万里，2002；114~127。

第六章 知识与社会的交互建构：解释社会学促成的争议弥合 \\ 151

能是为诸多社会成员所共享。这一知识范畴大于解释学中的知识所指涉的范围。解释学从探究文本的字面意义和文本作者的意图发展到揭示日常生活理解者所处的历史条件对理解的影响，其中论及的知识主要是通过理解他人他物而获得的认识。除了这些解释学关注的知识，解释社会学还涉及行动者在行动过程中的所思所想以及未被清晰意识到的内容。

我们将解释社会学不同学派所说的各类知识置于一个社会互动过程，可以看到其关联和差异。韦伯关注的主要是行动之前行动者的"动机"，即目的，他将其称为"行动个体对其行为赋予的主观意义"，而且这种意义是关涉他人的。这类知识是为行动者个人所认识的，也是社会学研究者所要认识的。因为韦伯从研究者的角度来说明意义，因而他笔下的"意义"才有"某个行动者在历史既定情况下的主观意义""诸多事例中行动者平均或相类似的意义"以及纯粹类型的意义的区分。

符号互动论论及的知识则是通过对行动的反思，将行动与人们对行动的反应联结起来而呈现的行动的意义，这种意义所指涉的可能是行动者自身的行动或互动他人的行动；反应可能来自个体，也可能来自群体。另外，符号互动论涉及行动之前行动者对情境的认识，这些认识是在经验积累的基础上的新认识。它们是行动者而非研究者所获得的知识。现象学社会学侧重于做出反应的行动者理解始动者的动机的知识，以及理解之前头脑中既存的库存知识和从中产生的诠释基模。米德所说的意义是人们对行动的反应，对这种反应的认识是关于意义的知识；在现象学社会学中，没有关于意义的明确定义，只有行动者在行动前的计划中或行动后对自己或他人的行动反思中做出的行动说明。符号互动论中的意义是结果性的，并且是互动对方的表现；而现象学社会学中的意义或者是行动前的，或者是行动后的，是行动者自身或他人站在行动者自身的立场上对行动的说明。相同的是，前者对意义的认识和后者的意义都是认知者的主观认知，与认知者的认识角度和条件相关联。① 吉登斯重点关注的是行动之后通过反思性监控所获得的知识。我们这里所说的是各派思想研究的重点，它们对于

---

① 米德的符号互动论主要见其《心灵、自我与社会》(米德，2005)，其知识社会学思想可参见 McKinney, 1955 或 Goff, 1980。现象学社会学家，特别是舒茨、伯格和卢克曼的知识社会学思想，可参见 Barber, 1988。

互动过程中的其他知识环节均有所论及。

除了行动者个体所获得的关于行动的知识，解释社会学还关注具有社会普遍性的知识。米德的"泛化的他人的态度"、舒茨的"交互知识"和"规则"、吉登斯的"共同知识"和"规则"都是指为社会成员所共享的知识，韦伯所说的"诸多事例中行动者平均或相类似的意义"则是研究者对社会中共享意义的抽离。这些知识通常都是不言自明的，它们是社会成员相互理解和共同行动的基础。我们认为，这些共享知识与早期知识社会学所关注的概念、范畴和意识形态等集体性知识的所指是相同的。解释社会学将个体在日常活动中使用的知识与集体共享的知识关联起来，为关于各类知识形成和运行的机制和过程提供了一种说明。我们可以认为，"集体性知识"、"交互知识"、"共同知识"和"共享知识"的所指是相同的。解释社会学关注个体互动时所生产和使用的知识，这些知识或者相对于特定情境，或者为更大范围的社会所共享。它们是曼海姆所论述的专门知识的基础。根据解释社会学，科学知识之外的各类知识都由社会建构，均需付诸社会学研究。

另外，"泛化的他人的态度"（符号互动论）是被行动者掌握的社会对特定角色的普遍认识和期待，"理想型"（现象学社会学）是用来解释他人行动和意图的诠释基模。这两者都是社会中具有普遍性的或者说为社会成员所共享的知识，都用于对行动或思想做出说明。"泛化的他人的态度"是米德所阐述的行动者形成他人对自我的评价的工具，"理想型"是舒茨所说的个体用于解释他人行动及其意义的工具。但我们认为，二者是对同一对象从不同角度给出的不同命名。可以认为，"泛化的他人的态度"是一种"理想型"，一些"理想型"来自"泛化的他人的态度"。

综观我们所考察的知识社会学不同学派关注的各类知识，可以根据不同标准做出多种分类（见图6-1）。首先，根据考察知识的视角即微观个体或宏观群体，可分为个体行动中的知识和集体共享的知识。这两类知识的所指有重合的内容，我们只是基于考察视角而做此区分。根据个体行动中的知识产生的机制，可分为作为动机的知识、理解他人的知识和行动者通过反思获得的知识。这些知识产生于日常活动中，可以统称为日常知识。如果对这些知识的内容进行分类，可以分为自我的、活动者的、规则的和物理客体的。与互动中存现的知识相比，集体共享的知识较为抽象。共享知识具体存在于日常活动中，当将其以话语的形式予以整理，就形成了系统知识。早期知识社会学所关注的概念范畴，属于集体共享的知识中的日常知识，而意识形态属于系统知识中的人文知识。当然，我们还可以根据知识的明确性将其分为默会知识和话语知识。上述的各种知识类型还可以根据特定标准做出更细致的划分。每种知识类型都有其自身的性质和功能，与社会条件具有特定的关系。我们可以围绕特定的知识类型开展研究。

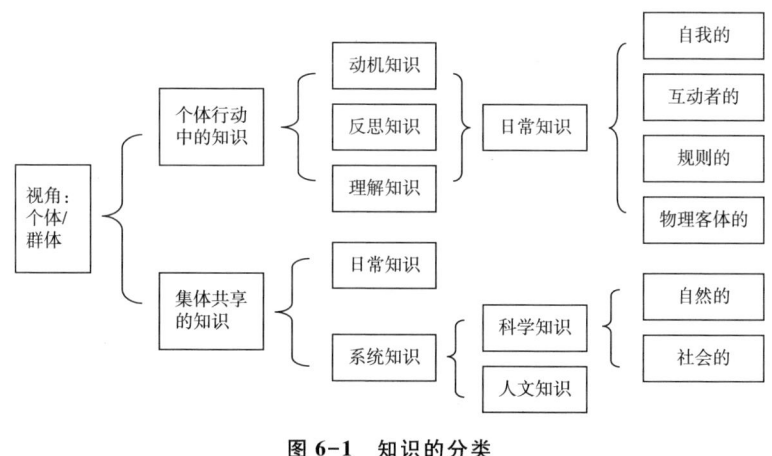

图 6-1 知识的分类

第二节 从单向决定到交互渗透：知识-社会关系

解释社会学基于其社会唯名论立场，在其各学派中，对"社会"的界定都明显区别于实证主义社会学所说的不同于社会成员的具有相对独立属性的社会结构和社会制度。解释社会学中的"社会"指向以个体行动为单位的行动及其集合。韦伯主要关注他人的行动，符号互动论指向人与人的互动，现象学社会学除了指向上述的行动，还有以主观形态呈现的对"社会"的认识，吉登斯将它界定为连续的社会实践过程，包括社会行动、社会结构和关于行动的认识等各种社会要素生产和再生产的辩证关系。纵然有这些差别，它们都以关联他人的行动为核心内容，只是因哲学基础和理论诉求的差异而产生不同的描述重心。由此，在解释社会学视角中，知识社会学所要研究的就是知识同这些社会过程的关系。

如果我们整合社会学中关于"社会"的各种不同界定,将生活世界分为如下几个部分:社会结构、社会共享的客观知识、相对于个体的主观知识和个体行动,那么不同的知识社会学传统在这些要素之间就会形成不同的关系。

早期的知识社会学探索的是社会结构同集体性知识的关系。"社会存在决定社会意识"(马克思)、"概念范畴是社会生活的反映"(迪尔凯姆)以及"社会决定实际思维的过程"(曼海姆)是传统知识社会学的主要命题,以"存在的社会决定"为其核心命题来考察社会-历史因素对知识的单向形塑或影响。而且,被社会共享的社会人文知识,决定了个体的认知和行动。它们特别关注对"错误"知识产生的社会条件做出解释。

社会学的批判传统强调在一定的社会理想基础上对现存社会进行认识和批判。批判的知识社会学重点关注宗教、政治、哲学等意识形态知识,但不同于知识社会学早期传统,其有双重面向,既探究知识的社会-历史根源,又强调知识对社会现实的能动改造作用(黄瑞祺,2005:215~231)。人们为满足历史确定的需要而采取有意识的实践活动,知识是在实践活动中获得的理解,社会是实践活动的结果。对知识进行研究,要将知识置于历史的实践过程中,将知识与实践中的意识过程关联起来,实践的目标等要素要渗透到知识的形成中(Haru,1987)。

知识社会学的宏观进路揭示了系统知识与社会结构的共变关系,而解释社会学则阐释了知识与社会相互关联和变化的过程(Hunter,1986)。解释社会学通过从微观层面考察知识形成的过程,揭示知识产生和运行中知识与社会的交互关系,在它们之间建立了辩证的不可分割的关联。行动者进入这个世界,就是被投入一定的制度文化背景之中,在与他人的互动过程中,习得制度和文化。符号互动论讲述了儿童通过模仿、嬉戏和游戏三个阶段,从认识特殊他人的态度到认识"泛化的他人态度"的过程。在每次互动过程中,儿童通过认识他人对自己行动的反应,即心灵机制,获得关于自己行动和各种符号的意义。这种意义知识是在反思中获得的。这里预设了反思这种人类的思维能力。而他人对行动者行动的反应通常是行动者被抛入的世界的文化模式,行动者通过反思获得关于他人反应的认识,这种认识即行为的意义。这些在互动中获得的行为的意义会进入行动者个体的知识库存。儿童还通过接受直接的知识灌输而获得大量知识。这些知识也会进入知识库存。

拥有一定知识库存的行动者运用库存知识做出行动或应对来自他人的行动。行动者有其动机，动机来自库存知识（吉登斯）。行动者有什么目的、实施什么行动，与行动者的处境和旨趣相关。行动者采取行动，往往伴随反思性监控（吉登斯）：对方做出反应后，行动者会对刚才的行动序列予以反思，以决定下一步的行动；回应他人的行动者，会根据知识库存对他人行动的主观、客观意义和当时的情境进行界定和解释，予以回应，并进行反思。反思经验会进入知识库存。行动者在反思中调整产生于知识库存的对他人行动的预期，库存知识也因此发生变化。行动者的反思存在于实践意识或话语意识中。大多数的反思是实践性的，具有实用的目的。通过话语意识表达的行动目的和理由，是对行动的说明。这是对行动的理性化。在常人方法论看来，规范主要是用来说明行动的，而不是行动的最初依据（见图6-2）。

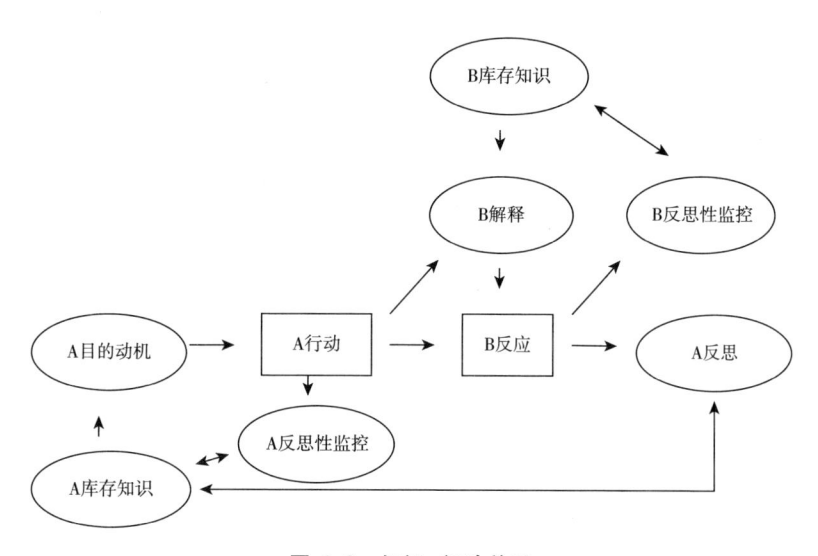

图 6-2 知识-行动关系

我们试图将解释社会学不同学派的各有侧重的知识关联起来，整合在一个图中。从中可以看到各类知识的相对位置。图中椭圆形的部分是知识产生和存在的各个环节（A、B为两个行动者）。

共同知识产生于我与他人共享时间、空间共同体的面对面情境中，互动双方通过不断的注意修改，使我们的意识经验相重合。对共享知识的运用源自"互主体"的假设，即互动他人和我对情境有着相同的认识。个体心理意识活动通过行动被外在化、客观化和合理化，成为被社会普遍接受的制度知识。在社会化过程中，制度知识通过内在化被个体行动者吸收。由此，解释社会学关于社会共享的知识是以个体间的互动为最终来源的。

综上，知识产生的社会性体现在如下几个方面。第一，知识是在社会互动过程中产生的，互动是知识产生的基本机制。互动对生产知识提出了要求，并为其产生提供了条件。没有互动，就没有知识。第二，目的确立、理解和反思这三个产生知识的环节都是互动的组成部分。这三个知识产生的环节都具有社会关联性。目的动机与个体的知识库存和当下的情境有关；理解所运用的诠释基模来自社会经验，理解的内容与情境相关联；通过实践意识和话语意识进行的反思都与库存知识相关，前者更多地与实用动机相关联，后者与行为的合理化相关联。这些过程都涉及的库存知识来自对社会共享知识的吸收和互动经验。第三，个体获得的知识需要外化、获得他人的认同，如此才是有效的。个体行动者所使用的知识只有经历了互动过程、被其他社会成员共享才能应用于社会行动中。所以，解释社会学所探讨的知识是"已被"或"将被"社会共享的，只是共享的范围或大或小。我们所说的"个体使用的知识"只是从行动者个体的角度来看待这些知识。

解释社会学将知识置于社会实践的连续过程中，不仅呈现了知识的社会建构，知识的社会功能也同时表现了出来。第一，库存知识是关于生活世界的图景，是主观形态的"社会"。它是界定情境、进行解释和社会互动的基础。第二，知识对行动具有引导作用。根据符号互动论，个体采取的行动取决于通过动机、理解和反思机制为事物赋予的意义。韦伯区分的目的理性的行动和价值理性的行动，都是根据知识采取的行动。诚然，他没有阐明在怎样的条件下行动才依知识而产生。另外，引导行动的知识不一定是明确意识到的知识，而大多数是实践性的默会知识。

如果我们将所论及的知识社会学各流派关于"知识"与"社会"

的思想综合起来,可以建立如图6-3的关系。实证主义的知识社会学讨论的是社会结构和制度对集体共享的知识的决定作用。具有独立性的社会结构和知识决定了个体的行动和思想。解释社会学反其道而行:它认为个体间的互动产生了知识,这种知识被社会共享并逐渐制度化。符号互动论更多地关注微观层面的互动和知识。而现象学社会学在解释个体沟通的基础上,将微观世界同宏观世界关联起来,这种关联就发生在主观的意识领域。这不同于实证主义社会学主要关注可观察的社会行动和互动。

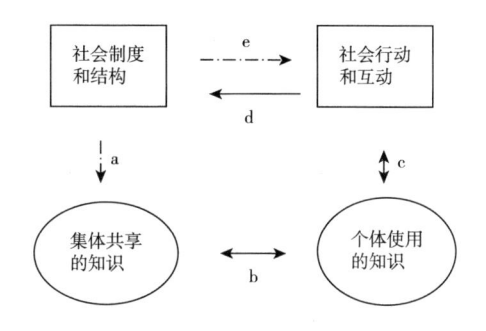

图 6-3 知识-社会关系

a. 知识社会学的实证主义传统;b. 现象学社会学;c. 符号互动论;d. 解释社会学;e. 实证主义社会学。直线箭头为解释社会学的理论进路,点线箭头为实证主义社会学的理论进路。

从图6-3中,我们可以看出知识社会学的实证主义传统并不是在"社会制度和结构"同"集体共享的知识"之间加入几个环节来解决早期知识社会学将这两者直接衔接的预设问题,而是通过"社会行动和互动"将"社会制度和结构"同"个体使用的知识"和"集体共享的知识"关联起来。"社会制度和结构"与"社会行动和互动",哪一方是第一性的,这正是解释社会学和实证主义社会学的理论分歧所在。诚然,吉登斯的实践理论强调行动和结构的辩证关系,但我们认为,承认社会行动在社会学中占据基础地位,就是对实证主义社会学传统的一种反叛。所以,知识社会学的实证主义传统和解释社会学传统具有认识知识-社会关系的不同视角和切入点,它们之间的分歧不能通过解释社会学而完全得到化解。

第三节　从统计到描述：知识社会学的经验研究方法

经验研究是社会学的根基。不像"行动"可以被观察，知识作为社会学的研究对象存在特殊性：如解释社会学所阐述的，知识需要通过反思、借助话语才能表现出来。沃尔夫（Kurt H. Wolff）提出，知识社会学包括推理和经验两种态度：推理要解决知识社会学的基本问题即知识和社会背景的关系问题；经验研究要对具体的问题做出解释（Wolff，1943：104-123）。有经验的知识社会学家认为，基本的概念要被视为假设，通过研究进行证明，由此研究主题才会变得清晰。阿德勒（Franz Adler）证明，可以通过经验方法研究认识论思想与社会条件之间的关系：将知识变量分为唯实论、唯名论、有机体论和辩证法四类，将社会条件变量分为文化社会变迁（速度）、个体行动自由和一般安全三类。采用量表，由社会学家、历史学家和哲学家对研究对象的变量特征做出评价（Adler：1954：42-48）。

那么如何对知识进行经验研究呢？从研究视角上看，知识社会学的经验研究可分为两种进路：一是在结构层面对影响知识内容的社会环境因素进行经验分析，可称为宏观定向模式；二是侧重于知识生产的日常实践，即知识形成和接受的实践推理过程，可称为微观倾向的发生学进路（赵万里，2002：140）。这两种进路分别主导了知识社会学的实证主义传统和解释传统。

早期的知识社会学主要采用宏观视角进行分析。概念范畴和意识形态等集体性知识或以文字形式呈现，或反复出现在日常话语中。它们呈现自身的客观形式为对其进行经验研究提供了可能。实证主义取向的知识社会学进行的经验研究，包括社会结构与知识生产体制及知识传播的关系、学术体制与知识生产的关系、权力与知识的交互作用等，如迪尔凯姆关于集体意识的社会根源的研究和曼海姆的宏大假说图示。功能主义的科学社会学使用集合性资料，侧重于社会体制层面的分析，没有论及科学知识的内容。这类研究涉及根据研究目的和内容选取恰当的知识变量和社会条件变量的问题。批判取向的知识社会学的经验研究集中在意识形态领域，知识的社会功能也是它们论述的重点。（参见本书"研究现状综述"的"知识社会学的研究范式及经验研究"部分）

在微观层面对知识进行研究，涉及把握个人拥有的主观形态的知识，并在微观细节上阐明特定情境中行动者的知识的生产和接受过程。这是上述进路所不能触及的问题。韦伯在其社会学方法论中明确提出通过理性把握和拟情式的再体验来获得行动者赋予的意义，又通过理想类型来把握社会中普遍的意义模式。借鉴行为主义方法的符号互动论将知识与社会行动关联起来，用可观察的行动来说明知识。现象学社会学还探讨互动中的知识和社会共享的知识之间相互转化的关系。舒茨的二阶建构或吉登斯的双重解释学，都承袭了韦伯提出的价值中立立场，主张基于科学研究的立场对研究对象进行观察和叙述，而不是如人类学研究所采用的站在当地人的立场上进行描述。但是构造的知识类型能够被行动者及其同伴根据常识理解。可见，研究者二阶建构的内容需要涵盖并多于行动者自身的一阶建构的内容。而常人方法论所主张的常人与科学研究方法的无差异说明了科学研究就是在使用常人的理解方法和推理逻辑；但不同于常人的是，要对这种方法本身有所认识。

基于对行动者互动中运用的知识的发生机制的关注，解释社会学采用了与之相适应的微观取向的经验研究方法。符号互动论和现象学社会学都提出根据研究对象和目的选择适当的研究方法，如文献或实地、观察或访谈、统计或描述等，但描述的方法是它们共同的研究取向。这种描述取向是对社会学理论应该按照形式命题进行陈述的观点的反叛。深度访谈和参与观察是描述互动情境和情境中产生的知识的较为有效的方法。解释社会学微观发生学的进路对科学知识社会学的经验研究产生了重要影响。对科学知识的社会学研究在"强纲领"的预设下，试图揭示科学知识的社会建构过程，历史案例考察、实验室观察、话语分析等手段被用来阐释科学知识是如何被科学家生产出来的。

由此，实证主义的知识社会学所关注的集体性知识获得了来自微观面向的说明。知识生产中的行动者不再是社会规范的被动接受者，而成为创造知识的主体。

第四节 追求"客观"：社会科学知识的相对性和知识社会学的自反性

解释社会学中的各派都试图通过对研究方法的控制实现其自身研究的

客观和有效。但知识社会学关于"知识的社会决定"的基本论题使这种社会相对性指向科学研究自身，从而社会科学知识和知识社会学本身面临自我驳斥的危险。[①] 学者们为这一问题各自寻找出路。

从学科意识形态来看，实证主义社会学强调自身的科学性，即通过科学的研究方法获得关于人群或社会的客观、真实、普遍、有效的知识的性质。马克思赋予科学不同于意识形态的地位，科学的认识无限逼近世界的本来面貌。科学的关注焦点和发展速度也许由社会条件决定，但科学的概念工具和实质结论是客观的。

舍勒主张存在永恒的价值和观念范畴，在本体论和认识论上假设永恒实在和绝对真理的存在。他采用一种非历史的概念即制度化的本能力量作为不同历史时期和各个社会文化系统中约制思想的力量。从而，各种知识都关联在这种主观领域的不变元素上。

曼海姆主张"关系主义"。当把一种见解同解释世界的方式联系起来，这种解释方式最终又与构成其情境的某种社会结构联系在一起时，就形成了"关系的"研究程序。知识社会学要自觉地思考知识现象是通过与哪一种社会结构相联系而出现并具有有效性的。这不同于哲学上否定任何一种标准的有效性的相对主义。曼海姆认为自由知识分子对其所处的社会有反省的自觉，不会固执于某种狭隘利益，能够超越意识形态获得真正的历史知识。

布鲁尔提出应将普遍有效性的要求体现为知识社会学的反身性而非自我驳斥。他认为相对主义不可避免，知识社会学赖以立足的是方法论的相对主义，这种相对主义以一种等值假设为前提：所有信念，就其可信性而言都是等价的。不是说所有信念都是真的或者假的，而说不论真假，其可信性都被视为有问题的，都有待于社会学的分析。相对主义不妨碍知识社会学的存在，而是知识社会学的首要前提和必然归宿。

解释学的代表人物伽达默尔认为，相对性并非为了实现客观性而需要克服的东西，而是认识必不可少的条件。"真理"的概念被重新界

[①] 关于"知识的社会决定"命题包含的反身性问题，迄今最充分的讨论仍然是阿什莫（Malcolm Ashmore）的《自反性论题》，参见 Ashmore，1989。肖瑛的博士学位论文《反思与自反：社会学中的反身性研究》则是国内学者首次对反身性与社会学关系进行系统讨论。

定为具有相对的性质。解释社会学在此基础上，主张社会科学知识同认知者个人和社会的背景相关联，认识具有社会性和历史性。研究者是一种社会的存在，研究对象的选择与研究者的兴趣相关，关于研究对象的解释与解释者的认知取向相关。另外，解释社会学依然追求社会科学知识内容的客观性，通过有别于日常话语的话语体系和逻辑关系，在特定的条件下，获得关于研究对象的客观知识。这种客观性可由研究者的共识或由被研究者予以确认。常人方法论则强调对自身研究工作保持不断的反思。

综观上述对知识相对性问题的各种态度，它们的分歧在于"客观性"究竟指什么？是否追求社会科学的客观性？社会学的客观性是社会学创始人追求的目标。那种客观性等同于自然科学所追求的不受主观世界影响的对外在世界的真实反映。人文科学认为其研究对象不同于自然科学，涉及人的处在不停变化中的主观意识，而且研究对象和研究者本身是同质的，所以不能达到自然科学的那种客观性。解释学和现象学都致力于寻找获得关于人和社会的客观知识的途径。当解释学发展到提出解释者自身具有的意义脉络是进行解释的必要条件时，"客观性"就会被重新定义。

上述关于社会科学知识自反性的各种出路，要么将研究者置于特殊的地位，赋予其获得客观知识的特权，要么承认科学知识的相对性是不能避免的。韦伯、现象学社会学和吉登斯在这一问题上都赋予了科学研究者一定程度的特权，要求研究者保持价值中立（韦伯）或者悬置其自身的库存知识（舒茨），凭借科学的立场和方法获得"客观的"知识。符号互动论则基于实用主义立场，回避了这一问题。

这些解释社会学家追求"客观"的社会科学知识，通过共识和检验来证明其客观性。但我们认为，这种"客观性"是他们视之为客观的，并且这些知识产生了实际的效果。在自然科学知识都被认为具有社会性的时代，社会科学知识也难以去追求其曾经的理想。借鉴符号互动论的主张，我们可以通过共识和将结论付诸实践进行检验，来证明知识的有效。我们不去探究认识是不是对现实的真实反映，不去追求那种"如实"的客观性；我们基于特定的目的和要求去认识，追求符合这种要求的知识。

在解释社会学内部，还存在另一个分歧，即是否要将常人和研究者进行比较？它们的认知方式是否相同？社会科学知识和日常知识在产生和性质上具有怎样的共同特征？区别又在哪里？韦伯和舒茨的现象学社会学都强调两种知识是不同的，常人方法论主张二者是同质的。符号互动论关注互动情境中的知识，互动则包含了日常互动和科学研究中的互动，它的结论同时适用于这两种情境。我们认为，虽然不同派别的结论相互对立，但这只是它们强调的取向所致，它们在本质上具有一致性。两种知识都具有社会性，即知识生产都与生产者的兴趣、知识生产的材料（意义脉络、诠释基模等）、研究对象、认识条件等因素相关；共同之处在于两种知识都是与社会关联的。而正是由于这种共同的关联性，引起了在认识方法、认识程度以及知识内容等方面的差异。我们这里只强调社会因素对知识的影响，对生理因素、物理条件以及这些因素相互作用导致的制约因素的影响不做讨论。

比较知识社会学的三大传统，实证主义社会学站在科学主义的立场上，试图通过科学研究方法获得关于"社会"运行规律的"真"知识；批判主义的社会学则反对科学主义，直接申明批判的知识具有价值取向和实践动机。而解释社会学通过揭示知识产生的社会过程阐述了知识的社会相对性，揭示了知识被主观视为真的性质。

我们认为，社会科学研究——不论是关于宏观的社会结构，还是微观的个人行动，或行动的意义和意向；不论是数字统计还是文字描述；不论研究者宣称其结果是纯粹客观的抑或情境关联的——获得的知识都是与社会相关联的。社会科学知识在多大程度上受到社会条件影响？影响条件与研究对象、方法和目标有怎样的关系？如何对待这些影响，是克服抑或说明，还是难以说明？研究目的和研究方法之间有何关系？这些方面都需要做进一步探究。

第五节 相依相长：知识社会学与哲学认识论的界限

知识社会学和哲学认识论的关系是关乎知识社会学学科地位和发展的重要问题。我们所考察的解释社会学更多着眼于知识社会学内部知识与社会关系的讨论，对于"知识社会学和认识论的关系"这一学科的外部问题关注较少。只有伯格和卢克曼明确提出，知识社会学的思想渊源和早期理论研究过于侧重认识论问题；而知识社会学应将认识论和方法论问题排除，成为经验性质的社会学。

虽然在20世纪前期德语世界那场关于知识社会学的本质和哲学抱负的论战中，曼海姆关于知识社会学和认识论关系的主张受到了很多批评（库什，2001：38~39；或见本书"研究现状综述"部分的"知识社会学的理论基础与合法性"），但我们认为，他的主张对于知识社会学的学科发展具有积极意义。

曼海姆认为，知识社会学既包括通过研究观念发展史对社会关系影响思想的方式进行包含描述和结构分析的经验性调查研究，也包括对这种相互关系与知识有效性问题的关系的认识论探究（曼海姆，2001：322）。他提出根据知识社会学对认识论进行改造：第一，认识论要摆脱个体主义，即认识到认知者总是某个群体中的成员；第二，认识论要克服静态的真理观，要承认真理是历史的过程（库什，2001：36）。在此基础上，认识论与具体科学相互制约：一方面，认识论为各种知识类型和真理观念提供基本辩护理由；另一方面，认识论受到科学在一个时代采取的形式的影响，新的经验证据要求发展包容新的思想方式的认识论基础。通过把每种认识论设想成仅适用于某种既定知识形式①的理论的基础性结构，把各不相同的认识方式与各自的认识论并列起来，可以构想出一种范围广泛的认识论（曼海姆，2001：346~351）。曼海姆试图通过知识社会学建立更完善的认识论。

曼海姆关于知识社会学的抱负纵然宏大，但对他而言，"知识社会学"与"认识论"的意义并不相同。我们认为，虽然认识论和知识社会学都研究知识问题，但它们是有着不同学术宗旨的研究体系，对知识问题存在不同的关注重心和思想观点，并不能相互替代。认识论要探讨一般性的人类认识的性质、认知主体和认知对象的关系、认知的过程及影响因素等，它关注的是人类认识的共性。思辨是它的主要研究风格。而知识社会学是在知识与社会存在关联的预设下，讨论这种关联的具体内容。它以对特定社会和文化背景下的知识-社会关系进行研究为起点，一方面，在对各具体研究进行比较的基础上，提出关于知识-社会关系的共性的理论；另一方面，如伯格和卢克曼所说，认识"各种现实间的差异"（柏格、乐格曼，1991：8）。它也要运用理论对具体的知识现象做出解释。所以，知识社会学

---

① 曼海姆区分了可以量化的自然科学知识、纯粹理性知识、行动过程中利用的知识等。

采用经验的研究方法，限定研究成果的有效范围，以获得关于特定研究对象的性质的说明。与认识论相比，它与具体的社会实践更贴近，它的研究成果更容易运用于所研究的社会群体。解释社会学则通过对行动过程和知识在这一过程中的产生和运行的研究，阐明知识与特定社会背景的关系，并揭示以此为基础的知识所具有的一般社会性质。由此，认识论和知识社会学在研究的目标、对象、方法以及与社会现实的距离等诸多方面都有不同。

正是因为这些差异，这两个学科在对知识的研究上能够互相取长补短。知识社会学的研究方法与成果可能有助于解决认识论遇到的难题，认识论的发展也会为知识社会学提供新的研究视角和空间。如在导言中所说的，知识社会学通过考察社会经验条件下的知识，打破了哲学认识论中反映论和唯我论的困境，为解决认识论关于认知者和认知对象之间关系的问题提供了一种思路（参见本书"导言"）。知识社会学还可能对一种认识论提出质疑，如科学知识社会学在其对科学知识进行经验研究的基础上，质疑关于科学知识可以免于社会学分析的实证主义认识论立场。但是，我们可以认为，这种质疑是对相对主义或建构主义认识论的借鉴（赵万里，2005：56~59）。知识社会学需借助某种认识论从事其自身的研究，如现象学社会学对胡塞尔现象学中"互主体性"和"自然态度"的继承、符号互动论对行为主义和实用主义的认识论的吸收。所以，知识社会学与哲学认识论并不是在知识研究领域争夺地盘，而是为揭示知识的性质而不可分割地相依相长（参见本书图1-1）。

第六节　也是贡献：解释社会学引发的更多思考

解释社会学从韦伯发展到吉登斯，经历了从观察行动理解意义到深入意识领域揭示意义产生机制的转变，研究方法从侧重于客观观察向描述主观活动偏移。"知识"作为具有主观属性的因素，得到了更多关注，占据了更重要的地位，从解释的材料变成解释的对象。这大概就是为什么伯格和卢克曼直接将他们的社会学称为"知识社会学"，即知识成了社会学研究的重要内容，人类社会的主观面向受到关注。

作为知识社会学隐传统的一支，解释社会学以其微观视角和发生学进路对知识社会学做出了独特贡献。它以个体间互动中的知识为核心，建立了个体所拥有的知识同社会共享知识的关联，将微观个体所拥有的知识同社会共享的具有客观性的知识在主观领域中关联起来,说明了知识的历史承继和不断更新的双重性质,揭示了微观层面上知识的社会发生机制。与实证主义知识社会学以宏观的社会结构来说明社会共享知识的生产不同,知识被置于微观的社会实践过程中,突出社会互动和反思等微观因素与知识的关系。社会行动是社会制度秩序的初始来源和社会变迁的基本动力。对知识的社会产生机制和功能的阐释也立足于微观过程,宏观的社会因素要通过微观机制才能发挥作用。行动、思想、库存知识、新知识之间相互关联,呈现连续的动态过程。解释社会学在宏观和微观、行动和知识之间建立的辩证交互关系,既是对传统知识社会学的知识范畴的拓展,又提出了关于知识与社会关系的全新理解。

解释社会学形成的经验发生学研究进路,有助于呈现知识和社会关系的过程面向,对于丰富和完善知识社会学方法论具有重要的价值。此外,解释社会学所主张的知识以社会背景为产生条件的理论逻辑和共识真理观,为解决知识相对性和知识社会学自反性问题提供了有益的启示。

解释社会学将知识社会学的研究范围延伸到微观层面,引发了我们对这一层面知识的更多的思考。

就知识本身而言,还有需要进一步讨论的问题。第一,知识可能是一种意外发现,所谓"意外"是相对于认知者的实践性或话语性的认知目的而言的。这类知识是解释社会学诸学派都没有涉及的领域。我们需要探究这种知识的社会性质,考察意外发现产生的社会条件和社会影响。对这些问题的揭示将丰富知识与社会关系的内容。

第二,我们还需要探讨知识如何分类以及不同类型的知识之间如何转化。如现象学社会学所说,社会的规范会转化成个人行动中的知识。那么更多的知识类型,如抽象的和具体的(对象的抽象性质和具体表现)、现象描述和对未来的构想、如实描述和艺术表现等,它们之间如何进行转化,每种知识类型主要存在于怎样的社会条件下,一个社会中不同知识类型的相对地位如何变化,行动者所拥有的知识的类型的转化过程是怎样的,这些转化如何受到社会因素的影响。对知识转化问题的思考,有助于了解知识与社会变迁之间的关系。

知识和行动的关系问题也是知识社会学发展的空间。第一,如果我们将人们的日常活动区分为身体活动(行动)和思想活动,存在思虑较少的行动、纯粹的思想活动以及思想与行动的交互并行。在思虑较少的行动中，行动者心中可能会闪现接下来的行动或试图达到的状态，但并不对行动的前因后果做仔细的考量。这相当于吉登斯所说的由实践意识产生的知识。符号互动论和现象学社会学的关注点在于思想行动交互并行的情况，对于思虑较少的行动和纯粹的思想活动没有进行专门的阐述。诚然，这两种情况可以被解释为第三种情况的组成部分或者变形，但它们毕竟是独立存在的经验片段，有其特殊的性质。这些现象有着怎样的机制过程和社会关联，是知识社会学可以进一步探讨的问题。

第二，社会学的重大实践意义在于"社会"是人所创造的，从社会的角度来解释各种现象出现的原因和机制，可以为维续或改变这些现象提供社会性的进路。如果说知识的产生受社会行动和社会结构等因素影响，而知识又引导了行动，我们可以对人们的行动有所预期，而行动情境、行动方式和结构的调整也会使认知发生变化。但是，知识和行动不仅有这样的关系，而且关系比此更为复杂。思想可能是多重的、复杂的、矛盾的，而行动则是唯一的。存在大量行动与思想不一致的情况。认识的变化不一定引起行动的变化，行动的变化也可能是在不知不觉中发生的。而且认知和行动是连续变动的整体，某一环节的改变会受到其他环境的约束，某一环节的变化也会产生意料之外的后果。知识和行动之间究竟存在怎样的关联？不同的文化有何差异？这是人们已经在思考并且需要进一步研究的问题。

另外，知识社会性的范围有待于进一步考量，换言之，社会因素在多大程度上影响了知识的生产和内容。我们借用加芬克尔的一个说法，"知识"是一种"成就"（accomplishment），是人们在多种因素共同作用的复杂过程中获得的成就。"社会性"是知识的重要属性，但只有"社会"产生不了知识，而且知识存在的意义，尤其是对个人情绪、情感等方面的意义，会大打折扣。我们不是"社会学主义"者，纵然社会学有宏观、微观和批判多种传统，但我们并不企图从社会学的视角揭示关于知识产生和存在的所有机理。知识的产生、接受、内容、性质、传播、功能等诸多方面受社会因素影响的范围和程度是有限的。认知者的生理条件和心理状态等因素对于认知和知识有着至关重要的作用。在知识的产生和运行过程中，社会因素究竟发挥多大作用、产生多少制约，社会因素同生理因素、心理因素如何相互联系和彼此作用，对这些问题的探究和揭示则需要社会学同生理学、心理学等学科的交流合作。

表6-1 知识社会学各代表人物或学派观点比较

代表人物或学派	哲学基础	知识	社会	知识与社会的关系	社会科学知识与知识社会学知识	社会科学知识的社会性	研究方法
实证主义社会学	实证主义	概念范畴，意识形态等	社会结构和制度	社会对知识的决定性	社会事实及其之间的关系。社会结构的共变关系	选题的社会相关性和内容的客观性；社会科学知识是客观而非相对的	统计
韦伯	解释学、实证主义、历史主义	理性知识。意义：行动者赋予其行为的"动机"；宗教伦理	社会行动	目的理性行动：行动与意义一致；价值理性行动：行动与伦理价值一致。因果多元	行动的意义，理想类型，意义-行动模式类型	选题分析材料的价值关联的价值中立。社会学知识是客观的	解释性理解，因果说明：解释与统计方法的一致
符号互动论：米德、布鲁默、戈夫曼、扎根理论	解释学、实用主义	对"意义"的认识，泛化他人的态度，自我	社会互动	知识与社会互动的交互建构	行动，互动，意义等形态模式和交互关系	共识真理观	与研究目的和情境适当的方法；描述
现象学社会学：舒茨，伯格和勒克曼，加芬克尔等	解释学、现象学、实用主义、生命哲学、辩证法、实证主义	日常知识：主观和客观意义，库存知识，诠释基模	生活世界：客观（社会结构、互动、制度）和主观双重面向	知识的社会关联，"生活世界"的知识建构	二阶建构：对日常活动中的主观意义的客观解释	社会科学知识的客观性；社会科学知识与日常知识平等观	方法的适当性；描述取向；谈话分析

续表

代表人物或学派	哲学基础	知识	社会	知识与社会的关系	社会科学知识与知识社会学知识	社会科学知识的社会性	研究方法
吉登斯	解释学、现象学、实践观、批判观、精神分析	共同知识、规则、实践知识、话语知识	社会实践；社会结构化	彼此渗透	双重解释：对社会实践过程的解释，互动与制度的关系	社会关联、社会影响、现实批判	定性与定量方法的互相补充

参考文献

著作类

《马克思恩格斯全集》第四十六卷下册，1980，人民出版社。

柏格，彼得、汤姆斯·乐格曼，1991，《社会实体的建构》，邹理民译，台北：巨流图书公司。

贝尔，丹尼尔，1997，《后工业社会的来临：对社会预测的一项探索》，高铦、王宏周、魏章玲译，新华出版社。

达·阿拉坦巴干、朱嘉庚、洪涛主编，2017，《红色文艺轻骑兵——乌兰牧骑建立60周年发展史》，内蒙古自治区文化厅、内蒙古自治区文化研究院编辑出版。

德鲁克，彼得，1998，《后资本主义社会》，张岩星译，上海译文出版社。

迪尔凯姆·E.，1995，《社会学方法的准则》，狄玉明译，商务印书馆。

范梅南，马科斯，2001，《教育机智——教育智慧的意蕴》，李树英译，教育科学出版社。

冯契主编，1992，《哲学大辞典》，上海辞书出版社。

高宣扬，2005，《当代社会理论》，中国人民大学出版社。

郭强，2000，《现代知识社会学》，中国社会出版社。

哈贝马斯，尤尔根，1999，《认识与旨趣》，郭官义、李黎译，学林出版社。

洪汉鼎，2001，《诠释学——它的历史和当代发展》，人民出版社。

侯钧生主编，2006，《西方社会学理论教程》（第二版），南开大学出版社。

胡军，2006，《知识论》，北京大学出版社。

华莱士、鲁思、艾莉森·沃尔夫，2008，《当代社会学理论》，刘少杰等译，中国人民大学出版社。

黄瑞祺，2005，《社会理论与社会世界》，北京大学出版社。

吉登斯，安东尼，1998，《社会的构成》，李康、李猛译，生活·读书·新知三联书店。

吉登斯，安东尼，2003，《社会学方法的新规则：一种对解释社会学的建设性批判》，田佑中、刘江涛译，社会科学文献出版社。

金炳华主编，2003，《马克思主义哲学大辞典》，上海辞书出版社。

金小红，2008，《吉登斯结构化理论的逻辑》，华中师范大学出版社。

卡泽那弗，让，2003，《社会学十大概念》，杨捷译，上海人民出版社。

科塞，刘易斯，2004，《理念人》，郭方等译，中央编译出版社。

科塞，刘易斯·A，2007，《社会思想名家》，石人译，上海人民出版社。

库恩，丹尼斯，2004，《心理学导论——思想与行为的认识之路》，郑钢等译，中国轻工业出版社。

林崇德、杨治良、黄希庭主编，2003，《心理学大辞典》，上海教育出版社。

刘放桐等编，2000，《新编现代西方哲学》，人民出版社。

刘珺珺，1990，《科学社会学》，上海人民出版社。

曼海姆，卡尔，2001，《意识形态与乌托邦》，艾彦译，华夏出版社。

米德，乔治·赫伯特，2003，《现在的哲学》，李猛译，上海人民出版社。

米德，乔治·赫伯特，2005，《心灵、自我与社会》，赵月瑟译，上海译文出版社。

舍勒，马克斯，2000，《知识社会学问题》，艾彦译，华夏出版社。

舒兹，阿尔弗雷德，1990，《社会世界的现象学》，卢岚兰译，台北：久大文化股份有限公司。

斯特尔，尼科，1998，《知识社会》，殷晓蓉译，上海译文出版社。

韦伯，马克斯，1997，《经济与社会》，约翰内斯·温克尔曼整理，林荣远译，商务印书馆。

韦伯，马克斯，1997，《儒教与道教》，洪天富译，江苏人民出版社。

韦伯，马克斯，1998，《学术与政治》，冯克利译，生活·读书·新知三联书店。

韦伯，马克斯，2002，《社会科学方法论》，韩水法、莫茜译，中央编译出版社。

韦伯，马克斯，2005，《社会学的基本概念》，顾忠华译，广西师范大学出版社。

韦伯，马克斯，2007，《新教伦理与资本主义精神》，康乐、简惠美译，广西师范大学出版社。

沃特斯，马尔科姆，2000，《现代社会学理论》，杨善华、李康等译，华夏出版社。

希尔，托马斯·E，1989，《现代知识论》，刘大椿等译，中国人民大学出版社。

谢立中，2007，《西方社会学名著提要》，江西人民出版社。

许茨，阿尔弗雷德，2001，《社会实在问题》，霍桂桓、索昕译，华夏出版社。

杨善华主编，1999，《当代西方社会学理论》，北京大学出版社。

赵万里，2002，《科学的社会建构：科学知识社会学的理论与实践》，天津人民出版社。

Abercrombie, Nicholas. 1980. *Class, Structure and Knowledge: Problems in the Sociology of Knowledge*. Oxford: Basil Blackwell.

Ashmore, Malcolm. 1989. *The Reflexive Thesis: Wrighting Sociology of Scientific Knowledge*. Chicago: The University of Chicago Press.

Barber, Michael D. 1988. *Social Typifications and the Elusive Other: The Place of Sociology of Knowledge in Alfred Schutz's Phenomenology*. Lewisburg: Bucknell University Press.

Barbour, Rosaline and S. Huby, eds. 1998. *Meddling with Mythology: AIDs and the Social Construction of Knowledge*. London, New York: Routledge.

Bauman, Zygmunt. 1978. *Hermeneutics and Social Science*. Hutchinson.

Becker, Howard S. and Michal M. McCall, eds. 1990. *Symbolic Interaction *and Cultural Studies*. Chicago: University of Chicago Press.

Bleicher, Josef. 1980. *Contemporary Hermeneutics: Hermeneutics as Method, Philosophy and Critique*. Routledge & Kegan Paul.

Bleicher, Josef. 1982. *The Hermeneutic Imagination: Outline of a Positive Critique of Scientism and Sociology*. Routledge & Kegan Paul.

Blumer, Herbert. 1969. *Symbolic Interactionism: Perspective and Method*. New Jersey: Prentice-Hall Inc.

Boden, Deirdre and Don H. Zimmerman, eds. 1991. *Talk and Social Structure: Studies in Ethnomethodology and Conversation Analysis*. Berkeley: University of California Press.

Bulick, Stephen. 1982. *Structure and Subject Interaction: Toward a Sociology of Knowledge in the Social Sciences*. New York: M. Dekker.

Charon, Joel M. 1985. *Symbolic Interactionism: Introduction, Interpretation, Integration*. Englewood Cliffs, NJ: Prentice-Hall.

Ciaffa, Jay A. 1998. *Max Weber and the Problems of Value-free Social Sciences*. London: Associated University Pr.

Cohen, Ira J. 1989. *Structuration Theory: Anthony Giddens and the Constitution of Social Life*. London: Macmillan.

Coulter, Jeff. 1989. *Mind in Action*. US, NJ: Humanities Press International Inc.

Dubiel, Helmut 1985. Translated by Benjamin Gregg. *Theory and Politics: Studies in the Development of Critical Theory*. Cambridge, Mass.: MIT Press.

Frisby, David Patrick. 1983. *The Alienated Mind: The Sociology of Knowledge in Germany 1918–1933*. New York: Routledge.

Garfinkel, Harold. 1967. *Studies in Ethnomethodology*. Cambridge, UK: Polity Press.

Gergen, Kenneth J. 1982. *Toward Transformation in Social Knowledge*. London: Sage Publications.

Glover, David and Sheelagh Strawbridge. 1985. *The Sociology of Knowledge*. Ormskirk, Lancashire: Causeway Press.

Goff, Tom W. 1980. *Marx and Mead: Contributions to a Sociology of Knowledge*. US: Routledge & Kegan Paul Ltd.

Hamilton, Peter. 1974. *Knowledge and Social Structure: An Introduction to the Classical Argument in the Sociology of Knowledge.* London, Boston: Routledge & K. Paul.

Hekman, Susan J. 1986. *Hermeneutics and the Sociology of Knowledge.* Cambridge: Polity Pr.

Holzner, Burkart. 1968. *Reality Construction in Society.* Cambridge, Mass.: Schenkman Pub. Co.

Hunter, James Davison and Stephen C. Ainlay, eds. 1986. *Making Sense of Modern Times: Peter L. Berger and the Vision of Interpretive Sociology.* London, New York: Routledge & Kegan Paul.

Knorr-Cetina, Karin & Michael Mulkay. Science Oberued: Perspectives on the Social Study of Science. London and Beverly Hills, Calif: Sage, 1983.

Ladwig, James G. 1996. *Academic Distinctions: Theory and Methodology in the Sociology of School Knowledge.* New York: Routledge.

Law, John, eds. 1986. *Power, Action and Belief: A New Sociology of Knowledge?* Great Britain: Routlege & Kegan Paul.

Lessnoff, Michael H. 1994. *The Spirit of Capitalism and the Protestant Ethic: An Enquiry into the Weber Thesis.* Aldershot, Hants: E. Elgar.

Little, David. c1969. *Religion, Order and Law.* New York: Harper & Row.

McCarthy, E. Doyle. 1996. *Knowledge as Culture: The New Sociology of Knowledge.* London and New York: Routledge.

Meja, Volker and Nico Stehr, eds. 1999. *The Sociology of Knowledge.* Northampton, Ma, USA: Edward Elgar Reference Collection.

Mestrovic, Stjepan G. 1998. *Anthony Giddens: The Last Modernist.* New York: Routledge.

Pels, Dick. 1998. *Property and Power in Social Theory: A Study in Intellectual Rivalry.* London: Routledge.

Poggi, Gianfranco. 1983. *Calvinism and the Capitalist Spirit: Max Weber's Protestant Ethic.* London: Macmillan Press.

Remmling, Gunter W., eds. 1973. *Towards the Sociology of Knowledge:*

Origin and Development of a Sociological Thought Style. New York: Humanities Press.

Sadri, Ahmad. 1992. *Max Weber's Sociology of Intellectuals*. New York: Oxford University Press.

Schutz, A. 1962. *Collected Papers I: The Problem of Social Reality*. The Hague: Martinus Nighott.

Semin, Gün R. and Gergen, Kenneth J., eds. 1990. *Everyday Understanding: Social and Scientific Implications*. London: Sage Publications.

Shils, Edward. 1982. *The Constitution of Society*. Chicago: University of Chicago Press.

Stark, Werner. 1958. *The Sociology of Knowledge: An Essay in Aid of a Deeper Understanding of the History of Ideas*. London: Routledge & Kegan Paul.

Stehr, Nico and Volker Meja, eds. 1984. *Society and Knowledge: Contemporary Perspectives in the Sociology of Knowledge*. New Brunswick, NJ: Transaction Books.

Wolff, Janet. 1975. *Hermeneutic Philosophy and the Sociology of Art: An Approach to some of the Epistemological Problems of the Sociology of Knowledge and the Sociology of Art and Literature*. London: Routledge & Kegan Paul.

Wolff, Kurt H. 1967. *The Sociology of Knowledge in the United States of America*. Paris: MOUTON & CO.

Wuthnow, Robert. 1984. *Cultural Analysis: The Work of Peter L. Berger, Mary Douglas, Michel Foucault, and Jurgen Habermas*. Boston: Routledge & Kegan Paul.

Zerubavel, Eviatar. 1997. *Social Mindscapes: An Invitation to Cognitive Sociology*. Cambridge. Mass.: Harvard University Press.

论文类

毕芙蓉，2015，《文化资本与符号暴力——论布迪厄的知识社会学》，《理论探讨》第 1 期。

崔绪治、浦根祥，1997，《从知识社会学到科学知识社会学》，《教学与研究》第 10 期。

董恒宇，2018，《新时代需要乌兰牧骑精神》，《群言》第 7 期。

范会芳，2007，《舒茨与帕森斯社会学思想的分歧——两种不同范式的比较》，《郑州大学学报》（哲学社会科学版）第 1 期。

范会芳，2007，《行动及其理解：舒茨与米德的社会学思想比较》，《华北水利水电学院学报》（社科版）第 2 期。

范明林，2001，《社会研究方法论比较谈》，《上海大学学报》第 6 期。

冯仕政、李建华，2003，《宗教伦理与日常生活——马克斯·韦伯宗教伦理思想引论》，《伦理学研究》第 1 期。

冯艺远，2005，《理解：开始与终结》，《北京教育学院学报》第 12 期。

郭强，1999，《知识社会学范式的发展进程》，《江海学刊》第 5 期。

贺建军、谢嘉梁，2003，《意识形态：从特殊到总体再到知识社会学——兼论霍克海默对曼海姆意识形态概念的批判》，《吉林师范大学学报》第 4 期。

胡辉华，2005，《知识社会学的困境》，《哲学研究》第 4 期。

胡辉华，2006，《知识社会学的出路初探》，《哲学研究》第 5 期。

胡建新，2004，《实证方法在知识社会学中的地位演变》，《湖南师范大学社会科学学报》第 5 期。

黄晓慧、黄甫全，2008，《从决定论到建构论——知识社会学理论发展轨迹考略》，《学术研究》第 1 期。

库什，2001，《哲学与知识社会学》，《哲学译丛》第 3 期。

赖晓飞，2002，《解读卡尔·曼海姆的知识社会学》，《广西社会科学》第 6 期。

李红专，2004，《当代西方实践理论的实践论转向：吉登斯结构化理论的深度审视》，《哲学动态》第 11 期。

李猛，1997，《常人方法学四十年（1954~1994）》，《国外社会学》第 2 期。

李南海，2007，《赋予行动以意义：韦伯与舒茨行动理论的比较研究》，《经济与社会发展》第 3 期。

李艳，2019，《符号互动论下文化遗产旅游体验价值生成研究——以西安城墙为例》，博士学位论文，西北大学。

林建成，2000，《曼海姆与知识社会学》，《社科广角》第8期。

林孟清，2005，《试析法兰克福学派对曼海姆知识社会学的批判》，《武汉大学学报》第3期。

刘珺珺，1986，《从知识社会学到科学社会学》，《自然辩证法通讯》第6期。

刘少杰，1999，《社会学的语言学转向》，《社会学研究》第4期。

刘文旋，2002，《知识的社会性：知识社会学概要》，《哲学动态》第1期。

刘文旋，2003，《社会、集体表征和人类认知——涂尔干的知识社会学》，《哲学研究》第9期。

刘岳、张玉忠，2007，《常人方法学理论探悉》，《哈尔滨市委党校学报》第7期。

马秋丽，2005，《张东荪知识社会学视野中的真理观》，《东岳论丛》第9期。

聂可，2007，《课堂教学之符号意义的生成——起于符号互动论的研究》，硕士学位论文，首都师范大学。

乔丽英，2007，《社会学方法的新规则：安东尼·吉登斯对解释社会学的三次超越》，《山东理工大学学报》第7期。

赛男，2018，《乌兰牧骑精神的巨大力量》，《内蒙古日报》11月12日，第7版。

瓦格纳，1963，《各种类型的社会学理论：试拟一个分类的体系》，罗兰译，周易校，原载《美国社会学评论》第10期。

王琳芝，2009，《从韦伯的社会行动理论看我国企业慈善捐赠行为——由汶川大地震引发的思考》，《理论观察》第2期。

卫东海，2008，《明清晋商精神的宗教伦理底蕴——兼析韦伯论新教伦理的经济意义》，博士学位论文，中国人民大学。

乌恩，2018，《乌兰牧骑精神的时代价值》，《内蒙古日报》（汉），11月20日，第5版。

吴永忠，2008，《知识社会的概念考辨与理论梳理》，《自然辩证法通讯》第3期。

吴中宇、胡仕勇，2001，《戈夫曼与舒茨的社会情景中个人及个人行动理论分析——现代社会学思想流派中的主观主义倾向》,《华中科技大学学报》(社会科学版) 第 11 期。

肖瑛,2004,《反思与自反:社会学中的反身性研究》,博士学位论文,中国社会科学院。

徐道稳,2007,《"理解"及其运用:韦伯个体主义方法论解析》,《深圳大学学报》第 6 期。

杨清梅,2015,《"燕京学派"的知识社会学思想及其应用:围绕吴文藻、费孝通、李安宅展开的比较研究》,《社会》第 4 期。

杨生平,2010,《知识社会学视野下的意识形态——曼海姆意识形态理论评析》,《东岳论丛》第 6 期。

杨生平,2011,《试析曼海姆知识社会学理论》,《北京行政学院学报》第 2 期。

俞宁,2003,《从科学理性到日常事务理性——常人方法学对社会研究方法的突破》,《安徽工业大学学报》(社会科学版),第 1 期。

约阿斯,1987,《吉登斯的结构形成理论》,《国外社会科学文摘》第 12 期。

詹艾斌,2005,《作为理论与方法的知识社会学论略》,《理论与改革》第 2 期。

张离海,2003,《意识形态理论的中心问题——批判理论与曼海姆知识社会学的比较分析》,《武汉大学学报》第 11 期。

张秀琴,2004,《表征、情境与视角:古典知识社会学视野中的知识、社会与意识形态》,《辽宁大学学报》第 5 期。

张耀南,2004,《论中国现代哲学史上的知识社会学》,《哲学研究》第 7 期。

赵超、赵万里,2015,《知识社会学中的范式转换及其动力机制研究》,《人文杂志》第 6 期。

赵万里,2001,《论两种不同取向的社会科学》,《南开大学法政学院论丛》。

赵万里,2003,《结构性风险与知识社会的建构》,《探求》第 1 期。

赵万里,2005,《科学知识社会学的形象》,《社会学家茶座》第 2 期。

赵万里、高涵,2010,《知识社会学与法兰克福学派的社会批判理论》,《山西大学学报》(哲学社会科学版) 第 6 期。

赵万里、李路彬, 2009,《情境知识与社会互动——符号互动论的知识社会学思想评析》,《科学技术哲学研究》第 5 期。

赵万里、穆滢潭, 2012,《福柯与知识社会学的话语分析转向》,《天津社会科学》第 5 期。

赵万里、赵超, 2012,《生成图式与反思理性 解析布迪厄的知识社会学理论》,《社会》第 2 期。

郑晓娴, 2007,《常人方法学实践行为特征分析——以食堂打饭为例》,《青年研究》第 2 期。

周晓虹, 2002,《社会学理论的基本范式及整合的可能性》,《社会学研究》第 5 期。

周晓虹, 2003,《社会学主义与社会学年鉴学派》,《江苏社会科学》第 4 期。

周星, 2003,《〈宗教生活的基本形式〉中的知识社会学命题》,《社会》第 10 期。

朱立群、聂文娟, 2012 年,《社会结构的实践演变模式》,《世界经济与政治》第 1 期。

邹吉忠, 2004,《知识社会学的历史观批判》,《哲学研究》第 1 期。

Adler, Franz. 1954. "A Quantitative Study in the Sociology of Knowledge." *American Sociological Review*, Vol. 19, No. 1, pp. 42-48.

Albert, Mathieu. 2003. "Universities and the Market Economy: The Differential Impact on Knowledge Production in Sociology and Economics." *Higher Education*, Vol. 45, No. 2, pp. 147-182.

Baker, Phyllis L. 1992. "Bored and Busy: Sociology of Knowledge of Clerical Workers." *Sociological Perspectives*, Vol. 35, No. 3, pp. 489-503.

Best, R. E. 1975. "New Directions in Sociological Theory? A Critical Note on Phenomenological Sociology and Its Antecedents." *The British Journal of Sociology*, Vol. 26, No. 2, pp. 133-143.

Brent, Allen. 1975. "The Sociology of Knowledge and Epistemology." *British Journal of Educational Studies*, Vol. 23, No. 2, pp. 209-224.

Burger, Thomas. 1977. "Max Weber, Interpretive Sociology, and the

Sense of Historical Science: A Positivistic Conception of Verstehen." *The Sociological Quarterly*, Vol. 18, No. 2, pp. 165-175.

Child, Arthur. 1941. "The Theoretical Possibility of Sociology of Knowledge." *Ethics*, Vol. 51, No. 4, pp. 392-418.

Child, Arthur. 1947. "The Problem of Truth in the Sociology of Knowledge." *Ethics*, Vol. 58, No. 1, pp. 18-34.

Chua, Beng-Huat. 1974. "On the Commitments of Ethnomethodology." *Sociological Inquiry*, Volume 44, Issue 4, pp. 241-256.

Clark, Charles. 1981. "The Sociology of Knowledge: What It Is and What It Is Not." *Oxford Review of Education*, Vol. 7, No. 2, pp. 145-155.

Dingwall, Robert. 2000. "Language, Law, and Power: Ethnomethodology, Conversation Analysis, and the Politics of Law and Society Studies." *Law & Social Inquiry*, Volume 25, Issue 3, pp. 885-911.

Esposito, Luigi and John W. Murphy. 2000. "Another Step in the Study of Race Relations." *The Sociological Quarterly*, Vol. 41, No. 2, pp. 171-187.

Fine, Gary Alan. 1993. "The Sad Demise, Mysterious Disappearance, and Glorious Triumph of Symbolic Interactionism." *Annual Review of Sociology*, Vol. 19, pp. 61-87.

Fox, Stephen. 2006 "'Inquiries of Every Imaginable Kind': Ethnomethodology, Practical Action and the New Socially Situated Learning Theory." *The Sociological Review*, Volume 54, Issue 3, pp. 426-445.

Freidson, Eliot. 1986. "Knowledge and the Practice of Sociology." *Sociological Forum*, Vol. 1, No. 4, pp. 684-700.

Garrison, Charles E. 1999. "Sociology Without Knowledge: The Atrophy of a Concept." *American Sociologist*, Volume. 30, Issue 3, pp. 67-80.

Gre, Gerard De. 1941. "The Sociology of Knowledge and the Problem of Truth." *Journal of the History of Ideas*, Vol. 2, No. 1, pp. 110-115.

Harmon, Michael M. and Jay D. White. 1989. "'Decision' and 'Action' as Contrasting Perspectives in Organization Theory." *Public Administration Review*, Vol. 49, No. 2, Special Issue: Minnowbrook II. Changing Epochs of Public Administration, pp. 144-152.

Harper, Phil, Ersser Stevenand and Gobbi Mary. 2007. "How Military Nurses Rationalize their Postoperative Pain Assessment Decisions." *Journal of Advanced Nursing*, 59 (6), pp. 601-611.

Haru, Terry T. 1987. "Basic Sociologies of Knowledge: On the Nature of Possible Relationships Between Ideas and Social Contexts." *Sociological Focus*, Volume. 20, Issue 1, pp. 1-12.

Hayes, Adrian C. 1985. "Causal and Interpretive Analysis in Sociology." *Sociological Theory*, Vol. 3, No. 2, pp. 1-10.

Heap, James L. and Phillip A. Roth. 1973. "On Phenomenological Sociology." *American Sociological Review*, Vol. 38, No. 3, pp. 354-367.

Henderson, Amanda. 2005. "The Value of Integrating Interpretive Research Approaches in the Exposition of Healthcare Context." *Journal of Advanced Nursing*, Volume 52, Issue 5, pp. 554-560.

Herda-Rapp, Ann. 2000. "Gender Identity Expansion and Negotiation in the Toxic Waste Movement." *The Sociological Quarterly*, Vol. 41, No. 3, pp. 431-442.

Hill, Lewis E. and Robert L. Rouse. 1977. "The Sociology of Knowledge and the History of Economic Thought." *American Journal of Economics and Sociology*, Vol. 36, No. 3, pp. 299-309.

Hinshaw, Virgil G. 1948. "Epistemological Relativism and the Sociology of Knowledge." *Philosophy of Science*, Vol. 15, No. 1, pp. 4-10.

Horowitz, Irving Louis. 1965. "In Defence of the Sociology of Knowledge." *The British Journal for the Philosophy of Science*, Vol. 16, No. 63, pp. 239-241.

Hughes, John A., Mark Rouncefield and Peter Tolmie. 2002. "Representing Knowledge: Instances of Management Information." *The British Journal of Sociology*, Volume 53, Issue 2, pp. 221-238.

Ignatow, Gabriel. 2007. "Theories of Embodied Knowledge: New Directions for Cultural and Cognitive Sociology?" *Journal for the Theory of Social Behaviour*, Volume 37, Issue 2, pp. 115-135.

Israel, Joachim. 1990. "Epistemology and Sociology of Knowledge: An Hegelian Undertaking." *Sociological Perspectives*, Vol. 33, No. 1, Critical Theory, pp. 111-128.

Kim, Kyung-Man. 1999. "The Management of Temporality: Ethnomethodology as Historical Reconstruction of Practical Action." *The Sociological Quarterly*, Vol. 40, No. 3, pp. 505-523.

Kuklick, Henrika. 1983. "The Sociology of Knowledge: Retrospect and Prospect." *Annual Review of Sociology*, Vol. 9, pp. 287-310.

Laurier, Eric and Barry Brown. 2008. "Rotating Maps and Readers: Praxiological Aspects of Alignment and Orientation." *Transactions of the Institute of British Geographers*, Volume 33, Issue 2, pp. 201-216.

Lengermann, Patricia M. and Jill Niebrugge. 1995. "Intersubjectivity and Domination: A Feminist Investigation of the Sociology of Alfred Schutz." *Sociological Theory*, Vol. 13, No. 1, pp. 25-36.

Ley, David. 1977. "Social Geography and the Taken-for-Granted World." *Transactions of the Institute of British Geographers*, New Series, Vol. 2, No. 4, pp. 498-512.

Linstead, Stephen. 2006. "Ethnomethodology and Sociology: An Introduction." *The Sociological Review*, Volume 54, Issue 3, pp. 399-404.

Livingston, Eric. 2006. "Ethnomethodological Studies of Mediated Interaction and Mundane Expertise." *The Sociological Review*, Volume 54, Issue 3, pp. 405-425.

Longhurst, Brian. 1998. "A New Sociology of Knowledge?" (Book review: E. Doyle McCarthy, *Knowledge as Culture: The New Sociology of Knowl-edge*). *Human Studies*, 21, pp. 309-316.

Marcon, Teresa and Abhijit Gopal. 2008. "Irony, Critique and Ethnomethodology in the Study of Computer Work: Irreconcilable Tensions?" *Information Systems Journal*, Volume 18, Issue 2, pp. 165-184.

Mason, Tom. 1997. "AnEthnomethodological Analysis of the Use of Seclusion." *Journal of advanced nursing*, 26, pp. 780-789.

McKinney, John C. 1955. "The Contribution of George H. Mead to the Sociology of Knowledge." *Social Forces*, Vol. 34, No. 2, pp. 144-149.

McMillan, Jill J. 1988. "Institutional Plausibility Alignment as Rhetorical

Exercise: A Mainline Denomination's Struggle with the Exigence of Sexism." *Journal for the Scientific Study of Religion*, Vol. 27, No. 3, pp. 326-344.

Merton, Robert K. 1972. "Insiders and Outsiders: A Chapter in the Sociology of Knowledge." *The American Journal of Sociology*, Vol. 78, No. 1, *Varieties of Political Expression in Sociology*, pp. 9-47.

Mills, C. Wright. 1940. "Methodological Consequences of the Sociology of Knowledge." *The American Journal of Sociology*, Vol. 46, No. 3, pp. 316-330.

Moore, Rob and Johan Muller. 1999. "The Discourse of Voice and the Problem of Knowledge and Identity in the Sociology of Education." *British Journal of Sociology of Education*, Vol. 20, No. 2, pp. 189-206.

Moore, Rob and Michael Young. 2001 "Knowledge and the Curriculum in the Sociology of Education: Towards a Reconceptualisation." *British Journal of Sociology of Education*, Vol. 22, No. 4, *The Sociology of the Curriculum*, pp. 445-461.

Moore, Robert J. 1995. "Dereification in Zen Buddhism." *The Sociological Quarterly*, Vol. 36, No. 4, pp. 699-723.

Müller, Karel. 2001. http://www.arts.ualberta.ca/cjscopy/reviews/socknow.html.

Neitz, Mary Jo and James V. Spickard. 1990. "Steps toward a Sociology of Religious Experience: The Theories of Mihaly Csikszentmihalyi and Alfred Schutz." *Sociological Analysis*, Vol. 51, No. 1, pp. 15-33.

Nettler, Gwynne. 1945. "A Test for the Sociology of Knowledge." *American Sociological Review*, Vol. 10, No. 3, pp. 393-399.

Park, Robert E. 1940. "News as a Form of Knowledge: A Chapter in the Sociology of Knowledge." *The American Journal of Sociology*, Vol. 45, No. 5, pp. 669-686.

Perinbanayagam, R. S. 1974. "The Definition of the Situation: an Analysis of the Ethnomethodological and Dramaturgical View." *The Sociological Quarterly*, Volume 15, Issue 4, pp. 521-541.

Perinbanayagam, R. S. 1975. "The Significance of Others in the Thought of Alfred Schutz, G. H. Mead and C. H. Cooley." *The Sociological Quarterly*,

Vol. 16, No. 4, pp. 500-521.

Phillips, Derek L. 1974. "Epistemology and the Sociology of Knowledge: The Contributions of Mannheim, Mills, and Merton." *Theory and Society*, Vol. 1, No. 1, pp. 59-88.

Pierson, Charon A. 1999. "Ethnomethodologic Analysis of Accounts of Feeding Demented Residents in Long-Term Care." *Image J Nurs Sch (United States)* 31 (2), pp. 127-131.

Pilarzyk, Thomas. 1978. "Conversion and Alternation Processes in the Youth Culture: A Comparative Analysis of Religious Transformations." *The Pacific Sociological Review*, Vol. 21, No. 4, pp. 379-405.

Prendergast, Christopher. 1986. "Alfred Schutz and the Austrian School of Economics." *The American Journal of Sociology*, Vol. 92, No. 1, pp. 1-26.

Prus, Robert. 1990. "The Interpretive Challenge: The Impending Crisis in Sociology." *Canadian Journal of Sociology*, Vol. 15, No. 3, pp. 355-363.

Salamini, Leonardo. 1974. "Gramsci and Marxist Sociology of Knowledge: An Analysis of Hegemony-Ideology-Knowledge." *The Sociological Quarterly*, Vol. 15, No. 3, pp. 359-380.

Shepherd, John and Graham Vulliamy. 1983. "A Comparative Sociology of School Knowledge." *British Journal of Sociology of Education*, Vol. 4, No. 1, pp. 3-18.

Spickard, James V. 1991. "Experiencing Religious Rituals: A Schutzian Analysis of Navajo Ceremonies." *Sociological Analysis*, Vol. 52, No. 2, *Religion in the United States*, pp. 191-204.

Stark, Werner. 1964. "Max Weber's Sociology of Religious Belief." *Sociological Analysis*, Vol. 25, No. 1, pp. 41-49.

Steinmetz, George and Ou-Byung Chae. 2002. "Sociology in an Era of Fragmentation: From the Sociology of Knowledge to the Philosophy of Science, and Back Again." *The Sociological Quarterly*, Vol. 43, No. 1, pp. 111-137.

Stokoe, Elizabeth. 2006. "On Ethnomethodology, Feminism, and the Analysis of Categorial Reference to Gender in Talk-in-interaction." *The Sociological Review*, Volume 54, Issue 3, pp. 467-494.

Stryker, Sheldon. 1987. "The Vitalization of Symbolic Interactionism." *Social Psychology Quarterly*, Vol. 50, No. 1, pp. 83-94.

Swidler, Ann and Jorge Arditi. 1994. "The New Sociology of Knowledge." *Annual Review of Sociology*, Vol. 20, pp. 305-329.

Turley, Alan C. 2001. "Max Weber and the Sociology of Music." *Sociological Forum*, Vol. 16, No. 4, pp. 633-653.

Wallace, Ruth A. 1988. "Catholic Women and the Creation of a New Social Reality." *Gender and Society*, Vol. 2, No. 1, pp. 24-38.

Weigert, Andrew J. 1974. "Whose Invisible Religion? Luckmann Revisited." *Sociological Analysis*, Vol. 35, No. 3, pp. 181-188.

Weiss, Richard M. and Lynn E. Miller. 1987. "The Concept of Ideology in Organizational Analysis: The Sociology of Knowledge or the Social Psychology of Beliefs?" *The Academy of Management Review*, Vol. 12, No. 1, pp. 104-116.

Whalen, Jack, Marilyn Whalen and Kathryn Henderson. 2002. "Improvisational Choreography in Teleservice Work." *The British Journal of Sociology*, Volume 53, Issue 2, pp. 239-258.

Wisman, Jon D. 1980. "The Sociology of Knowledge as a Tool for Research into the History of Economic Thought." *American Journal of Economics and Sociology*, Vol. 39, No. 1, pp. 83-94

Wolff, Kurt H. 1943. "The Sociology of Knowledge: Emphasis of Empirical Attitude." *Philosophy of Science*, Vol. 10, No. 2, pp. 104-123.

Wolff, Kurt H. 1983. "The Sociology of Knowledge and Surrender-and-Catch." *Canadian Journal of Sociology*, Volume 8, Issue 4, pp. 421-432.

Young, Michael F. D. 2000. "Rescuing the Sociology of Educational Knowledge from the Extremes of Voice Discourse: Towards a New Theoretical Basis for the Sociology of the Curriculum." *British Journal of Sociology of Education*, Vol. 21, No. 4, pp. 523-536.

后 记

探讨解释社会学中的知识思想，是呈现关于知识微观特征的社会学思想的有效途径。这种探讨需要从知识社会学的理论视角来重新解读解释社会学思想。研究写作的过程充满趣味：解释社会学侧重于对日常知识的思考和分析，我可以用前人的理论看生活，再用生活反观理论。这种反思知识和了解现实的过程让我欲罢不能。但对思想的重读，并非易事。解释社会学已有百年历史，即使是选取几个学派和人物，也有很多著作我没有读到；即使读到，我也不敢自称完全领会了它们的主旨。我所做的解释、比较和评论可能因为我生活阅历的缺乏、阅读范围的狭窄和思考的浅薄而有失偏颇，表述方法也可能不尽成熟。

本书是以2009年我的博士学位论文《知识与社会的交互建构——解释社会学中的知识社会学思想研究》为基础的。当时开展这一研究，从理论认知到写作方法，都得益于我的导师赵万里先生的悉心指导。在博士学位论文的后记中，我这样描述先生："带学生，他要引导，但不要限制；要激发创造性，但不要天马行空没了章法。写作之前，先生缄口不提他的想法，我可以自由地想，也需用心地想；做完后，他提出观点供我'参考'，我因有了和'同行'的交流而不会孤独。我没有见过先生批改论文的身影，但看到了精致的批注，听到了切中要害的意见。先生的赞许增添了我的信心，但我不敢自得；先生的批评让我不快，但我不敢抱怨。这不是因为他是先生我是徒弟，而是因为先生在带着我做一桩事业，他的循循善诱和严厉批评，既是对徒弟的鞭策，也是对这份事业的尽心尽责……"先生的指导让我"真切地体会到了何谓'言传身教'与'一丝不苟'。先生思维缜密、语言凝练，他的境界是我现在用尽浑身解数都到达不了的；但在我心中，那是一个美丽的地方，一个创造美丽的地方，一个我也想到达的地方"。毕业后，当我仍有困惑求教于先生的时候，他依然耐心地给予我中肯的指导。先生的教诲，我没能充分地展现和发展；先生的恩情，我尚未回报万一。唯有躬耕不辍，继续努力……

2012年我来到内蒙古党校（行政学院）任教。强烈的实践导向是党校学术活动的重要特点。过去的近十年，我努力将所学理论与干部培训和决策咨询衔接融合，却越来越深切地感到所学理论不足，对实践认识浅薄。博士学位论文的重新整理出版，是用我这些年对社会实践的认知与思考反思所学的社会学理论，以期加深对理论的理解；也是通过在实践基础上开展的理论梳理深入对理论的认识，以期更好地将理论运用于对实践的认知和指导中。感谢内蒙古党校（行政学院）的领导、老师和学员们对我的教学、科研工作的指导和帮助！感谢内蒙古党校（行政学院）学术文库出版基金对本书出版的支持！

本研究曾得到侯钧生教授、刘少杰教授、洪大用教授、任定成教授、乐国安教授、卢风教授等多位专家的审阅和指导，在此向各位教授表达真诚的谢意！

特别感谢社会科学文献出版社的童根兴副总编辑、谢蕊芬女士、庄士龙编辑的精心审稿、修改，向你们为本书的出版付出的辛苦表达诚挚的敬意！

《知识与社会的交互建构——知识社会学的解释传统探析》一书即将出版，虽然研究仍不全面、不深刻，但我努力将所学所思所感写于纸上，希望得到大家的批评，与更多的师友共同思考、交流知识与社会的问题。

李路彬

2021年2月22日

图书在版编目(CIP)数据

知识与社会的交互建构：知识社会学的解释传统探析 / 李路彬著 . --北京：社会科学文献出版社，2021.11（2023.3 重印）
 ISBN 978-7-5201-9056-5

Ⅰ.①知… Ⅱ.①李… Ⅲ.①知识社会学-研究 Ⅳ.①C912.67

中国版本图书馆 CIP 数据核字（2021）第 187520 号

知识与社会的交互建构
——知识社会学的解释传统探析

著　　者 / 李路彬
出 版 人 / 王利民
组稿编辑 / 谢蕊芬
责任编辑 / 庄士龙　胡庆英
责任印制 / 王京美

出　　版 / 社会科学文献出版社·群学出版分社（010）59367002
　　　　　 地址：北京市北三环中路甲 29 号院华龙大厦　邮编：100029
　　　　　 网址：www.ssap.com.cn
发　　行 / 社会科学文献出版社（010）59367028
印　　装 / 唐山玺诚印务有限公司

规　　格 / 开　本：787mm × 1092mm　1/16
　　　　　 印　张：12.75　字　数：207 千字
版　　次 / 2021 年 11 月第 1 版　2023 年 3 月第 2 次印刷
书　　号 / ISBN 978-7-5201-9056-5
定　　价 / 98.00 元

读者服务电话：4008918866

版权所有 翻印必究